国际民事诉讼管辖权与和谐国际社会构建

刘懿彤　著

中国人民公安大学出版社
群众出版社
·北　京·

图书在版编目（CIP）数据

国际民事诉讼管辖权与和谐国际社会构建/刘懿彤著．—北京：中国人民公安大学出版社，2017.11

ISBN 978-7-5653-3115-2

Ⅰ.①国…　Ⅱ.①刘…　Ⅲ.①国际法—民事诉讼—管辖权—研究　Ⅳ.①D997.3

中国版本图书馆 CIP 数据核字（2017）第 280537 号

国际民事诉讼管辖权与和谐国际社会构建

刘懿彤　著

出版发行：中国人民公安大学出版社
地　　址：北京市西城区木樨地南里
邮政编码：100038
经　　销：新华书店
印　　刷：三河市书文印刷有限公司

版　　次：2017 年 11 月第 1 版
印　　次：2017 年 11 月第 1 次
印　　张：10.375
开　　本：880 毫米×1230 毫米　1/32
字　　数：260 千字

书　　号：ISBN 978-7-5653-3115-2
定　　价：38.00 元

网　　址：www.cppsup.com.cn　www.porclub.com.cn
电子邮箱：zbs@cppsup.com　zbs@cppsu.edu.cn

营销中心电话：010-83903254
读者服务部电话（门市）：010-83903257
警官读者俱乐部电话（网购、邮购）：010-83903253
法律分社电话：010-83905745

前　言

管辖权的确认问题始终是解决国际民商事纠纷的首要问题，也是解决国际民商事纠纷的前提。管辖权的确定始终被认为是一个国家司法主权的范围，如何确定管辖权是一个国家国内法依据本国立法原则自主确立的，因此国际民商事管辖权冲突必然存在于各种民商事纠纷中。如何解决管辖权冲突使国际民商事关系持续稳定发展，是维护和谐国际社会的要求。我国与国际社会的民商事交流越来越频繁，涉外民商事纠纷数量不断增长，正确处理民商事纠纷直接影响到我国的国际形象及国际化进程。涉外民商事案件的法律处理和国内民商事案件的法律处理的重大区别，就是国内民商事案件的处理主要着眼于认定事实和适用法律，而涉外民商事案件的处理除了上述事项之外，还必须解决国际管辖权问题。因为在涉外民商事纠纷案件中，民事法律关系的主体、客体或法律事实中至少有一项涉及外国因素，而不同国家的法律中有关管辖权依据的规定又不尽相同，就同一件国际民商事纠纷，或许存在多个国家同时拥有管辖权的现象。因此，在涉外民商事纠纷案件中，受理案件的法院有无管辖权便成为当事人争议的焦点之一，也是案件获得最终裁判之后是否能得到其他国家承认与执行的重要前提之一。

本书试图从以下几个方面就管辖权问题进行论述：国际民事诉讼管辖权的基本概念、内涵；着重挑出管辖权的争议问题，如协议管辖、网络环境下的管辖权、推定管辖、平行诉讼、不方便法院原则以及禁诉令进行分析，试图寻找妥善解决管辖权冲突的合理途径；特别就涉外离婚管辖权进行专章分析，力求推动国家填补涉外离婚法律关系的立法空白，为我国的相关理论及法律制定提出合理建议。本书附录罗列了中国有关国际管辖权的法律规定，为读者更全面了解中国目前立法状况提供了较为详尽的资料，同时也为本书提出的观点提供法律上的佐证，因此也是本书的重要组成部分。

本书为2010年教育部人文社会科学研究一般项目最终成果，项目号10YJA820067。

目　录

第一章　和谐社会之构建——国际民事诉讼管辖权冲突的解决

一、和谐国际社会构建需要国际民事诉讼管辖权在各国的合理分配

2005 年 9 月 5 日，原国家主席胡锦涛在会见出席第 22 届世界法律大会的部分国家、国际组织和港澳台代表时第一次明确提出建设国际和谐社会，并突出强调法治和国际法在建设国际和谐社会进程中发挥的重要作用。之后，胡锦涛主席在联合国成立 60 周年特别首脑会议上指出，要“努力建设持久和平共同繁荣的和谐世界”。2005 年 12 月，中国政府在《和平发展白皮书》中也强调了构建和谐世界的目标和主张。构建和谐世界思想的提出，既勾画了中国 21 世纪外交战略的总目标，充分展示了中国作为负责任大国的形象，也指明了 21 世纪国际关系和国际法发展的正确方向。2015 年 3 月 28 日，国家发改委、外交部、商务部联合发布了《推动共建丝绸之路经济带和 21 世纪海上丝绸之路的愿景与行动》。[①] “一带一路”贯穿亚欧非大陆，“一带一路”的一头是活跃的东亚经济圈，而另一头则是发达的欧洲经

① 《经国务院授权 三部委联合发布推动共建“一带一路”的愿景与行动》，载中国政府网，http://www.gov.cn/xinwen/2015-03/28/content_2839723.htm，2017 年 4 月 4 日访问。

济圈，中间广大腹地国家经济发展潜力巨大。丝绸之路经济带重点畅通中国经中亚、俄罗斯至欧洲；中国经中亚、西亚至波斯湾、地中海；中国至东南亚、南亚、印度洋。21 世纪海上丝绸之路重点方向是从中国沿海港口过南海到印度洋，延伸至欧洲；从中国沿海港口过南海到南太平洋。随着“一带一路”战略的全面展开，中国与相关国家的经贸关系进一步深化，相关纠纷也会接踵而至。

国际法是构建和维护和谐国际社会的法律工具和法律基础，国际民事诉讼法作为国际法的重要组成部分，也对和谐国际社会的构建有着重要的作用。和谐的国际社会要求矛盾与纠纷的合理解决，而国际民事诉讼管辖权的确定是国际民事诉讼程序中的首要问题，对它的研究符合追求和谐国际社会这一目的。管辖权在各国之间的合理分配，有助于各国法院更有效地审理、解决有关纠纷，有助于当事人更好地维护自身合法权益，也有助于其得到更加公正合理的实体判决结果。因此，国际民事诉讼管辖权在各国之间的合理分配，对有效、合理地解决国际民事纠纷有重要作用，因而有利于和谐国际社会的构建。

二、国际民事诉讼管辖权冲突解决的原则

（一）国际礼让原则

国际礼让理论最早是在 17 世纪由以胡伯为代表的荷兰法学派为解释适用外国法的问题而提出的。这一理论的主要内容包括：第一，一国的法律只在该国领域内有效，并约束其全体臣民，在其他地方则无效；第二，所有在其领域内的人，无论是常住的还是临时的，都应视为该国臣民；第三，根据国际礼让，每一个国家的法律如在其本国已经生效，就可到处保持其效力，只

要这样做不至于损害另一国主权者及其臣民的权力或权利①。此外，这一理论被英美法系国家运用到外国法院判决的承认与执行中，认为一国的判决只能在其领域内有效力，承认外国法院判决的效力是出于国际礼让原则的考虑。国际礼让原则，是国家的礼貌与善意，是一国在考量国际便利和本国国民权利的情况下，在其境内对另一国的立法、行政或司法行为予以承认。因此，坚持国际礼让原则，有利于缓解国际民事诉讼立法和司法中管辖权的冲突问题。

（二）尊重他国主权原则

各国关于国际民事诉讼管辖权的立法和司法都反映了国家的主权要求，因此，各国都按照本国法律确定管辖权，当同一国际民事案件遭遇多国法院管辖时，各国往往出于维护本国主权的目的，拒绝承认外国法院的管辖权，这会激化管辖权冲突，也不利于保护当事人的合法权益。因此，各国在处理国际民事诉讼管辖权冲突时，应在维护本国主权的同时，平等互惠地尊重他国主权。正如个人之间关系一样，国家与国家之间的尊重，也是相互的。只有尊重他国主权，在国际关系中坚持平等互惠，才能更好地维护本国的主权，更好地解决国际民事诉讼中的管辖权冲突问题。

（三）坚持国际协调原则

坚持国际协调原则解决国际民事诉讼管辖权冲突问题，是指世界各国在进行国际民事案件诉讼管辖权的立法和司法活动时，应该考虑到其他国家的有关立法和司法实践，尽量避免国际民事案件诉讼管辖权的冲突。同时，应考量和尊重国际社会的一般做法，尽量使自己的管辖权规范能够得到其他国家的承认，符合国

① 湖北省高院民四庭著：《涉外民事诉讼管辖权问题研究》，武汉大学出版社 2008 年版，第 263 页。

际社会的一般做法，从而降低出现管辖权冲突的可能。

三、国际民事诉讼管辖权冲突解决的途径

（一）国内立法层面

1. 尽量减少专属管辖

专属管辖强调一国法院对与本国及其国民的根本利益有密切联系的国际民事案件有专属管辖权限，专属管辖权是国家主权原则在国际民事案件管辖权问题上的突出体现。专属管辖的重要效力之一就是排除他国法院的管辖权，排除当事人的协议管辖权。当某一案件被一国规定为本国法院的专属管辖事项时，他国法院对此类案件作出的判决，将确定无疑不能得到承认与执行。如果当事人又不能在规定为专属管辖的国家法院提起诉讼，却需要此国承认或执行判决结果时，此时外国法院的判决是无法被承认与执行的。专属管辖强调一国法院对案件排他的管辖权，随着国际交往的不断深入，在一定情况下是不利于纠纷解决的，也会加剧国际民事诉讼管辖权的冲突。因此，在今后的国内立法中，各国应尽量限制自身专属管辖的范围，只将与本国及其国民根本利益密切相关的，如涉及国家公共利益或与国家重要的政治或经济问题密切联系的案件，作为国家专属管辖的案件范围。

2. 扩大允许当事人协议管辖的范围

当事人通过协议选择管辖法院的做法是在具体案件中协调有关国家管辖权规范，消除有关国家之间国际管辖权冲突的有效途径，因此，应在立法上尽量扩大允许当事人协议选择管辖法院的范围。例如，我国《民事诉讼法》中，不仅将国内民事诉讼中允许当事人协议管辖的合同案件作为涉外案件允许当事人协议管辖的案件范围，还将其他涉外财产权益纠纷作为当事人可以协议管辖的案件范围，扩大了涉外诉讼中当事人可协议确定管辖权的案件范围，缓解了国际民事诉讼中管辖权的冲突，有利于更好地

维护当事人的合法权益，有利于纠纷的快速有效解决。

（二）国内司法层面

1. 禁诉令制度

禁诉令制度是英美法系国家解决国际管辖权冲突的一种特殊制度，是指一国法院对具有属人管辖权的当事人发出的，禁止其在外国法院提起或者阻止其继续已经提起的、与本国法院未决的诉讼相同或者相似的诉讼的限制性命令。各国在适用禁诉令制度时，均应遵循国际礼让、保守并谨慎适用的原则。禁诉令制度是解决国际民事诉讼中管辖权冲突的一种方式，能保护内国法院的管辖权，进而保证内国的法律特别是关乎公共政策的法律能得到适用。禁诉令制度是英美法系国家解决管辖权冲突的一种重要途径，对于我国是否应在立法和司法中采用禁诉令制度，理论界仍存在争议。

2. 不方便法院原则

不方便法院原则也是英美法系国家解决管辖权冲突的重要途径之一，指的是一国法院根据国内法或有关国际条约的规定对涉外民事案件享有管辖权，但是从当事人和诉因的关系以及当事人、证人、法院的方便或费用方面来看，审理案件较为不方便，而由同样具有管辖权的外国法院审理更为合适的时候，放弃自身管辖权的一种制度。不方便法院原则体现了国际礼让原则，可能有利于实现个案的公平与正义。但是，这一原则也存在一定的弊端，如法院滥用此权利，会造成对当事人诉讼权利的剥夺，而对于不方便法院的判定，标准本身难以判定，而且使法官具有较大的自由裁量权，对法官的个人能力提出了很高的要求。因此，《最高人民法院关于适用〈中华人民共和国民事诉讼法〉的解释》（以下简称《民诉法解释》）正式确立了不方便法院原则在我国的适用，但如何在司法实践中正确适用，依然是理论界和司法界探讨的话题。

（三）国际立法层面

国际民事案件诉讼管辖权冲突是发生在国家与国家之间的一种社会现象，根本原因是各国政治经济利益的矛盾，反映到国际民事诉讼程序立法方面，世界各国对内国法院的国际民事案件管辖权作出了不同的规定。因此，各国基于国际合作和国际交往的需要，根据互谅互让的精神，在平等协商的前提下，通过制定统一的国际民事案件诉讼管辖权规范的双边协定和多边条约，是从根本上解决国际民事诉讼管辖权冲突的途径。

双边管辖权协定和国际多边条约是解决国际民事诉讼管辖权冲突的根本和重要途径。截至 2017 年 2 月，我国已与 70 个国家缔结司法协助条约、资产返还和分享协定、引渡条约和打击“三股势力”协定共 135 项（108 项生效），其中包括民刑事司法协助条约 19 项（全部生效）；刑事司法协助条约 40 项（32 项生效）；民商事司法协助条约 20 项（17 项生效）；资产返还和分享协定 1 项（尚未生效）；引渡条约 48 项（34 项生效）；打击“三股势力”协定 7 项（6 项生效）。[①] 其中，在民刑事司法协助条约和民商事司法协助条约中，有的直接规定双方国家的国际民事管辖权，如 2012 年《中华人民共和国和波斯尼亚和黑塞哥维那关于民事和商事司法协助的条约》、2009 年《中华人民共和国和秘鲁共和国关于民事和商事司法协助的条约》、1999 年《中华人民共和国和突尼斯共和国关于民事和商事司法协助的条约》、1999 年《中华人民共和国和老挝人民民主共和国关于民事和刑事司法协助的条约》、1999 年《中华人民共和国和越南社会主义共和国关于民事和刑事司法协助的条约》、1995 年《中华人民共

① 载中华人民共和国外交部官网，http://www.fmprc.gov.cn/web/ziliao_674904/tytj_674911/wgdwdjdsfhzty_674917/t1215630.shtml，2017 年 4 月 2 日访问。

和国和塞浦路斯共和国关于民事、商事和刑事司法协助的条约》、1994年《中华人民共和国和阿拉伯埃及共和国关于民事、商事和刑事司法协助的协定》、1992年《中华人民共和国和西班牙王国关于民事、商事司法协助的条约》、1991年《中华人民共和国和意大利共和国关于民事司法协助的条约》；有的则是以规定间接管辖权的形式出现，如2010年《中华人民共和国和阿尔及利亚民主人民共和国关于民事和商事司法协助的条约》、2009年《中华人民共和国和巴西联邦共和国关于民事和商事司法协助的条约》、2003年《中华人民共和国和朝鲜民主主义人民共和国关于民事和刑事司法协助的条约》、2001年《中华人民共和国和阿根廷共和国关于民事和商事司法协助的条约》、2000年《中华人民共和国和立陶宛共和国关于民事和刑事司法协助的条约》、1997年《中华人民共和国和乌兹别克斯坦共和国关于民事和刑事司法协助的条约》、1996年《中华人民共和国和塔吉克斯坦共和国关于民事和刑事司法协助的条约》、1996年《中华人民共和国和吉尔吉斯共和国关于民事和刑事司法协助的条约》、1996年《中华人民共和国和摩洛哥王国关于民事和商事司法协助的协定》、1994年《中华人民共和国和希腊共和国关于民事和刑事司法协助的协定》、1993年《中华人民共和国和保加利亚共和国关于民事司法协助的决定》、1993年《中华人民共和国和哈萨克斯坦共和国关于民事和刑事司法协助的条约》、1993年《中华人民共和国和白俄罗斯共和国关于民事和刑事司法协助的条约》、1992年《中华人民共和国和古巴共和国关于民事和刑事司法协助的协定》、1992年《中华人民共和国和乌克兰关于民事和刑事司法协助的条约》、1992年《中华人民共和国和土耳其共和国关于民事、商事和刑事司法协助的协定》、1992年《中华人民共和国和俄罗斯联邦关于民事和刑事司法协助的条约》、1991年《中华人民共和国和罗马尼亚关于民事和刑事司法协助的条约》、

1989 年《中华人民共和国和蒙古人民共和国关于民事和刑事司法协助的条约》、1987 年《中华人民共和国和波兰人民共和国关于民事和刑事司法协助的协定》、1987 年《中华人民共和国和法兰西共和国关于民事、商事司法协助的协定》，等等。从不同层面有效地减少或避免了两国在民商事领域中的管辖冲突。

国际多边条约里也涉及国际民事管辖权的内容，综合性条约有 1928 年的《布斯塔曼特法典》中的第四卷第一、第二章，1952 年的《关于船舶碰撞中民事管辖权若干规则的公约》，1958 年的海牙《国际有体动产买卖协议管辖权公约》，1965 年的海牙《协议选择法院公约》，2005 年的海牙《法院选择公约》等；专门性条约有 1902 年的海牙《离婚及别居法律冲突与管辖冲突公约》，1961 年的海牙《保护未成年人的管辖权和法律适用公约》，1965 年的海牙《收养管辖权、法律适用及判决承认公约》；1977 年的里约热内卢《统一船舶碰撞中有关民事管辖权、法律选择、判决的承认与执行方面若干规则的公约》等，在更广泛的领域空间力图减少或避免国际管辖权的冲突。

四、国际民事诉讼管辖权冲突的解决对和谐国际社会构建的意义

从微观上看，就个人而言，国际民事诉讼管辖权冲突的解决有利于个人有效地维护其应有的合法权益；从中观上看，就国家而言，国际民事诉讼管辖权冲突的解决有利于国家之间管辖权的合理分配，从而维护各国本应享有的管辖权利益；从宏观上看，国际民事管辖权冲突的解决对处于国际社会中的个人和国家而言都是有益的，其不仅有利于促进国际社会的公平正义和维护国际社会的安定有序，还有利于和谐国际社会的构建。

（一）有利于趋同各国民事诉讼管辖权立法原则与标准

就目前而言，国际民事诉讼管辖权的行使规范大多是通过国

内法加以规定的。由于各国确定民事诉讼管辖权的原则和标准不同，导致了各国在管辖权立法上的差异与冲突。但是随着国际社会的不断发展完善，国家之间的联系越来越密切，这种密切表现在国家交往的方方面面，因此也包括国际民事管辖权立法方面。

大多数国家的传统管辖权立法都是站在本国利益的层面上，不断试图扩大本国的管辖权并排斥和拒绝他国的管辖权。这种扩张管辖权立法的做法，表现的最明显的便是美国的“长臂管辖”原则和英国的“实际控制”原则。可是从实践的后果中可以看到，国家管辖权的扩张并不一定会给国家带来预期的利益。因为如果一国法院在确定自己的管辖权时只考虑本国的利益，而不是平等地考虑他国的管辖权，则其最后作出的判决难以得到他国的承认和执行。不被承认和执行的判决便失去了其维护当事人利益的价值，它的存在也是毫无意义的。但是，这个毫无意义的判决却浪费了当事人的人力物力与法院所在地国家的司法资源。随着国家交往的频繁，各国会逐渐意识到管辖权冲突的危害。这时国家便会寻求国际上在国际民事管辖权确立方面的一般做法，因此国家在确定国际民事诉讼管辖权上采取的原则和标准会越来越趋同化。国际民事管辖权立法原则的趋同化有利于国家之间合理地分配管辖权并在公平合理的基础上享有管辖权带来的利益，也有利于国际社会中个人权益的有效保护，并进而对和谐国际社会的构建发挥重要的推动作用。

（二）有利于协调国家间利益的分配

国际民事管辖权发生冲突的原因很大一部分是由于国家之间利益的冲突。国际社会中的国家众多，但现有的资源却是有限的，每个国家为了自身的发展，必定要采取各种做法争夺现有的资源和维护本国的利益。在国际民事诉讼中涉及的纠纷财产往往数额巨大或具有重要价值，因此国家对国际民事诉讼管辖权多采取扩张的做法。例如，法国福果案便是一个利用反致扩张本国管辖权从而使国家获得利益的典型。福果是一个于1801年出生在巴伐利亚的非婚生子，从5岁起随母亲移居法国，直到68岁时未留遗嘱而死亡。但他一直未取得法国法律意义上的住所。其时，他的母亲和妻子均已死亡，他也没有子女，因此其旁系亲属向法国法院对福果在法国银行的一笔存款提出继承要求。根据法国冲突法，继承本应适用死者的本国法，即巴伐利亚法，按巴伐利亚继承法的规定，其旁系亲属是有权继承该笔存款的。但法国法院认为，本国冲突法指定的巴伐利亚法包括巴伐利亚的冲突法，而巴伐利亚的冲突法却规定继承适用死者死亡时的住所地法，且不分事实上的住所和法律上的住所，于是法国法院认为，福果的住所已在法国，故应适用法国法，依法国继承法的规定，福果既无直系亲属，又无兄弟姐妹，其他的旁系亲属是无继承权的。因而，判定该笔存款系无人继承财产，收归了法国国库。[①]在此案中，法国原本并无管辖权，但是为了获得其境内的财产价值法国通过反致使自己获得了管辖权。

国家之间的利益还包括主权意义上的利益。国际民事诉讼管辖权是国家主权在涉外民事诉讼领域的扩张，每个国家都不希望自己的主权受到限缩和损害，因此国际民事诉讼管辖权发生冲突是不可避免的。关于国家主权的学说主要有两种，一种是完全说，另一种是限制说，采取完全说的国家在民事管辖权方面多采取扩张做法，而采取限制说的国家在民事管辖权方面多采取礼让做法。因此，采取完全说的国家与其他国家在民事管辖权上就容易产生冲突。

但是随着国家之间交往的日益频繁，国家之间也会意识到民事诉讼管辖权的冲突为其交往带来了诸多的阻碍，因此国家之间会致力于解决国际诉讼管辖权冲突。民事诉讼管辖权冲突的解决

① 李双元主编：《国际私法》，北京大学出版社2012年版，第108页。

有利于国家之间利益的公平分配，使特定民事纠纷涉及的国家都乐于接受最后的结果，从而使国家之间的相处更加和谐有序。国家之间相处的和谐有序必定会有益于促进和谐国际社会的构建。

（三）有利于消除当事人择地诉讼

单纯的当事人择地诉讼是不会导致管辖权冲突的，主要原因还是各国国内对民事诉讼管辖权的规定不一致以及国家司法政策的矛盾造成的。例如，针对某一特定的国家民事纠纷案件，如果一方当事人在甲国起诉，另一方当事人在乙国起诉，甲国法院在审查该案件时发现与本案有更为密切联系的乙国更适合行使管辖权时，这时甲国法院就应该将该案件交由乙国法院。因此，在国家层面上解决国际民事诉讼管辖权冲突，有利于消除当事人择地诉讼的现象。国家与国家之间民事诉讼管辖权的冲突问题解决了，即使当事人择地诉讼其得到的结果也是相同的，则当事人会为了最大限度地维护自己的权益而最小地支出维权成本会放弃择地诉讼。

消除当事人择地诉讼无论是对当事人本身还是对各国法院而言都是有利的。当事人择地诉讼对于当事人来说维权成本颇高，在特定的民事案件中，择地诉讼不仅会大量消耗当事人的物力和人力，并且难以及时有效地保护当事人迫切需要救济的权利。因为国际民事诉讼是不同于国内民事诉讼的，其中涉及的各种因素繁杂的交织导致国际民事纠纷的解决终究会是一个冗长的过程。当事人择地诉讼对于一国法院而言会造成法院司法的负担，法院从受理到最后作出判决要考虑的因素颇多，并且审理一个国际民事纠纷案件消耗的司法资源也一般比国内民事纠纷案件要多。因此，消除当事人择地诉讼对于当事人和国家而言都是有利的，并且消除当事人择地诉讼可以减少由于人为原因而造成的国家之间管辖权分配的不平等。国家之间管辖权得到了合理分配是构建和谐国际社会的要求之一。

第二章　国际民事诉讼管辖权的概述

第一节　国际民事诉讼管辖权

国际民事诉讼管辖权是国际民事诉讼中一个非常重要的问题，无论是普通法系国家还是大陆法系国家对民事诉讼管辖权的研究都非常重视。在涉外案件中，管辖权是一个国家司法主权的主要体现，研究国际民事诉讼管辖权问题对于学习和研究涉外案件具有十分重要的意义，同时对于学习我国2012年《民事诉讼法》中涉外篇的规定也有很大的帮助。以下就国际民事诉讼管辖权的相关问题予以阐述。

一、国际民事诉讼管辖权的概念

管辖权（Jurisdiction）一般意义上又称职权、国家管辖权，是国家对人和物进行控制、支配或管理的权利。国际民事诉讼管辖权是指一国法院受理某一国际民事案件并行使审判权的资格或权限，也称司法管辖权、法院管辖权和裁判管辖权。国际民事诉讼管辖权以国家权力为基础，目的是在国际社会范畴内进行管辖权的分配，这与国内民事诉讼管辖权强调的在一国境内何种法院之间以及何级地方法院之间进行管辖权限的分配存在根本的不同，它所要解决的核心问题是根据什么原则或标准来确定案件的管辖权，一国法院是否有权受理某一国际民事案件。法国学者将国际民事诉讼管辖权称为一般的管辖权，而将国内民事诉讼管辖权称为特别的管辖权；德国学者将行使国际民事诉讼管辖权的法院称为“抽象的法院”，而将行使国内民事诉讼管辖权的法院称为“具体的法院”；英国学者以及大多数学者习惯将司法管辖权按照权限的来源——是基于国际民事诉讼法还是基于国内民事诉讼法，划分为“国际司法管辖权”和“国内司法管辖权”。①

就国际民事诉讼来说，管辖权涉及三方面的问题：一是某一国际民事诉讼案件应该由哪一个机构来受理，是法院还是仲裁机构；二是如果某一国际民事诉讼案件是由某一国的法院受理，那么该由哪个国家的法院受理；三是如果某一国际民事诉讼管辖案件已经确定由某国法院管辖，那么该案应该由该国的哪一级法院管辖。但在这三者中最需要解决的核心问题是该国际民事案件应该由何国法院来受理。这个核心问题的内容为：一国应该根据哪些原则或标准来确定内国法院是否有权受理某一涉外民事案件。正因如此，有些学者将国际民事管辖权规则称为国际民事裁判权规则，它是用来划分各国对涉外民事案件的裁判管辖权规则，未加裁判两个字的目的在于表明这种管辖权与国家的立法管辖权和行政管辖权是有区别的。②

解决国际民事诉讼管辖权冲突不仅关系到诉讼程序问题，而且还关系到判决的承认和执行问题。确定国际民事诉讼管辖权，对当事人来说，关系到其切身利益是否能够得到有效的保护；对国家来说，关系到其是否能够有效地保护本国及本国国民利益的同时又能够兼顾外国及外国公民的合法利益，这是国际私法调整

① 刘力著：《国际民事诉讼管辖权研究》，中国法制出版社 2004 年版，第 15 页。

② 李浩培：《论规范国际民事裁判权的多边条约》，载《中国国际法学年刊》法律出版社 1993 年版，第 202~203 页。

国际民事法律关系首先要解决的问题。

国际民事诉讼管辖权也可以分为直接国际民事诉讼管辖权和间接国际民事诉讼管辖权，前者是指一国法院对某一国际民事案件行使管辖权的情形，后者是指一国法院在受理外国法院判决的承认与执行申请时，针对外国法院有无管辖权进行审查的情形。从理论上讲，直接国际民事诉讼管辖权和间接国际民事诉讼管辖权的行使或确定标准应该是相同的，往往都是借助本国立法或有关国际条约的规定，但实际上，各国对待间接管辖权的审查要比直接管辖权严格得多。①

国际民事诉讼管辖权不同于国际法院管辖权，前者属于私法领域的程序法，后者具有国际公法性，而且，国际法院管辖的争议主要涉及的是国与国之间关于领土划界或条约解释等方面的争端。

国际民事诉讼管辖权不同于国内诉讼管辖权，国内民事诉讼管辖权是指各级法院之间和同级法院之间审理第一审民事案件的分工和权限。它是在我国法院内部具体落实民事审判权的一项制度。

二、国际民事诉讼管辖权的特征

国家主权在诉讼领域的一个具体体现就是国际民事诉讼管辖权的行使，这是各国公认的原则，其构成了国际民事诉讼法的基础，有关国际条约也对此给予了肯定。联合国 1949 年《国家权利义务宣言草案》第 2 条规定："各国对其领土以及境内的一切人与物，除国际法公认豁免者外，有行使管辖的权力。"1928 年《关于外国人地位的哈瓦那公约》第 2 条也规定："外国人一如

① 刘力著：《国际民事诉讼管辖权研究》，中国法制出版社 2004 年版，第 16 页。

本国公民，应受当地法院管辖并服从当地法律，同时要考虑到在各项公约与条约中所规定的各项限制。”

正如前面所说，国际民事诉讼管辖权是一个国家在诉讼领域的一个具体体现，它具有以下特征。首先，国际民事诉讼管辖权是一种司法管辖权，是基于国家主权派生出来的权力，具有强制性。也就是说，行使管辖权的主体是各国的法院，这是它与国际商事仲裁中仲裁管辖权的本质区别之所在。其次，国际民事诉讼管辖权具有国际性，区别于国内民事管辖权和区际民事诉讼管辖权。这种国际性表现为：第一，国际民事诉讼管辖规范的实质是国与国之间对国际民事诉讼案件行使管辖权的分配性规则；第二，国际民事诉讼管辖权规范的渊源具有国内法渊源和国际法渊源双重性；第三，在国际民事诉讼中，国籍往往是一国法院行使管辖权的重要连结因素，而在国内民事诉讼管辖权中是不存在这种情况的。

三、国际民事诉讼管辖权的种类

在国际民事诉讼法中，由于世界各国立法和实践的不同，导致国际民事诉讼管辖权在理论上的分类也存在差异。因此，在国际社会存在不同种类的国际民事诉讼案件管辖权。

（一）对人诉讼管辖权和对物诉讼管辖权

以诉讼目的为标准，分为对人诉讼的管辖权和对物诉讼的管辖权，这是英美法系国家的分类。

对人诉讼的管辖权是指针对某人提起的、以迫使其履行或不履行某种行为的诉讼。对人诉讼的管辖权的目的在于解决当事人对于所争执的标的物的权利与利益，法院判决的效力只及于诉讼中的双方当事人，比如由于不履行合同或侵权行为等引起的诉讼都属于对人诉讼。

对物诉讼的管辖权是就某一特定财产的权利或利益的诉讼。

对物诉讼的目的在于通过法院的判决确定某一特定财产的权利和当事人的权利，这一判决的效力不仅及于有关的双方当事人，而且还及于所有与当事人或该特定财产有法律关系的其他人，如有关房地产的诉讼、有关身份问题的诉讼，以及海商案件，都属于对物诉讼的范围。法院对这种诉讼的管辖权以有关当事人的住所或习惯居所在法院国境内或有关标的物在法院国境内为基础。

（二）普通管辖权和特别管辖权

这是按照管辖权与原告请求事项是否有关进行划分的。普通管辖权也称一般管辖权，其行使依据往往是被告的住所、居所地。在国际民事诉讼中，普通管辖权的行使也贯彻“原告就被告”原则，即由原告向被告住所地或居所地国家法院提起国际民事诉讼，我国台湾地区将被告住所地称为“普通审判籍”；而特别管辖权是针对一些特定民事案件行使的，这些民事案件主要包括合同案件、物权、侵权、继承、海事案件等，各国立法和实践对待特别管辖权的事项规定并不统一。

（三）专属管辖权和协议管辖权

这类管辖权是依据法律规定是否具有强制性或是否允许当事人协议确定管辖权进行划分的。专属管辖权又称强制管辖权，是指有关国家在特定范围内的民事案件中无条件地保留其受理诉讼和作出裁判的权利，从而排除其他国家法院对这类民事案件的管辖权。世界各国一般都在其诉讼立法和参与缔结的有关国际条约中，把其标的与国家的公共政策密切相关的那些法律关系，和那些与国家重要的政治或经济问题联系密切的法律关系，无条件地隶属于内国的专属管辖权范围内，而排除其他国家法院的管辖。

协议管辖（约定管辖权、合意管辖），即双方当事人出于方便考虑在不违背内国专属管辖的前提下，以协商一致的方式来选择管辖法院，是契约自由和私法自治原则在国际民事诉讼领域的自然延伸。理论上，协议管辖可以在争议发生前确定，也可以在争议发生后形成。因此。管辖协议可以表现为合同中的选择管辖法院条款，也可以是独立的选择管辖法院协议。虽然协议管辖为各国立法和实践普遍承认，但在涉及协议选择的案件范围、被选择法院与案件的实际联系程度、协议管辖的排他效力等问题上，各国规定存在相当大的差异。协议管辖的国际普遍实践是承认该原则，但在不同方面对其加以限制。协议管辖权是基于争议双方在纠纷发生前或发生后所达成的选择管辖法院协议而产生的。一般而言，各国普遍对协议管辖的事项进行一定的限制，如限定在财产权益方面的事项。此外，各国在管辖协议的形式、选择管辖法院与争议的关系等方面也或多或少地进行限制，但协议管辖不能违背专属管辖权规定或变更专属管辖权却得到各国乃至国际条约的一致肯定。

（四）平行管辖权和合并管辖权

这是根据有关法律对待当事人选择法院的态度进行划分的。平行管辖权又称任意管辖权或共同管辖权，是指对于一些国家和社会的重大政治经济利益关系不大，对内国国民的重大利益影响不大的诉讼，规定既可以由内国法院管辖，也可以由外国法院管辖。也就是说，与某一国际民事纠纷相关各国都不限制或否定当事人进行法院的选择，平行管辖权主要适用于合同和财产权益案件，如合同纠纷引起的诉讼，既可以由合同履行地的法院管辖，也可以由合同签订地的法院管辖；航空运输中发生的诉讼，可以由运输始发地、目的地或者合同签订地的法院管辖。对于平行管辖的案件，原告可以依法选择管辖法院。

合并管辖权也称牵连管辖，是指对某一国际民事案件都有管辖权的有关各国基于诉讼便利或案件的牵连关系考虑，而合并于一个国家法院进行审理。首先受理原则就是合并管辖权的一个典型做法，即由首先受理诉讼的法院继续审理案件，而其他具有管辖权且已经受理案件的法院放弃管辖权。欧共体 1968 年《布鲁塞尔公约》第22条就合并管辖作出规定“如果有关联的诉讼案件在不同的缔约国法院起诉时，除第一个受诉法院外，其他法院在诉讼尚在审理时，得延期作出其决定”。“首先受诉法院以外的法院，也得由于一方当事人的申请而放弃管辖权，如果该法院的法律允许有关联的诉讼案件合并审理，且首先受诉法院对两件诉讼都有管辖权时。”“如果几件诉讼案是如此紧密联系，以致为了避免由于分别审理而导致相抵触的判决，而适宜合并审理的，则应被视为是有关联的。”

四、国际民事诉讼管辖权的意义

国际民事诉讼管辖权的核心问题在于哪国法院依据什么原则或标准取得该项管辖权。确定国际民事案件管辖权的法律依据是国际条约和国内立法。一旦确定某国法院对某类涉外民事案件享有管辖权，则该国国内法中关于管辖法院的级别规定、审理程序规定等即可适用于该案件，换句话说，国际民事诉讼管辖权问题主要解决的是涉外民事案件管辖权在国与国之间的分配问题。①

因此，国际民事诉讼管辖权具有非常重要的意义，这主要表现在：

第一，国际民事诉讼管辖权是国家主权在国际民事诉讼领域的具体体现。根据国家主权原则，任何主权国家都有属地管辖权和属人管辖权。根据属地管辖权，主权国家有权对其境内的一切人（不管这个人是否拥有本国国籍）和物以及发生于其本国境内的一切行为行使司法管辖权，以国际法规则享有豁免权的人除外；根据属人管辖权，任何一个主权国家对于拥有本国国籍的人都有权管辖，不论其身居国内还是身居国外。所以，一个国家的

---

① 刘仁山主编：《国际民商事程序法通论》，中国法制出版社2000年版，第62页。

法院能否以此行使对有关涉外民事案件的管辖权，直接可以反映出该国的主权状况，而各国之间发生的管辖权冲突正是国家主权发生作用的结果。

第二，管辖权的确定是一国法院受理涉外民事案件的先决条件。一国法院只有依据有关的国际条约和本国法的规定，确定对某一涉外民事案件拥有管辖权之后，才会发生诸如域外送达、取证、判决或裁定的国外承认与执行等一系列国际民事诉讼程序问题。

第三，管辖权的确定直接影响案件的审理结果。在涉外民事诉讼中，同一个案件在不同的国家进行审理会因为各国法律对同一情况的规定不同以及对案件的定性不同而得到不同的审判结果，从而直接影响当事人的权利义务。因此，正确地确定涉外民事案件的管辖权不仅有利于维护本国法律的尊严，还有利于保护当事人的合法权利。

正因为国际民事诉讼管辖权有重要的意义，所以国际间存在争夺管辖权的现象。且这种争夺有时还相当复杂、激烈。一些国家以案件应由本国法院管辖为理由，否认别国法院有权受理与其本国公民或国家利益有关的案件；一些国家法院以别国法院无管辖权为理由拒绝履行该国法院提出的法院委托或由该国法院作出的判决；作为原告的一方当事人常常以管辖权为由，力争把案件提交给对他有利的某国法院去审理；而作为被告的另一方当事人则往往也以该国法院无权管辖来抗辩。这种争夺管辖权的斗争常常是在争议发生之前就已经开始了，所以各国不断扩大本国法院对国际民事案件的管辖权就成为国际民事诉讼管辖权立法发展的一个趋势，比如美国最近提出的“长臂管辖权”就是典型代表。

第二节　国际民事诉讼管辖权确定的依据

一、国籍管辖

国际民事案件诉讼管辖权是指“一国法院或具有审判权的其他司法机关受理、审判具有国际因素的民事案件的权限”。[①]它要解决的是哪一国司法机关对某一特定的国际民商事案件具有管辖权的问题。国籍管辖是确定国际民商事案件的诉讼管辖权的重要依据。

（一）国籍管辖概述

1. 国籍管辖的含义

国籍管辖也称属人管辖，即以国际民商事案件当事人的国籍作为确定管辖权的根据。根据这一标准，国际民商事案件的当事人，包括原告或被告，不管其居住何处，当事人国籍国法院对案件均享有管辖权。国籍管辖原则主张以有关国际民商事案件中的双方当事人与有关国家的法律联系作为确定法院国际管辖权的决定性标准，强调一国法院对本国国民具有管辖权。

2. 国籍管辖的根据

在国际法领域，国籍是一个重要的概念，是一国区分内国人和外国人的标志，更是国家对其本国公民行使外交保护的依据。在确定国际民商事案件的诉讼管辖权时，以国籍作为管辖依据的出发点主要是，一国认为本国法院的主要任务是为其本国人服

① 韩德培主编：《国际私法》，高等教育出版社、北京大学出版社2007年版，第467页。

务，而不是为外国人服务，或者只是例外地为外国人服务。[①] 此外，基于国籍，人民对国家享有特殊权利并负担特殊义务，所以该国就应当对本国国民为争议一方的法律关系享有管辖权。[②] 属人管辖原则是国家主权原则在国际民商事案件诉讼管辖权问题上的体现。

此外，以国籍作为确定国际民商事案件管辖权的依据有其历史发展的必然性，欧洲民族国家崛起和大规模移民现象是其确立的重要历史原因。此前，欧洲许多国家内部政治、法律均未统一，国家的概念并不明确，国籍在人们日常生活和交往中的作用并不明显，此时大多以住所地作为确定管辖权的依据。随着欧洲民族国家的崛起，一些国家的政治、法律相继得到统一，并且开始出现大规模向外移民的情况。国家的统一和民族国家概念的兴起，使得以国籍为依据确立国际民商事案件的管辖权具备了可能性。大规模向外移民现象的出现，使得以国籍作为确定国际民商事案件管辖权的依据，从而继续支配移居海外的本国国民，具有了现实的必要性。1804 年的《法国民法典》首先采用国籍作为确定国际民商事案件管辖权的根据。

（二）国籍管辖的适用

1. 适用国籍管辖的国家

国籍管辖渊源于 1804 年的《法国民法典》，以法国为代表的拉丁法系国家以及参加了 1928 年《布斯塔曼特法典》的拉丁美洲国家均采取国籍管辖原则。拉丁法系国家是指深受《法国民法典》影响的拉丁语系国家，主要包括法国、意大利、比利时、荷兰、卢森堡、西班牙和葡萄牙等国家。

---

① ［德］马丁·沃尔夫著：《国际私法》，李浩培等译，法律出版社 1988 年版，第 93 页。

② 刘铁铮著：《国际私法论丛》，三民书局 2000 年版，第 259 页。

《法国民法典》第14条规定："不居住于法国的外国人，曾在法国与法国人订立契约者，因此契约所生的债务的履行问题，亦得由法国法院受理；其曾在外国订约对法国人负有债务者，亦得由法国法院受理。"该条款规定法国法院对具有法国国籍的原告针对被告提起的诉讼具有管辖权，而并不问被告的国籍、惯常居所地以及其他的因素。第15条规定："法国人在外国订契约所负的债务，即使对方为外国人的情形，得由法国法院受理。"该条款表面上是对外国原告提供保护，使外国原告能在法国法院对法国国籍的被告提起诉讼。但由于法国法院对该条款的扩大适用，使该条款成为一项义务性条款。对外国法院做出的针对法国国籍被告的判决，除非具有法国国籍的被告明确表示放弃《法国民法典》第15条的保护，否则法国法院有权拒绝颁发执行令。实践中，法国法院通过其司法实践，将这两条中仅限于契约案件的国籍管辖权制度扩大适用于由法国人参加的，除涉及三种特殊情形的案件以外的所有其他案件。这三种特殊情形包括："关于坐落在外国的不动产的物权诉讼，关于在外国的不动产遗产的分割诉讼，关于在外国的执行方法的诉讼。"①

2. 适用国籍管辖的领域

通常认为，国籍管辖主要适用于人身关系领域，特别是离婚、监护、亲子关系、继承等案件。例如，《瑞士联邦国际私法法典》第59条b项规定："在离婚案件中，如原告是本国公民，即使其住所不在本国，也可由瑞士法院管辖。"在以被告人的住所作为确定内国法院对案件是否有管辖权为原则的德国、日本等国，也承认婚姻案件和其他涉及身份地位的案件，由当事人的国籍国法院管辖。

---

① 李浩培著：《国际民事程序法概论》，法律出版社1996年版，第51页。

（三）国籍管辖的利弊分析

1. 国籍管辖的合理性

如上文所述，国籍管辖的确立有其历史必然性。在民族国家崛起和大规模移民现象刚刚出现之时，国籍管辖原则宣扬了主权至上的观念，为继续对移居海外的本国国民行使管辖权提供了依据，也为解决国际民商事纠纷提供了新途径。

在当代立法与司法实践中，国籍管辖紧密维系国家与其公民的利益，尤其在涉及人身关系的案件中，国籍国法院对本国的风俗与公共秩序有较好的了解，能够更好地解决人身关系案件，更有利于保护本国国民的利益。

2. 国籍管辖的弊端

国籍管辖的弊端主要有以下几方面。第一，在国籍积极冲突与国籍消极冲突的情况下，如果只依据属人管辖是不利于纠纷解决的，甚至导致纠纷无法解决，因此此时大多国家的立法规定都会依据属地管辖。如果多重国籍全部为外国国籍时，一般承认该人住所所在国的国籍；对于无国籍人，各国法律都规定以其住所作为行使管辖权的根据。因此，以当事人的国籍作为管辖权根据无法解决的问题，最终还是以当事人的住所作为管辖权根据来解决。第二，随着国际交往的日益密切，人口流动越来越频繁，国籍有时与当事人之间的联系变得疏松，甚至与当事人之间的纠纷没有实际联系。例如，一法国人自幼移居国外，但没有加入移居国的国籍，如果与其有关的民商事纠纷还是都由法国法院管辖，显然是没有必要也不合理的。第三，可能造成管辖权的行使无实际意义。如果法国原告在法国法院对居住在国外的外国人提起诉讼，纠纷的本身与法国并没有实际联系，仅仅以国籍为依据行使管辖权，若被告拒不合作，被告所在国司法机关不予协助，那么法国法院最终的判决不会得到承认和执行，此管辖权并无实际意义。第四，国籍管辖原则可能造成对外国侨民的歧视，不利于国际交往的发展。按照法国属人管辖原则的规定，对于在法国境内的当事人都为外国人的民事案件，法国法院是一律不予受理的。如果有一对中国夫妻长期居住在法国。但没有加入法国国籍，他们想离婚，但是法国法院却不受理，要他们到国籍所属国的中国进行诉讼，这是对外国侨民的歧视，也给当事人造成不必要的麻烦。

（四）国际民事诉讼新发展中的国籍管辖

正是由于国籍管辖存在上述的种种弊端，很多国家在立法和司法实践中，也改变了原本单纯依据国籍管辖确定管辖权的做法，而开始考虑属地管辖，适用住所地等因素确定管辖权。例如，法国关于离婚诉讼管辖权的依据，根据1804年《法国民法典》第14条、第15条规定，法国法院根据夫妻双方或一方的法国国籍来确定管辖权，但是1975年12月5日法国通过新的法令，该法令第5条、第6条规定存在下列情况者，法国法院也享有管辖权：夫妻的居所都在法国；夫妻一方的居所在外国，另一方的居所在法国，且未成年子女与其同居在法国；作为被告的夫妻一方在法国有居所；如夫妻双方共同提起离婚诉讼，至少夫妻一方在法国有居所，且双方都选择了法国法院。由此可见，开创国籍管辖原则先河的法国也开始重视当事人住所或居所这样的联系因素。

欧盟理事会于2000年5月29日公布了《关于婚姻和亲权责任事项的管辖权以及判决承认和执行的法规》，并于2001年3月1日生效。公约的基本考虑是有关当事人与行使管辖权的成员国必须有实质的联系。这种联系主要是空间上的联系，但也接纳了其他成员国所接受的其他管辖权依据，如法国的国籍因素。在公约对婚姻事项的管辖权中，公约规定的管辖权依据有习惯居所、国籍以及住所，并且习惯居所地国家、国籍国以及住所国管辖权之间没有主次和先后之分。列举的惯常居所地情形共有六种，国籍国只有一种情形，即夫妻双方的共同国籍国，并且对于英国等非拉丁法系国家所适用的仍然是夫妻双方的共同住所地国而非共同国籍国，即不能同时采用国籍标准和住所标准。可以看出，在与人身关系有关的内容方面，国籍管辖仍然发挥着一定的功能。但是由于全球化的加速和人口跨国流动的增加，国籍这一连结因素正在受到住所地、惯常居所地等因素的挑战，单纯依据属人管辖确定管辖权的做法已经不能适应时代发展的需要。

二、地域管辖

（一）地域管辖概述

地域管辖，又称属地管辖，是指“以有关国际民事案件中的案件事实和当事人双方与有关国家的地域联系作为确定法院国际管辖权的标准”。[①] 地域管辖又具体可以分为，以被告住所、居所、惯常居所为根据确定管辖权，以被告财产所在地为根据确定管辖权，以诉讼标的所在地为根据确定管辖权，以诉讼原因发生地为根据确定管辖权，如合同签订地、合同履行地、侵权行为发生地、不当得利发生地、无因管理发生地、自然人失踪地等。

地域管辖的管辖依据是国家的领土主权原则，即对本国领土内的一切人和物以及法律事件和行为具有管辖权限。地域管辖是国家领土主权原则在国际民事案件诉讼管辖权问题上的体现。

英国、美国、德国、奥地利以及北欧各国都以地域管辖作为确定国际民事案件诉讼管辖权的基本原则，只有在有关当事人身份地位和能力的案件中才适用国籍管辖，考虑国籍因素。通常认为，地域管辖适用的领域非常广泛，除在涉及当事人身份地位和能力的案件中适用国籍管辖外，某些特定案件适用专属管辖和当

① 韩德培主编：《国际私法》，高等教育出版社、北京大学出版社2007年版，第470页。

事人有管辖协议时适用协议管辖，地域管辖适用于除此之外的其他众多领域中。

（二）以被告住所、居所、惯常居所为根据确定管辖权

1. 以被告住所为根据确定管辖权

以被告住所为根据确定管辖权，即由原告向被告住所地国家或被告所在地国家的法院起诉。德国、日本、意大利、奥地利、瑞士、葡萄牙、印度、泰国、巴基斯坦等国都采用这一根据来确定国际民事诉讼管辖权。我国《民事诉讼法》和相关司法解释规定，自然人为被告时，只要在我国设有住所或经常居所，其住所或经常居住地的法院就具有管辖权，被告为法人时，法人住所地人民法院具有管辖权。

（1）住所的含义

自然人的住所通常被认为是个人生活的中心地，有关个人的一切法律关系大多与其住所相连，一旦某个人选择某地设置住所，就表明其将服从该地法律并受该地法律的保护。[①] 一般认为，居住者的长住意图和久住事实是决定住所的两个重要因素。

但是住所的概念因不同时代、不同国家而有所不同。古代罗马法以设家神祭坛的处所为住所。农业社会，人们以家庭生产、生活活动的中心和财产集中地为住所。随着经济的发展，人们活动范围的扩大，一个人的财产可能分散在各地，住宅和营业所也可能有多处。因此，各国对住所的含义有不同的界定。《日本民法》第 21 条认为住所是人的生活定居地；《意大利民法》第 16 条认为住所是某人业务及利害关系的中心所在地；《西班牙民法》第 40 条认为住所系平常居住地；我国《民法通则》第 15 条则以户籍所在地为住所。英国通过判例对住所确定了几个原

---

① 参见刘铁铮著：《国际私法论丛》，台北三民书局 2000 年版，第 260 页。

则：第一，任何人必须有一个住所；第二，一个人同时不能有两个住所；第三，住所一经取得，则永远存在，除非已经取得了新的选择住所；第四，只有具有行为能力的人才享有设立选择住所的能力。美国法中住所的含义与英国法略有不同，美国法不承认原始住所因选择住所的放弃而自动恢复，美国法也强调取得住所的意思条件，但是不重视永久居住的意思。

法人的登记地、成立地或主营业地是否可以成为法人的住所，各国民法的规定存在差异。《日本民法典》第 50 条规定："法人以其主事务所所在地为住所。"《瑞士民法典》第 56 条规定："法人的住所，依照法人章程的规定；在章程无规定时，则以其主事务所所在地为住所。"英美法系的大多数国家多以法人的成立地为法人的住所地。1971 年海牙国际私法会议制定的《民商事案件外国判决的承认和执行公约附加议定书》则对法人住所做综合性规定，该公约第 5 条规定："法人的所在地、成立地和主营业所所在地应认为是它的住所或惯常居所。"

（2）以住所为根据确定管辖权的优劣分析

住所是个人的生活中心所在地，通常与个人的一切法律关系密切相关，而且个人设住所于该地，就有服从该地法律的意思，也受该地法律保护。因此与以国籍为依据确定管辖权的属人管辖原则相比，以住所为依据确定管辖权，更多地考虑了纠纷与管辖法院的实际联系。由于以被告住所地法院为管辖法院，因此更有利于判决的执行，从而更有利于纠纷的解决。

但是以住所为根据确定管辖权也存在一定的弊端。首先，住所这一概念强调主体主观上长住的意图，而实践中主体的主观意图是很难判断的，而且各国立法中关于住所概念界定的差异，导致一方当事人在确定对方住所时，存在相当大的难度。此外，各国关于住所含义的理论和立法存在差异，因此可能导致这样的后果，某人在同一时间具有多个住所或不具有任何法律意义上的住所。此时就会出现多重管辖权或没有任何国家有管辖权的情况。为了解决住所含义界定差异带来的不便，调和各国的矛盾，海牙国际私法会议创设了惯常居所这一概念。

2. 以居所、惯常居所为根据确定管辖权

(1) 居所、惯常居所的含义

居所是指某人现时居住的处所，与住所的区别在于，住所是久住之处，居所只是暂住或客居之处，不要求主体有久住的主观意思，其设定条件比住所宽松。惯常居所最早是海牙国际私法会议采用的术语，其含义与住所相近，只是没有对当事人主观方面的要求，不要求有长住的意图，即某人持续一段时间的经常的实际居住地。

(2) 以居所、惯常居所为根据确定管辖权的优劣分析

居所与惯常居所概念的提出与确立，具有很深的历史背景，即以法国为代表的国籍派和以英美国家为代表的住所派间的不可调和的矛盾，居所与惯常居所作为折中的产物应运而生。在国际民事诉讼中，以居所与惯常居所取代住所来确定管辖权，避免了一方当事人在确定对方当事人住所时的困难，减轻了诉讼当事人的负担。同时，以居所与惯常居所作为管辖权根据，也能减轻法院的负担，缩短办案时间。

但是，也正是因为居所与惯常居所的容易确定性，当事人居所（惯常居所）积极冲突的境况极易发生，因此容易导致一事两诉情况的发生，从而引发国际民事诉讼管辖权的冲突。

(三) 以被告财产所在地为根据确定管辖权

1. 概述

有些国家法律规定，如果被告在该国无住所或居所，但有财产在该国，则即使该项财产与被告的诉讼无关，该国法院也可以根据该国是被告的财产所在地而对被告行使管辖权。德国、奥地利、丹麦、芬兰、冰岛、挪威和瑞典等国以及英国的苏格兰等国

均承认这一根据。①

各国司法实践中对这一管辖权实施的具体要求是不同的。首先，关于财产的理解，对财产的形式是否有要求，对财产的价值是否有要求，即是否要求只有当外国被告在法院地国的财产足以履行其债务时，法院地国才能行使管辖权。关于财产的形式，一些国家，如德国和美国，主张无论是被告的有形财产还是无形财产，均可成为行使被告财产所在地管辖权的依据。另一些国家则主张，此类管辖规则中的“财产”不应包括无形财产，如荷兰和比利时采用这样的立法例。关于财产的价值，在司法实践中，一些国家滥用被告财产所在地管辖权，主张任何财产，哪怕是毫无价值或价值甚微的财产，一概构成纠纷与法院地国之间的充分联系，原告据以有权对被告提起诉讼。例如，奥地利法院曾以外国被告的拳击短裤和西服纽扣在域内为由，对纠纷行使被告财产所在地管辖权。还有的国家把牙刷和雨伞也当作财产，主张对被告行使管辖权，因此有的学者讥称被告财产所在地管辖权为“牙刷管辖权”或“雨伞管辖权”。② 晚近以来，许多国家开始从财产价值的认定上限制被告财产所在地管辖权。其次，关于被告财产是否需要经过扣押才能成为管辖权根据的问题。一些国家，如德国、奥地利，立法中没有规定此项程序。另一些国家，如瑞士、日本、比利时、荷兰、美国及苏格兰等，则有这样的要求。

这一管辖权在具体运用时也经历了一定的变化。最初，德国、奥地利的司法实践在运用该规则时非常极端，只要外国被告

① 参见林欣：《论国际私法中管辖权问题的新发展》，载《法学研究》1993年第4期。

② 参见徐崇利：《被告财产所在地涉外民事管辖规则的适用问题探讨》，载《法律科学》2000年第4期。

在内国境内有财产，哪怕该财产的价值微不足道，不足以抵偿原告的诉讼请求，这些国家也会充分运用被告财产所在地理由而主张管辖权。现今各国的立法和实践都有所改变，奥地利、日本等国一方面开始强调被告财产价值要与原告诉讼请求相平衡，也就是说，只有当外国被告在法院地国的财产足以履行其债务时，法院地国方行使管辖权；另一方面德国、奥地利、日本等国也强调法院地国要与争议或纠纷存在适当联系时，方可依据被告财产所在地行使管辖权。德国最高法院在 1991 年的 Muduroglu Ltd. v. TC Ziraat Bankast 案中认为：德国法院行使管辖权的要件有两个，一是被告在德国境内有财产，二是案件本身与德国存在足够联系。就德国而言，如何确定“足够联系”是存在不同见解的，实际上德国的立法和判例都没有就此问题作出规定，在 1991 年的 Muduroglu 案中，德国法院判断足够联系的参考依据是原告住所地是否在德国境内，因为原告在德国境内没有住所，德国法院认定该案同德国没有足够联系，因而未行使管辖权。

2. 以被告财产所在地为根据确定管辖权的优劣分析

有学者指出，因被告在受诉地有财产而对被告实施管辖就如同抓住一个人的辫子一样，强迫被告服从管辖，这种做法是不公正的。[①] 当被告在国内的财产与案件本身没有任何牵连的情况下，在管辖权上过分强调依赖于被告在受诉国的财产，有时的确显得不合理。而且对于“财产”这一概念本身的理解，各国是极不统一的。如《德国民事诉讼法》第 23 条所说的财产，不仅包括物权、债权、其他的财产权，还包括现实中所有存在的财物。而苏格兰法律规定中可以作为确定管辖权依据的财产则主要是指不动产，如果是动产必须先申请扣押。对财产概念理解上的

① 参见倪征燠著：《国际法中的司法管辖问题》，世界知识出版社 1995 年版，第 75 页。

不统一，可能会导致判决不被国外法院承认或执行的情况。而且因案件事实与原告所在地法院没有任何牵连，这种管辖既不方便内国法院对案件的审理，同时也是对被告的一种不公平待遇。

但是，如果没有此类管辖权，被告就可以自由地将财产转移到对他不能行使管辖权的国家，以逃避本应履行的债务。此外，在有些情况下，当原告难以在债务人的住所所在地进行诉讼时，或在外国取得的判决很难在国内得到承认时，国内承认此类管辖，对原告进行援助，也是很有必要的。原告在国内起诉并获得胜诉后，通过对被告在国内所有财产的执行，能够方便、快捷地获得债权的满足。

以被告财产所在地为根据确定管辖权仍然是一个极具争议性的问题，其具有明显的弊端，但也有其存在的必要性。因此，在法律上如何对这一管辖权根据作出恰当的处理，是需要各国法律进行协调，探寻更恰当解决方法的问题。

根据我国新修订的 2012 年《民事诉讼法》第 265 条的规定，我国仍然承认并采用被告财产所在地法院管辖原则，但是附有两个条件，一是被告在我国境内无住所，二是被告的财产可供扣押。与旧的《民事诉讼法》中的规定是完全一样的。因此仍然存在之前的问题，即对于财产的形式和价值要求，并没有相关的立法或司法解释予以明确；对于是否需要经过扣押，也没有相关规定。学者们通常认为，可供扣押意味着被告的财产有扣押的价值，可以用来满足原告的诉讼请求，被告的财产必须经过原告申请，由法院依法扣押后，才能行使管辖权。

（四）以诉讼标的所在地为根据确定管辖权

由诉讼标的物所在地法院行使管辖权，可使受案法院有效控制该诉讼标的物，方便证据的采集，同时便于判决的执行。尤其是当诉讼标的物是不动产时，因为不动产通常是土地、房屋等，价值较大，土地又与一国领土主权密不可分，就不动产物权的诉讼程序而言，由不动产所在地法院管辖，也便于调查证据和判决的承认与执行，所以，世界各国普遍承认和采用诉讼标的所在地法院管辖原则。我国《民事诉讼法》第265条规定，因合同纠纷或者其他财产权益纠纷，对在中华人民共和国领域内没有住所的被告提起的诉讼，如果合同在中华人民共和国领域内签订或者履行，或者诉讼标的物在中华人民共和国领域内，或者被告在中华人民共和国领域内有可供扣押的财产，或者被告在中华人民共和国领域内设有代表机构，可以由合同签订地、合同履行地、诉讼标的物所在地、可供扣押财产所在地、侵权行为地或者代表机构住所地人民法院管辖。

（五）以诉讼原因发生地为根据确定管辖权

1. 合同案件由合同签订地或履行地国法院管辖

19世纪以前，受罗马法“场所支配行为”理论的影响，很多国家立法中出现立约地法院的概念，这些国家立法主张依据合同的签订地或缔约地来行使管辖权。[①] 19世纪以后，德国学者萨维尼综合分析了合同签订或履行的种种情况后，认为总是履行地决定法院管辖权，只有个别例外情况下，合同的签订地法院可以主张管辖权。[②] 受萨维尼思想的影响，虽然当今很多国家立法规定涉外合同案件可由合同订立地国家法院管辖，也可由合同履行地国家法院管辖，但是德国等国家仍然坚持国际合同案件只能由合同履行地法院管辖。

国际合同所涉及的地域范围比较复杂，包括合同谈判地、签订地、履行地、合同标的物所在地、当事人的住所地或居所地、

---

① 参见［德］马丁·沃尔夫著：《国际私法》，李浩培等译，法律出版社1988年版，第108页。

② 参见萨维尼著：《法律冲突与法律规则的地域和时间范围》（现代罗马法体系第8卷），李双元等译，法律出版社1999年版，第110~130页。

当事人的国籍国等，合同的签订地或履行地更能体现合同的特征和价值。因此，摒弃普通的原告就被告原则，而代之以合同的签订地或履行地为管辖根据是合理的。但是在现代合同日益多样化的趋势下，尤其是电子合同、服务合同等出现后，合同的签订地和履行地具有很大的不确定性，实践中确定合同签订地和履行地变得日益复杂和困难。

2. 侵权行为案件以侵权行为地为法院管辖根据

侵权或侵权行为的概念本身是非常特殊的，一方面，因为有侵权立法或实践的国家对待侵权或侵权行为的概念没有统一，甚至还有很多国家没有侵权立法和实践；另一方面，现代各国经济实力相差悬殊，发达国家和发展中国家对待诸如优先发展经济还是优先保护环境等问题观点存在对立，与此相关联的，就是侵权的认定标准问题，所以，国际侵权案件中的当事人国籍国、住所地或居所地、营业地或管理中心地等地域因素对确定是否构成侵权行为并无实际意义，而特定为侵权行为地法院管辖，既有利于受损害人进行诉讼，也有利于法院收集证据和查明案情。

但是，这样的规定也并不是各国通例做法，原因一是侵权立法的差异，二是无法确定侵权行为地究竟在何处，是侵权行为发生地还是损害结果地，或者两者都包含。德国和法国强调任何地方，只要是完成不法行为的地方和不法行为的效果发生的地方，都被认为是侵权行为地。[①] 中国也将侵权行为地界定为行为实施地和结果发生地。而意大利、波兰、奥地利、日本等国规定侵权行为地是加害行为地。英美国家在行使管辖权时多主张“有效控制”，针对侵权案件也是如此，但是两国判例对侵权行为地的解释不尽相同，即便同一个国家内部也不一致。例如，英国上诉

---

① 参见［德］马丁·沃尔夫著：《国际私法》，李浩培等译，法律出版社 1988 年版，第 109 页。

法院 1944 年审理“乔治·芒罗有限公司诉美国氨基氯化学有限公司”案中，认为侵权行为地指的是“侵权行为或不法行为的发生地”，而在后来的“蒸馏器生物化学品公司诉辛普森”案中，根据枢密院的意见，侵权行为地主要是指损害发生地；美国在确定侵权案件管辖权时主要依据“最低限度联系”标准，即只要被告或其代理人在美国境内从事商务活动，或由于被告的行为在其他国家或州造成了损害，则美国法院可行使管辖权。这种具体规定的差异，使得以侵权行为地法院管辖为依据具有明显的弊端，即容易造成各国之间管辖权的冲突。

三、专属管辖

（一）专属管辖权的含义

专属管辖权又称独占管辖权，我国国际私法理论界奠基者之一李双元先生认为，专属管辖权是指根据国际条约或国内法的规定，对某些具有特别性质的涉外民事案件强制规定只能由特定国家的内国法院行使独占排他的管辖，从而不承认任何其他国家的法院对这类涉外民事案件具有管辖权。我国学者一般认为“专属管辖是指法律规定某些特殊类型的案件专门由特定的法院管辖，其他法院无权管辖，也不准许当事人协议变更管辖”。[①]“是指法律强制性地规定某些种类的案件只能由特定的法院管辖，其他法院并无管辖权，也不允许当事人以协议的方式选择其他法院管辖。”[②] 德国学者奥特马·尧厄尼希认为“某法院的专属管辖指这种管辖不能通过当事人协议或者无责问地对主诉辩论而变

---

① 张卫平著：《民事诉讼法》，法律出版社 2009 年版，第 99 页。

② 李浩、刘敏主编：《新编民事诉讼法学》，中国人民公安大学出版社 2003 年版，第 75 页。

更，并且应当在权利争议的任何状态依职权注意之”。[①] 日本学者三月章认为“专属管辖即法定管辖中，公益性较强的专由特定的法院掌握管辖权的管辖”。[②] 我国台湾地区学者陈荣宗、林庆苗认为“基于公益之要求，法律明文规定某种诉讼事件属于固定之法院管辖，得排除其他一切之管辖权，不容许法院或当事人任意变更者，称为专属管辖”。[③]

专属管辖是一种强制管辖，是国家主权原则的重要体现，是一国国内法最终适用的有力担保，受国家强制力的保障。

（二）专属管辖权的特征

专属管辖权的最重要特征在于它的排他性和强制性。

1. 专属管辖的排他性

专属管辖的排他性是专属管辖的固有属性，也就是说，要实现排他的专属管辖权依据两点：一是法院职权，二是案件特性。很多情况下，主权和利益的要求不是那么严格界限的，但在专属管辖事项上，基于司法权的特殊性而取得的管辖权被称为“主权”的选择，而基于案件的特殊性所体现出来的与国家的联系而获得的管辖权则被称为“利益”的选择。专属管辖的排他性也是绝对的，与国际礼让原则相对立。专属管辖的排他性表现在只有本国享有案件审判权。大多数国家的法律都只对极少数案件规定自己的专属管辖权。一般而言，除审判管辖权仅仅属于法院地所在国专属管辖外，各国主要是在有关国家本身的实体法制度

---

① ［德］奥特马·尧厄尼希著：《民事诉讼法》，周翠译，法律出版社2003年版，第56~57页。

② 三月章著：《日本民事诉讼法》，汪一凡译，五南图书出版股份有限公司1997年版，第290页。

③ 陈荣宗、林庆苗著：《民事诉讼法（上）》，三民书局2006年版，第130页。

支配下的案件和私人权利的主张会影响到国家的政治利益以及机构利益大于当事人的利益的案件中采用专属管辖权。

2. 专属管辖权的强制性

主要表现在它以国家强制力作为强有力的后盾。当几个国家对同一涉外民事案件都主张专属管辖权时，则没有一个国家愿意承认别国的判决，更别说协助执行了。对于此类涉外民事案件，当事人选择管辖法院的意思表示是不能与国家的专属管辖权的规定相违背的，涉案当事人只能遵守一国法律的案件独占管辖的规定。从这点意义来讲，专属管辖权具有强制性。

（三）专属管辖权与平行管辖权、排除管辖权的关系

1. 专属管辖权与平行管辖权的关系

平行管辖又称竞争的、可选择的管辖、任意管辖或有条件管辖，是指对某类涉外民事案件有两个或两个以上国家主张自己的法院享有审判管辖权时，也不否认外国法院的管辖权，当事人可以选择其中一国的法院起诉，或一国主张对该案具有管辖权的同时，也不否认外国的管辖权。

国际民事交往中发生的绝大多数案件都属于平行管辖的范畴，各国法律只对极少数类型的案件规定了专属管辖和排除管辖。每一件不属于专属管辖范围但又没有被排除内国法院管辖范围的案件，都处于各国的平行管辖之下。

在有关平行管辖的立法中，各国往往采用双边冲突规范的形式，只是一般地规定行使国际民事管辖权的连结因素。具体由何国法院管辖，则由该连结因素决定。如果该连结因素在内国，内国法院就具有审判管辖权；如果该连结因素在外国，则由该外国法院行使审判管辖权。在以当事人（特别是被告）的住所或居所所在地或以有关事件的种类为标准所确定的国际民事管辖中，表示空间意义的客观连结因素即具有此种意义。

目前，较为普遍存在的国际民事管辖权的积极冲突大多数属

于平行管辖权的冲突。平行管辖一方面给诉讼当事人提供了更多的诉讼机会，另一方面由于在有关平行管辖的冲突规范中客观连结因素较为复杂，而且各国确立平行管辖权的依据和范围不尽相同，这就必然导致在国际民事诉讼中常常出现平行管辖权的冲突。在平行管辖中，各国主张本国法院享有管辖权时并不否认他国的管辖权，因而与专属管辖权的冲突并非绝对对立的，此类冲突也相对易于解决。

协议管辖原则和第一（或称首先）受诉法院管辖原则对于平行管辖权的协调具有特别重要的意义。

对于平行管辖的涉外民事案件，当事人已明示或默示合意选择管辖法院的，应尊重当事人的选择，依照协议管辖原则处理管辖权的冲突。

在当事人没有合意选择管辖法院的情况下，为了避免“一事不再理”和“一事不两诉”，应遵循第一受诉法院管辖的原则，即对于相同当事人基于同一事实和相同目的的诉讼，后受诉法院知悉该诉讼已由他国法院受理时，应拒绝受理或停止审理，让首先受诉法院行使审判管辖权；后受诉法院知悉该诉讼已由第一受诉法院作出判决的，则应承认该判决而不再审理。一些国际公约对此作了明确规定，如 1968 年订于布鲁塞尔的《关于民商事件管辖权及判决执行的公约》第 21 条规定：“相同当事人间就同一诉因在不同缔约国法院起诉时，首先受诉法院以外的其他法院应主动放弃管辖权，让首先受诉法院受理。”1971 年订于海牙的《民商事件外国判决的承认与执行公约》第 20 条对此也作了类似的规定。1998 年海牙国际私法会议常设局《为准备有关民商事案件的国际管辖权与外国判决效力公约的预备草案概要》第 23 条有关诉讼竞合的方案 1 中规定：“相同当事人之间就同一诉讼标的的一项诉讼已经在一缔约国法院审理之中，后受诉的法院应中止诉讼，如果它预计到先受诉的法院会在合理的期间内作出一个依据本公约能够在本国得到承认的判决。一旦先受诉法院作出的符合本公约承认与执行条件的判决被提交给后受诉法院，后受诉法院即应拒绝管辖。”专属管辖权与平行管辖权冲突同时出现时，专属管辖权优先于平行管辖权已成为各国的共识，一国的任意管辖权让位于他国的专属管辖权是理所当然的。

2. 专属管辖权与排除管辖权的关系

排除管辖是指根据国际条约和国内法的规定，有关内国法院拒绝行使对某类涉外民事案件的管辖。一般来说，在那些根据国际法与内国法院无关的案件和与内国国家的领土或公民或其实体法不存在任何属地联系或属人联系的案件中，都排除内国法院的管辖，如（1）在没有赋予内国法院审判管辖权的案件中；（2）在涉及外国公民的身份地位、有关外国不动产的物权问题，遗嘱、破产和强制处分的案件中；（3）在侵犯某一外国专利权和其他受地域性限制保护的权利的案件中；（4）在有关依外国“公法”请求执行的案件中；（5）在其标的涉及外国法制度为内国法院所全然不知且不能适用于内国的诉讼中；（6）在有关外国领域内其主权行使的案件中。海牙国际私法特别委员会曾对短暂出现的被告送达令状以及被告财产所在地等列为可以排除的管辖根据。而1998年海牙国际私法会议常设局《为准备有关民商事案件的国际管辖权与外国判决效力公约的预备草案概要》则作了更为详细的规定，该草案概要第20条第1款规定，一国对被告的普遍管辖权不得建立在以下根据上：（1）被告出现在其财产所在地国（或原告占有的财产所在地国）境内；（2）原告的国籍（或被告的国籍）；（3）原告的住所，或居所，或暂时居所在该国境内；（4）被告在该国领域内从事商业或其他活动；（5）在该国领域内对被告送达了传票；（6）原告单方指定的法院；（7）判决的执行或登记。

因各国排除对某些涉外民事案件的管辖，在实践中，可能出现某些国际民商事纠纷没有法院管辖的现象，产生国际民事管辖权的消极冲突。排除管辖权冲突导致的不是各国之间争夺国际民事管辖权，而是各国法院均不愿行使国际民事管辖权。各国关于排除管辖的规定对于消除国际司事管辖权的积极冲突具有积极作用，但引起的消极冲突会导致当事人无处起诉，有关民商事纠纷无法解决，危及国际民事交往的安全与稳定。排除管辖权的协调，主要应遵循便利原则。对于那些依据本国法的规定内国法院没有管辖权且无其他国家的法院管辖的案件，各国法院应从有利于国际民事纠纷的及时解决和维护诉讼当事人的合法利益的目的出发，接受当事人的起诉，为其提供便利。被请求国法院如果认为行使管辖符合当事人的利益及促进司法公正的目的，即应行使管辖权。

此外，为了避免管辖权的消极冲突和各国拒绝给予审判，国际公法要求各国应采取必要的预防而提供各自的管辖权。《欧洲人权公约》甚至规定禁止拒绝审判具有人权特征的案件（公约第一部分第6条）。国际公法上的这一普遍实践对消除国际民事管辖权的消极冲突同样具有积极意义，并为一些国家的国际私法典所采纳。例如，1987年的《瑞士联邦国际私法》第3条即规定："法律未有其他规定的，居住国外的瑞士公民，如果在居住国无法提起诉讼或根据各种情况在该地进行诉讼似乎是不合理的，则可以向与案件有密切联系的瑞士法院提起诉讼。"①

与专属管辖权和平行管辖权发生冲突相反，排除管辖权与专属管辖权两者之间不存在冲突。

---

① 李双元等编：《国际私法教学参考资料选编》（上册），北京大学出版社2001年版，第410页。

（四）专属管辖权的协调

1. 专属管辖权冲突产生的原因

专属管辖权的冲突是指两个或两个以上的国家主张只能由自己国家的法院行使对一些具有特别性质的案件的独占的排他的管辖权，而不承认其他任何国家的法院对这些案件的管辖权。专属管辖权产生冲突的原因主要有两方面：

（1）每个主权国家的法律规定不可能是完全相同的

每个国家根据其政制、国体的差异以及法律传统、风俗习惯的不同，都有各自不同的法律规定。虽然对某些国际社会普遍承认的国际原则的观点可能认同，但是却不绝对包括所有的应由法律调整的社会关系。因此，案件归由哪一个国家管辖，判决的后果在各国也就不尽相同。许多国家的国内法也规定了广泛的管辖权，其目的在于扩大自己的司法管辖权。

（2）存在一个国家的主权与尊严问题

由于一国主张专属管辖的案件往往与该国的主权和重要利益相关，如果案件的审理抵触了一国的专属管辖权的规定，那么即使有关外国法院是通过适用内国法而作出判决的，外国法院所作出的判决也不可能被内国承认有效。因为会影响内国的国家主权与尊严。

2. 专属管辖权冲突的特征

（1）数量较少

由于各国只对极少数类型的案件主张自己的专属管辖权，因而相对于平行管辖权的冲突而言，专属管辖权的冲突要少得多。然而，因各国确立专属管辖的原则以及专属管辖的范围不尽相同，在国际民事诉讼中专属管辖权的冲突的出现也是难免的。

（2）国际民事管辖权冲突中最为激烈的一种形式

因一国主张专属管辖的案件往往与该国的主权及重要利益有关，当几个国家对同一涉外民事案件都主张自己享有独占的管辖权时，没有一个国家是愿意承认别国的判决的。这就势必造成竭力争夺国际民事管辖权的现象，因而专属管辖权的冲突是国际民事管辖权冲突中最为激烈的一种形式。

(3) 专属管辖权的冲突所造成的后果异常严重

当某国法院依本国规定的专属管辖权对某一涉外民事案件作判决而需要在另一对该案规定了自己的专属管辖权的国家执行时，其判决不可能得到被请求国的承认，更不可能得到被请求国的协助执行，结果只会导致无法执行的判决，没有意义的法律关系和无法解决的相关涉外民事纠纷。这会危及国际民商事关系的安全与稳定，成为国际民商事交往的严重障碍。

因此，专属管辖权的冲突是国际民事诉讼中的重大问题，解决好专属管辖的冲突问题，已经得到国际上的普遍认同，国家之间也在做出努力以尽量减少专属管辖的冲突。

3. 专属管辖权的协调

(1) 有效原则

有效原则是指各国在确定涉外民事纠纷的法院管辖权时，应考虑确保依其确定的管辖法院所作出的判决能得到承认和执行。根据这一原则，管辖国若不能就特定案件作出的判决予以执行或请求他国得以执行的，不得就该案件行使审判管辖权。这个原则实质是要求各国在确立国际民事管辖权时，应着重考虑所确立的管辖权的可行性与有效性。其实确立国际民事管辖权的最终目的就是解决国际民商事纠纷，保护当事人合法权益，促进国际民商事交往。

因此，如果一国行使专属管辖权作出的法院判决，得不到别国承认和执行时，这就是徒劳无功，不能实现法律制度本身的要求，也不能保护诉讼当事人的合法权益。在实践中，各国均以涉外民事关系当事人的住所地或诉讼标的所在地作为行使国际民事管辖权的基础，这就是有效原则的体现。英、美国家主张“实际控制”理论，主要指诉讼标的位于管辖国境内，或当诉状、法院通知书等送达时，被告在管辖国境内等情形。英、美国家依“实际控制”理论确立法院管辖权的做法，在某种程度上是有利于判决的生效和执行的，体现了有效原则。但如今在实践中有扩大本国法院管辖权的做法，对此往往做过分扩大的解释。这一扩大解释法院管辖权，难免与协议管辖或他国的专属管辖发生抵触，不仅违背了有效原则，无助于国际民事管辖权的协调，而且成为国际民事管辖权冲突产生的新根源，依其规定行使管辖权的法院所作的判决能否生效和得以执行是不能确保的。

（2）国际礼让原则

国际礼让原则要求一国尊重他国的主权，尊重国际通行做法，尽量限制扩大本国法院的专属管辖权的范围，避免与他国发生冲突，也就是说，不要过分强调国家主权原则，坚持绝对内国主权。另外，为了避免国际冲突，一国应当遵循国际习惯法的一些普遍原则，使自己确立的专属管辖权合理，得到国际社会的认同。

根据1968年订于布鲁塞尔的《关于民商事案件管辖权及判决执行的公约》第16条的规定，下列法院将有专属管辖权而不问住所何在：（一）以不动产物权或其租赁权为标的的诉讼，专属财产所在地的缔约国法院；（二）以在某一缔约国有其注册事务所的公司或其他法人组织的有效成立、撤销或歇业清理，或以有关其机构的决议是否有效为标的的诉讼，专属该公司、法人组织所在地的缔约国法院；（三）以确认公共登记效力为标的的诉讼，专属保管登记簿的缔约国法院；（四）有关专利、商标、设计模型或必须备案或注册的其他类似权利的注册或效力的诉讼，专属业已申请备案或注册或已经备案或注册，或按照国际公约视为已经备案或注册的缔约国法院；（五）有关判决执行的事项，专属执行地的缔约国法院。

由海牙国际私法会议常设局草拟的《为准备有关民商事案件的国际管辖权与外国判决效力公约的预备草案概要》第13条规定，以不动产权利或不动产租赁为标的的诉讼，只有财产所在地国法院有管辖权（除非在以不动产租赁为标的的诉讼中，承租人惯常居住在不动产所在地国，不动产所在地国法院有专属管辖权）。以公司或其他法人章程的有效性、解散，或其组织决议的有效性或无效为标的的诉讼，适用于该公司或法人的国内法的（属人法）所属国的法院有专属管辖权，上述公约和公约预备草案规定的专属管辖权，已经成为国际社会的共识。

（3）先受理法院管辖原则

先受理法院管辖原则是指相同当事人就同一涉外民事纠纷基于相同事实以及相同目的分别在不同国家起诉时，原则上应由最先受理国家的法院行使用权审判管辖权。“一事两诉”或“一事多诉”是当代各国立法和司法管辖权扩大化的必然结果，也是国际民事管辖权积极冲突的集中表现。许多国家根据当事人一方的申请，中止或解除本国诉讼，从而解决了内外国管辖权的冲突。或者如果同一案件的同一要求已由某国法院受理或者已作出生效判决，另一国法院就不得对该案的同一要求再予审理，这是国际上公认的一条普遍准则。英美等国法律均对此有规定。在国际社会中，先受理法院管辖原则不但是解决国际民事专属管辖权积极冲突的重要原则，而且是解决所有国际民事管辖权积极冲突的普遍原则。根据这一原则，如果发生专属管辖权的冲突时，先受理法院以外的法院应自动放弃管辖权，由先受理法院行使管辖权。这一原则的应用，能够解决专属管辖权的冲突，及时处理国际民事纠纷。

1968年《关于民商事件管辖权及判决执行的公约》第23条明确规定：“属于数个法院有专属管辖权的诉讼，首先受诉法院法院以外的法院应放弃管辖权，让首先受诉法院审理。”美国、英国的司法实践中即有这样的判例。一原告就同一诉讼标的和同一被告又在美国新罕布什尔州法院经审查，决定自己停止诉讼程序，理由是原告既然主动向加拿大法院起诉，就意味着其愿意并应当受加拿大判决的约束，因此不应该再向美国法院起诉。这主要是为避免两国法院的判决发生抵触，也体现了公平原则。不过，先受理法院管辖原则只是解决专属管辖权冲突的一般原则，并非绝对唯一原则。

总而言之，解决专属管辖权冲突的最好方式是缔结有关国际条约，统一规定确立专属管辖权的依据和解决专属管辖权冲突的方法。经过各缔约国制定和认可的国际条约，既明确地指出各国在审理民商事件中关于管辖所存在的问题，又提出具体的解决方案，对国际条约的参与国具有法律约束力。在国际条约的实际履行中，确实解决了许多国际民事专属管辖权的冲突问题。

（五）我国国际民事诉讼中的专属管辖

关于我国国际民事诉讼中专属管辖的案件范围，理论中存在以下两种观点。第一种观点认为，在涉外案件中，除在中国境内履行的中外合资经营企业合同、中外合作经营企业合同、中外合作勘探开发自然资源合同专属中国法院管辖外，还包括《民事诉讼法》第 33 条规定的三类案件，即不动产纠纷、港口作业中发生的纠纷、遗产继承纠纷，以及《海事诉讼特别程序法》中规定的专属管辖案件。持这一观点的理由主要有三点，第一，《民事诉讼法》第 4 编管辖规定过窄，只涉及涉外合同纠纷和涉外财产权益纠纷的管辖，其他纠纷管辖应按照第 259 条规定适用《民事诉讼法》中的国内管辖规则。第二，第 4 编用专门条文规定三类投资合同属中国法院专属管辖的本意，一是针对这类案件的特殊性，此类合同与国家利益的紧密联系；二是基于本编针对合同纠纷已规定了特殊地域管辖和协议管辖，暂且不论专属管辖是否属于特殊地域管辖，就大陆法系学理上的共识而言，专属管辖的规定应成为管辖种类中非常重要的一个部分，因而有必要规定专属管辖条文。第三，将不动产案件列为国家专属管辖范围，为各国通例，第 4 编未作专门规定并非因为疏漏，是以第 259 条导引出第 33 条予以补充，因此，第 33 条项下的三类纠纷同被纳入专属管辖范畴。第二种观点认为，在中国，涉外专属管辖案件只包括三类投资合同以及《海事诉讼特别程序法》中的案件。其理论前提是，要求区分国际专属管辖权与国内专属管辖权。国际专属管辖权与国内专属管辖权存在明显差别，因此不能将国内专属管辖权的规定直接适用于国际专属管辖权。

以上两种观点各有依据，但是由于《民诉法解释》第 531 条的规定，“依照民事诉讼法第三十三条和第二百六十六条规定，属于中华人民共和国人民法院专属管辖的案件，当事人不得协议选择外国法院管辖。但协议选择仲裁的除外”。因此，当前主流观点是第一种观点，即认为我国国际民事诉讼中的专属管辖权包括国内专属管辖权和涉外专属管辖权。但是，笔者认为第二种是具有说服力的，因为国际专属管辖权与国内专属管辖权存在明显差异，因此不能将关于国内专属管辖权的规定直接适用于国际专属管辖权。

（六）我国国际专属管辖权范围存在的不足

1. 关于在中国境内履行的三种特殊合同纠纷案件

在中国境内履行的三种特殊合同纠纷案件被有关涉外案件管辖的专门规定列为专属管辖案件，但是有学者指出，这三种特殊合同纠纷案件不宜列入专属管辖范围，或应在一段时间后予以逐步取消。主要理由是，它们虽然可能涉及中国重大经济利益，但这在其他国家并无此类似规定，从有利于解决国际民商事案件管辖权积极冲突的角度出发，应尽量采取与国际趋势一致的规定。此外，随着经济体制改革和对外开放不断深化，在一般情况下，中外合资经营企业合同和中外合作经营企业合同与一般涉外合同并无实质性区别，由完全处于平等、独立法律地位的中外双方当事人自愿签订、履行，合同的订立和履行与国家重大经济利益并无必然联系，所以将这类合同全部纳入专属管辖范围不符合必要性原则。尽管自然资源是重要的生产和生活资料，我国《宪法》第9条也将矿藏、水流、森林、山岭、草原、荒地、滩涂等自然资源规定属于国家所有，但考虑到我国立法已经将不动产案件规定为专属管辖案件，并且不区分物权诉讼和债权诉讼，勘探开发自然资源合同纠纷案件也已经被涵盖在内，所以没有另行作出专门规定的必要。

2. 关于不动产案件

不动产是十分重要的生产、生活资料，与不动产所在地国经济与社会发展密切相关，出于保护社会公共利益的需要，一国法院对涉及不动产案件行使专属管辖权具有合理性，我国将不动产案件规定为涉外专属管辖案件也是合理的。但是我国《民事诉讼法》对“不动产纠纷”没有明确的界定。理论界对不动产纠纷的理解有四种观点：一是不动产纠纷就是涉及不动产的所有纠纷。二是因不动产提起的诉讼，包括涉及不动产的所有权确认、买卖、租赁、抵押、典当、互易、赠与、征用拆迁、侵权损害等方面的诉讼[①]。三是因不动产纠纷提起的诉讼，主要是因不动产的所有权、使用权、相邻权发生纠纷而引起的诉讼，以及相邻不动产之间因地界不清发生争议而引起的诉讼等。[②] 四是法律上规定的不动产纠纷应当是指涉及不动产所有权的纠纷，而不应当扩大解释为与不动产有任何联系的纠纷，比如关于不动产的租赁合

① 宋朝武主编：《民事诉讼法学》，中国政法大学出版社2008年版，第160页。

② 谭兵主编、肖建华副主编：《民事诉讼法学》，法律出版社2004年版，第142页。

同纠纷，对不动产的侵权纠纷等，都不应当属于专属管辖意义上的不动产纠纷。[①]

学者们普遍认为，在完善我国不动产专属管辖权时，应将我国不动产纠纷划分为不动产物权纠纷和不动产债权纠纷。不动产物权纠纷，包括不动产所有权的确认纠纷、不动产的分割纠纷和不动产边界的确认纠纷，由不动产所在地专属管辖。不动产债权纠纷，主要指房屋买卖、租赁、赠与等合同纠纷，该类纠纷诉讼标的是合同关系，是当事人在履行合同过程中发生的纠纷，不动产仅是合同的标的物，不动产不能改变纠纷的性质，其仍为债权债务纠纷，依据合同管辖规则，当事人有选择管辖的自由，有协议变更管辖的自由。

3. 关于港口作业纠纷案件和遗产继承案件

最高人民法院司法解释将《民事诉讼法》第 33 条规定的这两类案件视为涉外专属管辖案件是对国内专属管辖案件和国际专属管辖案件的混淆。对于涉外案件而言，确定专属管辖主要以维护公共秩序之需要为依据，而对于国内案件，专属管辖实质是以确保与案件有最密切联系地点的法院对案件的管辖，以便于法院查证以及进行其他诉讼行为。而港口作业纠纷案件和遗产继承案件与国家公共秩序并无必然联系。港口作业中的纠纷主要分为两类，一类是与港口相联系的货物装卸、保管纠纷；另一类是港口作业中发生的侵权行为引起的损害赔偿纠纷，如船舶进出港损坏港口设施，污染港口等。与其他纠纷相比，这些纠纷并不必然涉及国家重大的政治、经济利益。而遗产继承案件主要涉及法定继承人的继承顺序、法定继承中的遗产分割以及遗嘱和遗赠等问题，这些事项仅与继承法律关系当事人的私权利密切相关，与国

---

① 潘剑锋主编：《民事诉讼法》，清华大学出版社 2008 年版，第 102 页。

家政治、经济、法律秩序等重大利益联系较弱。因此，将这两类案件列入专属管辖范围是没有必要的。

四、协议管辖

协议管辖是意思自治原则是国际民事诉讼管辖权确定中的体现，是指国际民事诉讼案件的双方当事人，在遵守一定条件的情况下，在争议发生之前或之后，以协商一致的方式来选择管辖法院。协议管辖是各国法院确定管辖权的重要依据，也是避免和减少管辖权冲突的重要方法，对于消除管辖权方面的冲突、增强诉讼的可预见性等有着重要意义。但鉴于它不能与公权力对抗的性质，各国都对它的适用范围、有效性和效力等方面进行一定的限制。

虽然当今各国立法和实践普遍承认协议管辖，但是在协议管辖的适用案件范围、被选择法院与案件的实际联系程度、协议管辖的排他效力、管辖协议的形式等问题上，各国规定存在较大的差异。由于本书后文将对协议管辖的具体问题进行专题介绍，此处不再赘述。

五、推定管辖

推定管辖，是指根据国际条约或国内立法，国际民商事案件被告不抗辩法院无管辖权而出庭应诉并进行言词辩论，因而推定法院具有管辖权。长期以来，中国理论界普遍认同协议管辖两分说，即将协议管辖分为明示协议管辖和默示协议管辖两类，明示协议管辖要求书面形式明确规定，或独立制作管辖协议或事先于合同中订立协议管辖条款。默示协议管辖也称推定管辖，是指双方当事人之间既无独立的管辖权协议，又无载有管辖权条款的合同，也无任何口头承诺，但当一方当事人在一国法院起诉，另一方应诉而未有管辖权异议或者在该国法院提出反诉时，起诉法院可以推定享有管辖权。但是，笔者对此分类持异议态度，认为所谓的默示协议管辖也即推定管辖，本质上并不是协议管辖，其应当是与协议管辖并列的、存在明显差别的两种管辖权依据。

推定管辖本质上并非当事人的意思一致，是一国法律强行规定的权威意志表现，推定管辖权作为一种法院的推定权，来源于一国的公法权力。在1997年的海牙国际私法会议上，多国代表质疑推定管辖。例如，丹麦、芬兰代表认为“默示选择这一概念并不恰当，因其不涉及当事人的选择，只是一个诉讼程序问题”；英国、德国代表认为“默示协议管辖不利于保护被告利益，因为被告可能并不了解自己行为的后果”。[①] 而协议管辖，不论当事人采用何种方式，当事人就管辖权问题是存在一致意思表示的。因此，推定管辖不是属于协议管辖的一种类型，而应当是与协议管辖并列的一种管辖权依据。由于本书后文将对推定管辖的具体问题进行专题介绍，因此此处不再赘述。

六、平行管辖

平行管辖，是指对于那些与有关国家及其国民的根本利益影响不大的国际民事诉讼案件，各相关国家的法院同时具有管辖权。平行管辖是国际民事诉讼管辖权与国内民事诉讼管辖权确定中最为明显的差别之一，即在国际民事诉讼管辖权的确定中，允许一事两诉，而国内民事诉讼中是不允许平行管辖存在的。

国际民事诉讼中之所以会存在平行管辖，主要有以下几点原因。第一，各国立法与司法管辖权不断扩张，而迄今为止国际社

---

① 徐宏、郭晓梅：《海牙国际私法会议关于民商事管辖权和判决承认与执行问题特委会会议情况》，载《中国国际私法与比较法年刊》，法律出版社1998年版，第549页。

会尚未形成一整套公认的国际民事诉讼管辖权的规则。以英美法系国家一贯实施的长臂管辖原则为代表，各国都在一定程度不断扩张本国法院的管辖权，国际社会虽然一直在尝试制定国际统一的管辖权规则，但是至今尚未形成公认的管辖权规则。第二，各国确定管辖权依据的多元化。各国在确定国际民事诉讼管辖权时通常会采用诸多依据，这些依据是所在国法院行使管辖权的基础，管辖权依据的多元化，使得某一国际民商事案件处于多国法院管辖的情况越来越多。

平行管辖虽然具有一定的合理性，如便利当事人诉讼等，但其弊端更是显而易见的，因此解决平行诉讼问题的措施一直是理论界探讨的重要课题，本书后文会对平行管辖问题进行专题研究，此处不再赘述。

第三节　外国人的民事诉讼地位

外国人的民事诉讼地位是指根据内国法或有关国际条约的规定，外国人在内国能否成为民事诉讼的主体，在民事诉讼中享有何种民事诉讼权利和承担何种民事诉讼义务，并在何种程度上受到司法保护的状况。外国人在一国境内具有一定的民事诉讼地位是进行国际民事诉讼程序的前提条件。

规范外国人民事诉讼地位的法律规范是国际民事诉讼法的重要组成部分，各国有关民事诉讼的国内立法以及相关国际条约均对此作了明确规定。对有关外国人民事诉讼地位方面的各种问题，大多通过实体规范作出规定，但在诉讼权利能力和诉讼行为能力在当事人属人法和法院地法产生法律冲突的情况，则也需要通过有关冲突规范来加以间接调整。

一、外国个人的国际民事诉讼地位

外国个人的国际民事诉讼地位是指外国个人（包括外国自然人和法人）在某国境内享有什么样的诉讼权利，承担什么样的诉讼义务，并能在多大程度上通过自己的行为行使诉讼权利、承担诉讼义务，具有怎样的诉讼权利能力和诉讼行为能力。外国人在一国境内具有一定的民事诉讼地位是开始和进行国际民事诉讼程序的前提条件，规范外国个人的民事诉讼地位问题是国际民事诉讼法的主要内容，对此问题，各国的国际民事诉讼立法和有关的国际条约都作了明确规定。而且在有关的国际民事诉讼立法中，世界各国一般都基于一定的条件给予外国人以一定民事诉讼地位，其主要内容包括以下几个方面：

（一）原则上给予外国个人以国民待遇

国民待遇是指一个国家在某些方面给予外国人与本国国民同等的待遇。在国际民事诉讼中，国民待遇制度是指一国赋予本国境内的外国人在民事诉讼地位方面享有与本国国民同等的权利，即规定外国人享有与本国国民同等的民事诉讼权利，承担同样的民事诉讼义务。该国法院不能以有关当事人具有外国国籍或无国籍为理由而要求其提供诉讼费用担保或对其采取“诉讼保全”等限制诉讼权利的措施。

国民待遇原则包括两个方面的内容：第一，外国人在内国境内享有与内国国民同等的诉讼权利，承担同等的诉讼义务，其诉讼权利不因其为外国人而受限制；第二，外国人在内国境内享有的诉讼权利不能超出内国国民所能享受的权利范围，任何基于所谓“文明世界”的“国际标准”或“最低标准”而要求超出当地国民所享有的权利范围的主张都是不合理的。在现代国际社会，这种给予外国自然人的民事诉讼地位，一般也及于外国法人和其他组织。当今世界大多数国家普遍采用这一制度调整外国人在内国的民事诉讼地位，赋予外国人在民事诉讼领域的国民待遇制度一般规定在国内立法与国际条约中。国民待遇是规范外国人民事诉讼地位的一般原则。

世界各国的民事诉讼立法和有关的国际条约在规范外国个人的民事诉讼地位时原则上都给予外国人以国民待遇，即规定外国人享有与本国国民同等的民事诉讼权利，承担同等的民事诉讼义务。我国《民事诉讼法》第 5 条第 1 款就明确规定了这一原则，“外国人、无国籍人、外国企业和组织在人民法院起诉、应诉，同中华人民共和国公民、法人和其他组织有同等的权利义务”。但是由于世界各国传统文化、政治制度、历史传统和社会经济利益不同，诉讼法律制度也存在差异，各国的诉讼立法为了保证内国国民在国外也能得到所在国的国民待遇，一般都会在给予外国人以国民待遇的同时，作为例外，要求以对等互惠为条件。我国《民事诉讼法》第 5 条第 2 款就规定了这一对等原则，“外国法院对中华人民共和国公民、法人和其他组织的民事诉讼权利加以限制的，中华人民共和国人民法院对该国的公民、企业和组织的民事诉讼权利，实行对等原则”。

（二）一般都要求依属人法确定外国个人的民事诉讼权利能力和民事诉讼行为能力

1. 外国个人的民事诉讼权利能力

外国个人的民事诉讼权利能力是指外国个人行使民事诉讼权利和承担民事诉讼义务的身份和资格。外国个人的民事诉讼权利能力是外国个人的民事权利在诉讼领域的延伸，是后者的一个组成部分。外国个人的民事诉讼权利与民事权利通常情况下是一致的，即外国个人在多大范围内享有民事权利也在同等范围内享有民事诉讼权利。但是，诉讼权利能力与民事实体权利能力毕竟是不同的，诉讼权利能力是民事实体权利能力在民事诉讼领域的延伸或具体表现，具有一定的特殊性，即使一国法律赋予外国人民事实体权利，也并不意味着同时赋予其民事诉讼权利能力。例如，英美法系国家规定交战时被定性为敌性外国人的人不得在内国法院提起诉讼；① 相反情况下也可能出现，如英国法和意大利法均不认可合伙企业为法人，但仍然赋予合伙企业以诉讼权利能力。②

外国个人的诉讼权利能力依其属人法决定，这是世界各国普遍承认的原则。例如，2002 年《俄罗斯联邦民事诉讼法典》第 399 条第 1 款规定："外国公民、无国籍人的民事诉讼权利能力依其属人法。"但是法院地国给予外国个人何种诉讼权利，由法院地法决定，如有条约规定则依条约决定。当今世界各国立法和有关的国际条约都赋予外国人诉讼权利能力以国民待遇，保证其行使诉权。

法人的诉讼权利能力依照法人属人法确定，法人属人法一般指法人成立地法律。例如，1956 年海牙《承认外国公司、社团和财团法律人格公约》规定公司、社团和财团按照成立地国家法律取得法律人格的，其他缔约国应予承认。在任何情况下，法人享有依当地法律以原告或被告的身份进行诉讼的能力。同样，如果依照法人属人法，法人不具有法人属人法，法人不具有诉讼权利能力，而依照法院地法有诉讼权利能力，视为有诉讼权利能力。又如，2002 年的《俄罗斯联邦民事诉讼法典》第 400 条第 2 款规定："依照其属人法不具有民事诉讼权利能力的外国组织，在俄罗斯联邦境内可以依照俄罗斯法被认为具有诉讼权利能力。"

---

① 刘仁山主编：《国际民商事程序法通论》，中国法制出版社 2000 年版，第 30 页。

② 李双元主编：《国际私法》，北京大学出版社 2000 年版，第 501 页。

2. 外国个人的民事诉讼行为能力

外国个人的民事诉讼行为能力是指外国个人以自己的行为行使诉讼权利和承担诉讼义务的能力。诉讼行为能力是决定一个人的诉讼地位的重要因素，它直接影响着诉讼权利的行使。对于外国个人能否或能在多大程度上以自己的行为有效地行使诉讼权利和承担诉讼义务的问题，各国的诉讼立法都作了明确的规定，而且普遍承认对于外国个人的民事诉讼行为能力一般由其属人法确定，即如果外国个人国籍国或住所地国认为其有诉讼行为能力而法院地国也认为其有诉讼行为能力。但在外国个人国籍国或住所地国认为其没有诉讼行为能力而法院地国认为其有诉讼行为能力，则依法院地法来确认。实践中大陆法系国家中的德国、日本等国的民事诉讼法都规定外国个人的民事诉讼行为能力依其本国法，而普通法系国家原则上依据住所地法来决定外国个人的民事诉讼行为能力。不过也有个别国家则用法院地法来决定外国个人的民事实体行为能力和民事诉讼行为能力。

在涉外民事诉讼中，为了求得民商事法律关系的稳定，保护善意的对方当事人，特别是本国国民的合法权益，各国在规定以属人法决定外国人的民事诉讼行为能力为原则的同时，作为补充，都规定如果依法院地国法外国人具有民事诉讼行为能力，即视为有能力。例如，1979 年《匈牙利国际私法》第 64 条规定："①当事人在诉讼案中的诉讼权利能力和诉讼行为能力适用其属人法。②根据属人法没有行为能力或限制行为能力的非匈牙利国民。如果按照匈牙利法具有行为能力，在向匈牙利法院或其他机关提起的诉讼中应视为有行为能力。"《日本民事诉讼法》第 51 条规定："外国人依其本国法虽然没有诉讼行为能力，但依据日本法有诉讼行为能力的，视为有诉讼行为能力。"

至于我国对外国个人民事诉讼行为能力确定问题的态度，我国之前的《民事诉讼法》没有对此作出民明确的规定，2012 年刚颁布的《民事诉讼法》也没有对这个问题作出规定。但是根据我国《民法通则》《民事诉讼法》的有关立法精神和实践，对于外国个人的民事诉讼能力采取以下原则：外国个人在我国参加民事诉讼的权利能力和行为能力原则上依其属人法确定；外国个人依其属人法没有诉讼权利能力和诉讼行为能力，而依我国法律具有诉讼权利能力和诉讼行为能力的，则认为其有诉讼权利能力和诉讼行为能力，而有关外国个人不能以本国法或住所地法的相反规定来对抗对对方当事人。

（三）一般都对外国个人的诉讼代理问题作了特别规定

诉讼代理是指诉讼代理人基于法律规定、法院指定、当事人或法定代理人的委托，以当事人的名义代为进行诉讼活动的一种制度。诉讼代理成为一项独立的法律制度是17世纪以后欧洲资本主义社会进一步发展的结果，随着近代资本主义社会商品交换的频繁发生，私人之间的法律关系日趋复杂，当事人或其法定代理人或者因事务繁忙无法参与诉讼，或者法律知识缺乏，即使自己参与法律诉讼也难以保护或主张自己的合法权益，从而使得诉讼代理制度成为必要。诉讼代理根据代理权的发生的原因不同可分为法定代理、指定代理和委托代理。在国际民事诉讼中，由于国际民事法律关系十分复杂，再加上国家之间的各种制度、传统观念的差异以及当事人对其他国家法律知识的缺乏，诉讼代理制度在国际民事诉讼中的重要性显得尤为突出。在国际民事诉讼中，各国关于指定代理和法定代理的规定基于国民待遇原则对内外国人并没有很大差异，并没有形成区分国内民事诉讼法的特别规定，因此，国际民事诉讼中的诉讼代理制度主要是关于委托代理的规定。

对于国际民事诉讼中的委托代理，各国立法均存在与国内民事诉讼立法不同的规定，并形成独特的国际民事诉讼代理制度。在国际民事诉讼代理中，诉讼代理人至关重要，诉讼代理人是指在国际民事诉讼中代为实施诉讼行为的人。由于国际民事诉讼案件的复杂性，当事人往往位于不同的国家，很多情况下不能亲自参加诉讼，同时外国当事人通常不了解法院地法的规定，需要委托代理人来参加诉讼以保护自己的合法权益。国际民事诉讼程序中的外国当事人是否有权委托诉讼代理人以及可以委托什么样的人作为诉讼代理人代为实施诉讼行为的问题，都由各国立法机关作为外国人的民事诉讼地位问题中的重要内容规定在民事诉讼立法中。

综观世界各国的诉讼立法，诉讼代理制度已为国际社会所普遍接受，各国立法都允许国际民事诉讼程序中的外国当事人委托诉讼代理人代为进行诉讼活动。法国和奥地利等大陆法系国家的立法甚至把代理诉讼作为一种义务加以规定，即国际民事诉讼程序中的外国个人不仅有权利，而且有义务委托诉讼代理人代为实施诉讼行为。至于外国人委托什么样的人作为代理人以及诉讼代理人的法定权限如何等问题，各国的立法各不相同。在国际民事诉讼中，普遍采用律师代理制度。外国当事人委托律师作为诉讼代理人时，必须委托法院地国家的律师。这也是世界各国普遍采用的原则。这是因为律师制度是一个国家司法制度的重要组成部分，司法制度涉及国家主权，允许外国律师出庭，无异于让外国律师干预本国的司法活动，从而破坏本国的司法主权。例如，我国 2012 年修订的《中华人民共和国民事诉讼法》（以下简称 2012 年《民事诉讼法》）第 263 条正体现了这一原则，“外国人、无国籍人、外国企业和组织在人民法院起诉、应诉，需要委托律师代理诉讼的，必须委托中华人民共和国的律师”。另外，委托诉讼代理人的目的在于寻求法律上的帮助，法院地国的律师熟悉本国法律和司法程序，能够更好地为外国当事人提供法律帮助，保证司法程序的顺利进行，便于案件得到公正解决。在实践当中有的国家允许外国律师在符合一定条件的情况下在内国执业并出庭参加诉讼。关于诉讼代理人的法定权限问题，采用律师诉讼主义的国家的立法规定，律师可以基于授权实施所有的诉讼行为，行使任何诉讼权利，而无须当事人亲自出席法庭参与诉讼，如法国和奥地利等大陆法系国家就是采用这种做法。而采用当事人主义的国家，如英美等普通法系国家的立法则规定不管当事人或法定代理人是否委托诉讼代理人，他们都必须亲自出庭参加诉讼。

除律师代理制度外，在国际民事诉讼社会的司法实践中，还有一种特殊的代理制度——领事代理制度。领事代理是指一个国家的领事可以根据国际条约和驻在国法律规定，在其职务管辖范围内代表本国国民参加民事诉讼，以保护本国公民和法人的合法利益。领事代理有两个特点：①领事代理是以私人身份进行的，领事对这种代理行为不享有领事特权；②如当事人委托了代理人，或当事人自己承担起保护自己的权益任务时，领事代理即应终止。领事代理制度为国际社会认可并体现在有关的国际条约和双边条约中。例如，我国参加的 1963 年《维也纳领事关系公约》第 5 条第 9 款规定："以不抵触接受国内施行之办法与程序为限，遇派遣国公民因不在当地或由于其他原因不能于适当期间自行辩护其权利与利益时，在接受国法院及其他机关之前担任其代表或为其安排适当之代表，俾依照接受国法律规章取得保全此等国民之权利与利益之临时之措施。"《维也纳领事关系公约》所确立的领事代理制度得到了国际社会的普遍认同。有些双边条约也确定了领事代表制度，比如《中华人民共和国和美利坚合众国领事条约》中就有类似的规定。这就是国际民事诉讼上关于领事代理制度的规定。

我国法律对律师代理和领事代理的规定与多数国家相同。根据我国《民事诉讼法》的规定外国人在我国法院参与诉讼可以亲自进行，也有权通过一定的程序委托律师或其他公民代为诉讼。我国《民事诉讼法》第263条规定："外国人、无国籍人、外国企业和组织在人民法院起诉、应诉，需要委托律师代理诉讼的，必须委托中华人民共和国的律师。"第264条规定："在中华人民共和国领域内没有住所的外国人、无国籍人、外国企业和组织委托中华人民共和国律师或者其他人代理诉讼，从中华人民共和国领域外寄交或者托交的授权委托书，应当经所在国公证机关证明，并经中华人民共和国驻该国使领馆认证，或者履行中华人民共和国与该所在国订立的有关条约中规定的证明手续后，才具有效力。"最高人民法院《民诉法解释》也在第528条中明确规定，涉外民事诉讼中的外籍当事人，可以委托本国人为诉讼代理人，也可以委托本国律师以非律师身份担任诉讼代理人。根据我国法律的规定，我国既不采用德国、奥地利等国奉行的律师诉讼主义，也不采用英美法系等国家实行的当事人诉讼主义，而是在参照国际社会相关做法的基础上，采用一种适合我国国情的以方便当事人为原则的方法，即外籍当事人既可以亲自出庭，也可以委托诉讼代理人出庭代理诉讼，并且可以委托我国律师代理，也可以委托我国公民代理。考虑到我国国家主权，外国人不能委托外国律师以律师的身份参加我国人民法院的诉讼活动，这是我国法律关于律师代理制度的规定。

关于领事代理制度，《民诉法解释》第528条规定，涉外民事诉讼中的外籍当事人，除了可以委托本国人或本国律师以非律师身份担任诉讼代理人外，也可以委托外国驻华使、领馆官员，受本国公民的委托，外国驻华使、领馆官员可以以个人名义担任诉讼代理人，但在诉讼中不享有外交特权和豁免权。第529条规定，涉外民事诉讼中，外国驻华使、领馆授权其本馆官员，在作为当事人的本国国民不在我国领域内的情况下，可以以外交代表身份为其本国国民在我国聘请中国律师或中国公民代理民事诉讼。这两条就是我国法律关于领事代理制度的规定。

（四）一般都对外国个人规定了诉讼费用担保制度

国际民事诉讼中的诉讼费用担保制度是指审理国际民事案件的法院依据内国民事诉讼立法的规定，需要作为原告的外国人在起诉时提供以后可能判决由他负担的诉讼费用的担保。诉讼费用是指法院在受理案件时和受理案件后为进行诉讼所必需而应由当事人负担的实际开支。向民事诉讼当事人收取的一定的费用，是各国的通例。其立法理由是认为此类诉讼以保护私人权益为目的，理应收取一定费用以补偿胜诉的当事人在诉讼中的实际支出。诉讼费用一般包括三部分：一是案件受理费，这是法院在决定受理案件后向当事人收取的费用，具有国家税收的性质，由原告在起诉时垫付；二是在诉讼中实际支出的费用，如鉴定费、勘验费、公告费、翻译费，以及各诉讼参加人的差旅费等；三是执行费用，包括申请判决执行、申请财产保全，海商案件中申请扣船等所需费用。诉讼费用的负担，是依当事人之间的责任来决定的，可能由原、被告中的一方负担，也可能由双方分担，一般来讲，由败诉方负担。从这个角度看，诉讼费用具有经济制裁的性质。诉讼费用担保制度中需要担保的诉讼费用的范围不包括案件受理费，只限于第二项、第三项。关于诉讼费用担保的规范，属于国际民事诉讼法直接使用的诉讼实体规范，各国通常都作了详细的规定。

经过数百年的发展，诉讼费用担保制度几乎成了世界各国立法中的通例。在当今世界，除了苏联的各个继承国、保加利亚、秘鲁、智利、叙利亚、埃及、冰岛、利比亚、埃塞俄比亚、阿富汗、葡萄牙、芬兰、厄瓜多尔等少数国家不要求外国原告提供诉讼担保以外，其他各国的立法都在不同程度上对外国原告规定了该项诉讼义务。[①] 不过，综观各国的规定，我们可以看出，这种担保义务在很多情况下，可以豁免，主要有以下三种情况：①存在互惠关系时，即当依照原告所属国的法律，原告所属国在处理同类案件时不要求这些国家的公民提供此项担保；②有不动产时，即当外国原告在法院地国有足以支付可能承担的诉讼费用的不动产时，其诉讼费用担保义务可以免除；③住所在法院地国时，即居住在法院地国的外国人可以免除担保义务，而居住在国外的本国国民在内国起诉却不一定能免除。以上几种主要的豁免条件中，有些国家把其中一项作为决定性因素，有些国家则须重叠适用多项。除此之外，很多国家都免除外交代表或合法避难者的该项义务。

尽管这种诉讼费用担保制度被广泛采用，但它终究是有悖于国民待遇原则的。在外国人民事诉讼权利能力方面，诉讼费用担保制度常常成为其行使诉讼权利的障碍，尤其是在法律对内国人作为原告的案件中不要求其提供担保，或作为原告的外国人在内国无不动产或无能力提供此种担保时。为此，通过国际合作缔结有关条约相互免除缔约国公民的担保义务便成为各国努力的方向。1954 年订于海牙的《民事诉讼程序公约》第 17 条就规定，对在其中一国有住所的缔约国国民在另一国法院作为原告或诉讼参加人时，不得以他们是外国人或者在境内没有住所或居所，命令他们提供任何形式的担保或保证金。其后，1980 年在海牙订立的《国际司法救助公约》第 14 条作了类似规定，并扩大适用于缔约国一方的法人。[②]

---

① 参见李双元、谢石松著：《国际民事诉讼法概论》，武汉大学出版社 2001 年版，第 366 页。

② 参见李双元、金彭年著：《中国国际私法》，海洋出版社 1991 年版，第 579 页。

我国的民事诉讼立法也对外国人的诉讼费用担保问题作了明确规定。如1984年8月30日我国最高人民法院审判委员会通过的《民事诉讼收费办法（试行）》第14条第2款明确规定："外国人、无国籍人、外国企业、组织在人民法院进行诉讼时，应当对诉讼费用提供担保。"该条已经被最高人民法院在1996年12月31日颁布的《最高人民法院关于废止1979年至1989年间发布的部分司法解释的通知（第二批）》中废除。在1987年我国和法国、波兰、比利时签订的司法协助协定中也都规定了缔约一方的法院对于另一方国民，不得因为他们是外国人而令其提供诉讼费用保证金，而且上述规定同样适用于根据缔约任何一方的法律、法规组成的或者准许存在的法人。后来到1989年6月29日最高人民法院审判委员会第411次会议通过了《人民法院诉讼收费办法》，开始采用新的诉讼费用收缴方式，规定不再区分外国人，而一律由有关当事人凭人民法院的通知书预交诉讼费用，从而使外国当事人的诉讼费用担保问题得到了解决。①

通过对少数国家的立法和有关国际多边条约已不再要求外国原告提供诉讼担保的最新规定，以及我国对外国人参加诉讼时的收费原则和我国与其他国家签订的双边条约的立法实践了解，我们可以看到在国际民事诉讼领域，诉讼费用担保制度正面临挑战与否定。

二、外国国家的国际民事诉讼地位

外国国家及其财产原则上享有司法豁免权。司法豁免权是国家主权原则在国际民事诉讼领域的具体体现，是指一个国家及其财产非经该有关国家明确同意不得在另一个国家的法院被诉，或

① 参见《中华人民共和国最高人民法院公报》1989年第3期，第8~11页。

其财产不得被另一个国家扣押或用于强制执行。根据各国学者的一般理解和国际社会的立法和实践，国家及其财产所享有的司法豁免权的内容，一般包括两个方面，即管辖豁免和执行豁免。也有学者把豁免权的内容分为三个方面：第一，司法管辖豁免即指未经财产所属国的同意，其他任何国家不得受理以位于其境内的该外国财产为诉讼标的的案件也不得受理以该外国国家为被告的案件。第二，诉讼程序豁免是指即使外国国家明确同意放弃司法管辖豁免权而作为被告在一国法院涉诉，依然享有诉讼程序上的豁免权，即在没有征得其明确同意之前，不得强迫其出庭作证或提供证据以及实施其他诉讼行为，也不得对其财产采取诉讼保全等诉讼程序上的强制措施。第三，强制执行豁免是指即使作为一方当事人参与了某一诉讼程序的外国国家败诉，非经该国明确同意，仍不能通过法院的判决对该外国的国家财产采取强制执行措施，如不得拍卖该外国的国家财产、不得强行划拨该外国国家的银行存款等。

目前，世界各国一般都是通过外交途径，根据互惠对等和平等协商的原则来解决司法豁免权的问题，以确定有关外国国家的国际民事诉讼地位。除非存在相反的条约规定，国际社会一般都是原则上给予或承认外国国家的司法豁免权。

关于外国国家在我国法院的民事诉讼地位，即外国国家是否享有司法豁免权以及享有什么程度的司法豁免权问题，我国立法尚未作出明确规定。《民事诉讼法》只是在第 261 条规定，对享有外交特权与豁免的外国人、外国组织或者国际组织提起的民事诉讼，应当依照中华人民共和国有关法律和中华人民共和国缔结或者参加的国际条约的规定办理。但是对于司法豁免权我国还取得了一些进展。2004 年 12 月 16 日，联合国大会通过了《联合国国家及其财产管辖豁免公约》（以下简称《公约》），其序言中指出，国家及其财产管辖豁免原则是“一项普遍接受的习惯国际法原则”。《公约》第 6 条进一步明确指出：“一国应避免对在其法院对另一国提起的诉讼行使管辖。”但是《公约》第 5 条规定，一国本身及其财产遵照《公约》的规定在另一国法院享有管辖豁免。也就是说，国家及其财产管辖豁免要符合《公约》的有关规定。而《公约》第三部分又规定在商业交易等 8 种情况下，不得对国家及其财产进行豁免。2005 年 9 月 14 日，前外交部长李肇星代表我国政府签署了《公约》。这说明，我国在国家及其财产管辖豁免问题上的态度已经越来越明确。

事实上，我国已经开始了有关国家豁免的立法进程。2005 年 10 月 25 日，第十届全国人大常委会第 18 次会议通过了《中华人民共和国外国中央银行财产司法强制措施豁免法》。该法分别规定了豁免的给予、外国中央银行财产的定义以及对等原则等问题。不过，仅以该法实施《公约》是不够的，因为该法的内容仅仅与《公约》第四部分“在法院诉讼中免予强制措施的国家豁免”的内容有关，我国国内法院无法依该法的规定处理对他国提起的诉讼，我国的自然人和法人也还不能依该法向我国法院提起对他国的诉讼。因此，我国及早启动制定一部系统、全面的有关国家豁免权的立法工作已是当务之急。国家及其财产豁免问题仍处在不断发展的过程中，在立法实践中，在涉及国家主权方面继续坚持绝对豁免论，但是其他方面应该适应国际社会的新发展。

三、国际组织的国际民事诉讼地位

国际组织①是世界交往发展到一定阶段的产物，它是指世界各国基于一定的目的，以一定协议的形式设立的各种国际性机

① 这里探讨的国际组织是指政府间的国际组织，不包括非政府间的国际组织，或者其他民间的国际团体。

构。国际组织是基于特定的目的而设立的。为了实现其目的，国际组织除了需要维持其组织内部的工作机能以外，还需要与外界发生联系，这就需要其必须具有一定的法律人格以行使其权利和承担其义务，反映到国际民事诉讼法律关系中，是指国际组织在一国法院中必须具有一定的民事诉讼地位。不过，在传统的国际法中，国际组织不被认为是国际法的主体当然也就不会享有国际民事诉讼地位。随着国际组织日益成为国际关系的重要参与者，其国际人格逐渐为国际法所承认。但国际组织终究只是一种介于国家之间的法律组织形式，而非国家实体，也并不具有当然的民事诉讼地位。某一国际组织在多大程度上享有权利（包括民事诉讼权利）和义务（包括民事诉讼义务）的问题，一般都是由该组织的各成员在建立该组织时的基本文件或其他的有关条约中明确规定。

就目前国际社会的立法和实践来看，国际组织一般都是基于一定的国际条约在有关国家的法院诉讼程序中享有绝对豁免权。比如《联合国宪章》第 104 条规定，联合国于每一会员国之领土内，应享受于执行其职务及达成其宗旨所必需之法律行为能力。第 105 条规定，联合国于每一会员国之领土内，应享受于达成其宗旨所必需之特权及豁免；联合国会员国之代表及本组织之职员，也应同样享受于其独立行使关于本组织之职务所必需之特权及豁免。1946 年《联合国特权及豁免条约》更是进一步明确规定，联合国组织享有对一切法律诉讼的完全豁免权。[①]

至于国际组织在我国法院的民事诉讼地位，根据我国《民事诉讼法》的规定应该依据我国的有关法律及我国缔结或参加的国际条约的规定来确定。我国目前虽然没有这方面的专门立法，但我国已经参加了一些有关的国际条约，比如我们之前提到

① 参见《联合国特权及豁免条约》第 2 条。

的《联合国特权及豁免权公约》，还有1965年参加的《解决国家与他国国民投资争议的公约》等。这些国际条约中有关国际组织的司法豁免权的规定是我国法院在确定该有关国际组织的国际民事诉讼地位时的重要法律依据。至于其他没有条约依据的国际组织的国际民事诉讼地位问题，只能通过外交途径来处理。

第四节　国际民事诉讼之管辖权冲突

一、国际民事诉讼管辖权冲突概述

（一）国际民事诉讼管辖权冲突的概念

国际民事诉讼管辖权冲突是指在国际民事诉讼中，与某一国际民商事案件相关联的所有国家都主张管辖权或者都拒绝管辖的情况。国际民事诉讼管辖权冲突包括积极冲突和消极冲突，前者指众多国家的法院对同一个国际民事案件竞相争夺管辖权，导致有关国家争抢管辖权的状态；后者指有关国家对一些纠纷均拒绝行使管辖权，导致当事人诉讼无门。管辖权的积极冲突比较常见，消极冲突也不罕见，只不过没有引起足够的重视。管辖权的冲突造成了管辖的混乱，影响当事人权利的司法救济，甚至影响国家之间的关系，应当引起我们的重视。

管辖权的积极冲突表现为各国竞相争夺管辖权，从立法角度上讲，就是各国就某国际民事案件确定了多种管辖根据或标准，并越来越呈现灵活化的、弹性的管辖标准；管辖权的消极冲突表现为某一国际民事争议无从获得司法救济，各国依据各自本国法都不受理该争议，从而导致了该国际民事案件诉讼无门，当事人的利益得不到法院的支持。

一直以来，国际民事诉讼管辖权冲突是各国和国际社会的立法和司法实践中致力于解决的问题，但在现实生活与实践中，积极冲突与消极冲突相比，它的形式更为复杂，涉及的法律问题更多，解决的方式也更为多样化，所以积极冲突就成为当代国际社会和国际法律所要解决的核心问题。

（二）国际民事诉讼管辖权冲突的具体表现

国际民事诉讼管辖权冲突包括积极冲突和消极冲突，其中积极冲突的表现形式有一事两诉、一事再理、平行诉讼、重叠诉讼或重复诉讼、未决诉讼等形式，消极冲突的主要表现形式是诉讼无门。下面我们分别来看积极冲突和消极冲突的具体表现形式，首先看积极冲突的具体表现形式：

1. 一事两诉或平行诉讼

这种冲突形式是管辖权积极冲突形式中最常见的一种，这种形式的特点就是有关国家就同一个国际民事诉讼案件都有管辖权，同时对这个案件的其他国家的管辖权也没有进行排除。这种形式产生的原因有三个：一是相关国家关于管辖权的立法和司法实践相同；二是有关国家都承认平行管辖和协议管辖；三是当事人进行挑选法院，即当事人为取得对自己有利的某国法院的判决或是为对抗对方当事人的诉讼请求，而提起的诉讼。前两个是积极冲突产生的客观原因，第三个是积极冲突产生的主观原因。

就一事两诉、平行诉讼或未决诉讼的内涵而言，并无二致，是指相同当事人基于同一诉讼请求或案件事实，先后或同时向两个或两个以上国家的法院起诉，而两个或两个以上国家法院都进行受理的情形。[①] 在国际公约上也有类似内容的规定，比如 1968 年《布鲁塞尔公约》和 1988 年《落迦诺公约》第 21 条均规定“（未决诉讼）是相同当事人就相同诉因而在不同缔约国法院提起诉讼……” 1971 年海牙《民商案件外国判决的承认和执行公

① 刘仁山主编：《国际私法》，中国法制出版社 2012 年版，第 388 页。

约》第5条和第20条规定“（两诉竞合）是同一当事人之间，基于同样事实以及具有同一标的诉讼……”[①] 两大法系之所以会出现名称上的不同，归根结底还是因为两大法系在本质上的不同，在英美法系国家习惯上称为平行诉讼或未决诉讼，大陆法系国家习惯上称为一事两诉或诉讼竞合，有关国际公约或者采用未决诉讼或者也采用诉讼竞合。

一事两诉或平行诉讼可以表现为下列两种类型：

（1）重复诉讼

重复诉讼或被称为相同原告诉讼、原被告共同型诉讼，是指原告在一国法院起诉后，又针对同一被告就同一纠纷事实向另一法域有管辖权的法院再次起诉。在此种类型的诉讼中，两次或两次以上的诉讼的原、被告均为同一人。一般而言，重复诉讼的起因可以归结为原告追求私人利益的最大限度保护，其目的不过是寻求对自己最有利判决，这在请求民事赔偿诉讼中最为多见，但是有关国家的法院从分析原告的诉讼动机而采用一事不再理原则拒绝管辖。由于各国立法对国际民商事纠纷确立的管辖原则、管辖依据存在较大差异，而且各国出于对本国国家利益和本国当事人利益的考虑，均有扩大本国管辖权的现象。

（2）对抗诉讼

对抗诉讼也称相反当事人诉讼、原被告逆转型诉讼，是指原告在一国法院起诉后，被告依据同一事实以原告为被告向另一法域有管辖权的法院提起诉讼。在对抗诉讼中，原被告位置正好颠倒。对抗诉讼的目的通常是维护自身利益，或扭转自己在他国诉讼中的不利地位，或主动提起诉讼而期望获得有利判决，也或者对自己无故的诉累予以反报等。

---

① 李双元等编：《国际私法教学参考资料选编》（中册），北京大学出版社2002年版。

综上所述，平行诉讼或一事两诉的主要动因在于当事人受利益的驱使。从保护当事人合法利益的角度来看，这是平行诉讼的合理之处，但是国际民事诉讼中的平行诉讼或一事两诉所带来的负面现象也非常突出，就各国国家的司法资源而言，平行诉讼或一事两诉都会造成司法资源的浪费和增加司法机关的负担；就当事人而言，不仅表现为诉讼费用的负担，还要面临各国判决的相互矛盾和冲突，无法成就有利判决的域外承认和执行等。所以，国际民事诉讼中无法避免的平行诉讼或一事两诉不仅影响当事人私人利益的保护和救济，还必然影响到政府公共利益，乃至国家主权及国家利益。对于积极冲突的解决，从立法与实践来看，各国对这一问题的解决主要有两类做法。一是英美法系国家基于有关判例规则，由法院自由裁量决定；二是部分大陆法系国家根据国内法的规定来支持一事两诉或禁止一事两诉。①

2. 诉讼无门

消极冲突相比积极冲突而言，在国际民事诉讼管辖权冲突中不如积极冲突表现得明显和复杂，但是消极冲突也不罕见，只是没有像积极冲突一样引起国际社会的高度关注。现实中，管辖权消极冲突的现象也是存在的。例如，涉及国家主权司法豁免的案件，如果有关各国均坚持国家及其财产的绝对豁免理论，那么，以某国国家为被告的民事案件显然不会为与案件相联系的各国法院受理；又如，无界的网络案件，其管辖权的确定不是传统管辖权根据所能解决的，各国在此方面的立法和实践经历了从无到有的过程。

在国际民事诉讼管辖权冲突中消极冲突的表现形式主要是诉讼无门。诉讼无门即与某一国际民事诉讼争议相联系的各国都不

① 刘铁铮著：《国际私法丛论》，三民书局1984年版，第272~273页。

主张对该案件行使管辖权，致使当事人欲诉无门，无法获得司法救济。国际民事诉讼管辖权消极冲突的原因主要是立法上的空缺，换句话说，就是成文法系各国对某一国际民事纠纷没有确定的依据和标准，而英美国家的“自由裁量”司法也否定对某一国际民事案件的受理。这个原因，从理论角度看是站得住脚的，但其现实意义并不大。实际上，国际民事诉讼管辖消极冲突的现象也很少见，其解决途径也很简单，解决消极冲突的途径一般是通过国内立法，赋予本国法院以相应的管辖权，使得本国法院可以例外地受理任何国家的法院通常不予受理的案件。例如，《瑞士联邦国际私法》第 3 条规定：“法律未作其他规定的，居住国外的瑞士公民，如果在居住国无法提起诉讼或根据各种情况在该地进行诉讼似乎是不合理的，则可以向与案件有密切联系的瑞士法院提起诉讼。”最高人民法院的《民诉法解释》第 13 条规定：“在国内结婚并定居国外的华侨，如定居国法院以离婚诉讼须由婚姻缔结地法院管辖为由不予受理，当事人向人民法院提出离婚诉讼的，由婚姻缔结地或一方在国内的最后居住地人民法院管辖。”

(三) 国际民事诉讼管辖权积极冲突的构成要素

国际民事诉讼管辖权积极冲突的产生有以下构成要件：

第一，两个或两个以上国家的法院对同一诉讼标的均具有适格管辖权，如对同一国际民诉案件不存在具有适格管辖权的两个或两个以上国家的法院，则不会因为两个以上国家的法院对同一案件竞相行使管辖权而发生管辖权的冲突。

第二，当事人就同一诉讼标的在两个或两个以上国家的法院提起诉讼，这称为平行诉讼也叫一事两诉、重复诉讼。英美国家习惯称为未决诉讼或平行诉讼，大陆法系国家习惯称为一事两诉或诉讼竞合。平行诉讼有重复诉讼和对抗诉讼两种类型。

第三，两个或两个以上国家的法院均受理同一诉讼案件。若在就同一纠纷事实向两个或两个以上国家法院提起的诉讼请求中，只要有一国法院依据其内国法拒绝行使管辖权，就不会出现国际民事管辖权冲突。因此，只有在两个或两个以上国家的法院均认为应该行使管辖权，并都受理了同一诉讼案件的情况下，才会出现国际民事管辖权的积极冲突。学界对于“同一诉讼”的定义出入颇大，如欧洲大陆国家普遍使用“相同诉因、相同当事人”标准，但又无“诉因”的统一规定。而加拿大普通法地区和适用大陆法的魁北克地区在判断同一诉讼时除考虑诉因外，还将诉讼标的作为一个判断标准。但对诉讼标的又众说纷纭，无统一解释。目前，国际上倾向于接受较为宽泛并富有弹性的判断标准，即只要两诉的主要当事人相同，基本基于相同事实而提出各自主张，旨在解决相同争议，均认可其为同一民事诉讼。

二、国际民事管辖权冲突的成因分析

（一）主权原因

国际民事诉讼管辖权是国家主权在国际民事诉讼上的体现，所以国际民事诉讼管辖权冲突产生的一个主要原因就是各国都极力维护各自的国家主权。主权是国家的基本属性之一。主权国家的存在，是国际法形成和发展的前提条件。国家主权和主权平等，是国际法的基本原则，适用于包括国际环境关系在内的国际关系的一切领域。按照国家主权原则的基本含义，每个国家有权独立自主地处理其对内和对外事务，对内主权表现为本国的立法权、司法权和行政权，对外表现为独立平等权。因此，主权原则在国际环境关系领域内的适用可以具体表述为两个方面，一是各国对其国内环境事务的最高权，二是对国际环境事务的平等参与权。就管辖权而言，主权原则要求国家在涉外民事诉讼中保持该国的司法独立并享有完整独立的司法管辖权；国家主权表现为国家对其境内的一切人、物以及事件都具有最高的管辖权和支配权和对其本国公民的属人管辖权，“按照‘领土内一切均属于领土’的规则，国家领土内一切人和财产都归国家统治和支配，而外国人和外国财产一旦进入国家境内，就立即归国家的属地权威的支配。由于属人权威的后果，国家可以自由地对待本国国民……而且对于迁移出境而未丧失本国公民资格的国民仍保留它的权力”。[①]

世界各国除应遵守国际条约和国际惯例之外，在制定涉外民商事案件管辖权规则时也大多是独立地从自己的主权和国家利益出发，最大限度地实现本国的经济、政治利益，扩张主权影响。因而不可避免地会出现一国在行使本国的属人管辖权时与他国的属地管辖权相冲突或者本国的属地管辖权与他国的属人管辖权发生抵触。同样，依据与管辖权有关的事件或行为的属地性和属人性，也会使案件或行为受两个并存的管辖权的支配。由此可见，基于国家主权而产生的管辖权冲突是不可避免的。比如说英美法系国家的“有效控制原则”，实施长臂管辖，影响了很多国家的立法和实践，这种扩大管辖权的趋势依然反映了各国主权在立法和司法方面的较量，现在国际社会还没有形成一个统一的管辖权标准，所以国际民事诉讼管辖权冲突还是会在各国间存在。可以说，国际民诉管辖权冲突的主要原因就在于各国的主权要求。另外，国家主权要求扩大管辖权根据，而管辖根据的扩大也是导致冲突发生的重要原因之一。作为属人管辖权的根据，国籍表明一个公民对某个国家享有的权利和承担的义务，当事人的国籍将会对其国籍国的利益产生重要影响。但国籍更具有政治性，强调保护本国公民利益，可能对外国当事人造成不公，同时随着人口国际性流动更加频繁，国籍国与当事人的联系正在减弱；以住所为

① ［英］詹宁斯等修订：《奥本海国际法》，王铁崖等译，中国大百科全书出版社 1995 年版，第 293~294 页。

管辖根据是因为住所通常被认为是个人生活的中心，也意味着其受住所地法律的管辖，并且采用这种管辖方式可以节约当事人的诉讼成本，符合经济便利的需要。但各国对住所的规定不相统一，有的依据定居事实来确定，有的强调久居的意愿，可能造成管辖权混乱的情况；作为新兴的管辖权依据，惯常居所发挥了协调国籍标准与住所标准的弊端。惯常居所的概念和内涵比较简单，不强调当事人的主观意志，只强调当事人在某处居住一定时间的事实。惯常居所不仅体现了当事人与一国的政治、经济、文化、社会联系，同时也方便当事人诉讼。但正是由于惯常居所的易确定性，可能引发管辖权冲突。由此，国籍、住所、惯常居所共同构成了属人管辖权的三大根据。随着跨国各国交往的增多，也是国家主权的要求，多数国家都将国籍、住所、惯常居所综合确定为管辖权依据。各国的管辖权变得丰富起来，当事人的起诉变得方便起来，但涉外管辖权冲突也变得更普遍（例如，当国籍、住所、惯常居所成为竞相管辖的根据时，如果从维护主权的立场出发，则内国法院会较少承认外国法院的管辖，容易导致冲突的发生）。

（二）经济原因

国际民事诉讼同国内民事诉讼一样，遵从“不告不理”“一事不再理”的原则，作为案件当事人来说，诉讼的便利、经济、成本、快捷都会成为其起诉当时必须考虑的因素，当事人总是力图以最小的付出得到最大的回报。因而当事人起诉时的动因——希望从内国法院获得一项比外国法院可能获得的更有利于自己的判决。当事人认为内国法院的诉讼程序更为迅速和更为合理；不信任外国法官的公正性和外国法官的法律素质；对内国法院撤销诉讼而又超过外国法院的诉讼时效的担心都会促使当事人选择对其有利的国家提起诉讼，进而从法院的判决中使自己的权益得到最大化的保护，不仅是法律上的利益还包括经济上的利益。

（三）法律原因

国际民事诉讼管辖权冲突产生的法律原因主要有各国有关立法的差异以及各国立法上有关管辖权依据的不同，其中前者是直接原因，后者是间接原因。①

首先来看国际民事诉讼管辖权冲突的直接原因。当今国际社会，除了世界各国一致承认外国国家、外国国家元首和外交代表以及国际组织及其官员享有司法豁免权外，还没有形成一个世界各国普遍接受和认可的国际条约来统一规范各国法院对国际民事诉讼管辖权的行使。而各国关于国际民事诉讼管辖权的立法和实践是存在相当差距的，这与一国的政治制度、经济状况、宗教信仰、风俗习惯、文化历史等因素都有密切关系，可以说，正因为这些差异，各国关于管辖权的立法和实践不仅不能同一或统一，而且还存在很大的冲突。虽然某些国家缔结了一些双边或者多边条约来统一缔约国之间的管辖权冲突，但是由于这些双边或者多边条约缔结国家数量以及使用范围上的限制，仍然不能在国际社会上形成具有普遍约束力的国际规范。正是因为各国在各方面存在的差异，所以世界各国都会根据本国的国家利益、国民利益、政治经济利益来制定出一些有利于本国及本国国民利益的国际民事诉讼管辖权制度，因此世界范围内就形成了不同的国际民事诉讼管辖权制度。采取不同民事诉讼管辖权制度的国家关于国际民事诉讼案件管辖权的规定也存在很大的差异；即使是实行相同诉讼管辖权制度的国家，其具体规定也不尽相同。因此当国际民事诉讼案件发生后，各国都是依据本国关于国际民事诉讼管辖权制度的规定来裁定本国是否有管辖权的。正是因为国际社会没有形成一个统一的管辖权规范以及各国不同的立法差异，导致了有关

① 韩德培主编：《国际私法》，北大教育出版社 2007 年版，第 480 页。

国家之间发生的国际民事诉讼管辖权冲突。

再来分析国际民事诉讼管辖权冲突的间接原因。各国都是出于本国的实际情况推行各自的法律，因而导致各国确定国际民事诉讼管辖权的依据不同，概括而言，英美法系国家的国际民事诉讼管辖权实践要比大陆法系国家的立法灵活得多，英美法系国家确立的"有效控制原则"或"最低限度联系原则"等往往借助于法官的自由裁量，也往往在涉及其本国国民利益的国际民事案件中，更容易地实施长臂管辖。在大陆法系国家，如德国、奥地利、葡萄牙、瑞士等各国的立法中，一般以被告一方在内国设有住所或习惯住所，或有关诉讼标的物在内国境内这样的事实来确定内国法院对民事案件的管辖权。在国际民事诉讼中，属人管辖的依据是"国籍"，属地管辖的依据则多种多样，包括当事人的住所、居所、财产所在地、诉讼标的物所在地等，在某一国际民事案件中，一些国家从保护本国公民利益出发采用属人管辖原则，而另一些国家从领土主权考虑，强调对本国境内的所有人和物以及事件享有管辖和支配的权力，还有国家赋予法官自由裁量权来决定管辖权的有无。

1. 属人管辖

在国际民诉中，属人管辖的依据是"国籍"，它强调一国法院对涉及本国国民的国际民商事案件，不管当事人居住在境内还是境外，是原告还是被告，都具有受理、审判的权限，它是以当事人的国籍为连结因素。例如，法国把当事人的国籍作为确定国际民商事管辖权的唯一标准。采取这一标准的还有荷兰、意大利、卢森堡、比利时、葡萄牙、希腊、西班牙以及拉丁美洲国家中参加 1928 年《布斯塔曼特法典》的一些国家。

2. 属地管辖

属地管辖也叫地域管辖，主张以有关国际民事案件中的案件事实和当事人双方与有关国家的地域联系作为确定法院国际管辖权的标准；强调一国法院基于领土主权原则，对本国领域内的一切人和物以及法律事件和行为具有管辖权。常见的确定国际民事管辖权的地域因素主要有：

（1）被告的“出现”

“被告出现”是英美法系国家的法院行使国际民事管辖权的一个重要根据。英美法系国家从“管辖权的基础是实际控制”的理论出发，以“实际原则”作为一般管辖原则。认为只要受案法院能够实际有效控制被告，作出的判决能够有效执行，该法院就有管辖权。英美法系国家实施的这一管辖根据在某些情况下对被告是不公平的。

（2）当事人的住所或惯常居所

在国际民事诉讼中，“原告就被告”是地域管辖的一条基本原则，即由原告向被告住所地国家的法院起诉。住所是国际民事管辖权最重要的根据。以住所为根据而行使管辖权的做法几乎为所有国家所采用。但各国对住所的定义却不尽相同。从 20 世纪 50 年代起，出现了以惯常居所代替住所的趋势。莫里斯曾指出：“有可能这样，如果住所不能很好地改进，惯常居所作为一项连结因素和管辖因素将最终取代它。”①

（3）被告财产所在地

有的国家法律规定，如果被告在该国无住所或居所，但若他有财产在该国，即使该项财产与诉讼案件无关，该国法院也可以对案件行使管辖权。德国、奥地利、丹麦、芬兰、冰岛、挪威和瑞典等国以及英国的苏格兰均承认这一根据。②

---

① ［英］莫里斯著：《法律冲突法》，李东来等译，中国对外翻译出版公司 1990 年版，第 35～36 页。

② 林欣：《论国际私法中管辖权问题的新发展》，载《法学研究》1993 年第 4 期，第 75～84 页。

（4）诉讼标的物所在地

由于诉讼标的物或被告财产所在地法院的判决能够得到有效执行，所以，许多国家的立法都承认这一管辖制度，如《瑞士联邦国际私法》第97条规定，瑞士境内的不动产物权的诉讼管辖权，属于不动产所在地的瑞士法院；第98条规定，动产物权诉讼，如果被告在瑞士既没有住所又没有习惯居所的，则动产所在地的瑞士法院可以行使管辖权。在美国，一项财产在某地出现，只要诉讼原因与该财产所有权有合理的关系，就可以构成由该地法院行使管辖权的一个根据。

（5）法律事实发生地

根据法律事实发生地决定管辖权的情形，一般发生在合同、侵权等债的领域。它主要包括行为或结果发生地，如合同订立地、合同履行地、侵权行为地等一国法院对当事人在该国境内所为的行为行使管辖权，无论是从行为或结果对该国治安、经济的影响而言，还是从该国应为原告提供救济的观点来看，或者从调查取证的便利以及诉讼公平等角度来说，都是合适的。因此，依法律事实发生地决定管辖权的做法，得到各国普遍承认和采用。

（四）国家有扩大本国管辖权的欲望

在英美法系表现为最低联系原则的产生及确立。最低联系原则是英美法系运用长臂管辖权的理论基础。长臂管辖权是指当被告的住所不在法院地州，但和该州有某种最低联系（Minimum-Contacts），而且所提权利要求的产生和这种联系有关时，就该项权利要求而言，该州对于该被告具有属人管辖权（虽然他的住所不在该州），可以在州外对被告发出传票。它是美国特有的一项管辖权制度，赋予了法官很大的自由裁量权，这种极大的弹性和灵活性有利于长臂管辖权理论适应纷繁复杂的社会现实。长臂管辖权中的“最低限度联系原则”对法院涉外案件管辖权的确定具有重要作用。一方面，该原则的出现表现了法院扩大其管辖权的趋势，因为法院管辖权的行使不再局限于被告人的出现、住所等硬性因素，而是以灵活的“最低限度联系”为管辖权依据；另一方面，虽然法院在确定对某一涉外案件的管辖权时必须审查该管辖权的行使是否符合正当程序条款所要求的“最低限度联系”，即表现为对管辖权的一种限制。它在一定程度上有利于实现公平和实质公正，但联邦最高法院从来没有对“最低限度的联系”下过确切的定义，从而给予法官极大的自由裁量权。以上两方面都表明，长臂管辖权在涉及涉外离婚案件时容易构成“过分管辖权”的管辖规则，美国法院借此不断扩大管辖权的一种手段；[10] 关于何种联系可构成最低限度联系，美国冲突法重述（第二次）将各州的长臂管辖权的内容归纳了 10 个方面：当事人在该州出现；当事人在该州有住所；当事人居住在该州；当事人是该国国民或公民；当事人同意该州法院管辖；当事人出庭应诉；当事人在该州从事业务活动；当事人在该州曾为某项与诉因有关的行为；当事人在国（州）外做过某种导致在该州发生效果的行为；当事人在该州拥有、使用或占有与诉因有关的产业。凡是具有上述情形之一者，均可被视为该当事人与该州有最低限度联系，该州法院即可对其行使管辖权。可见，各国涉外管辖权范围的普遍扩大，更容易导致管辖权冲突（例如，伴随各国在此领域管辖权范围的扩大，相关国家都能以“长臂管辖”作为其拥有该管辖范围的合理性，由此各国便按照自己的相关法律规定进行受理和裁判，即“重叠受理以及重叠裁判”，管辖权冲突随之可能发生）。

在大陆法系则表现为一些有过度管辖的条款。包括（1）当事人的国籍；（2）原告的住所、惯常居住或临时居所地国，被告临时居住；（3）原告的出现或被告的出现；（4）被告财产所在地或被扣押地；（5）传票的有效送达；（6）原告单方面指定法院；（7）争议合同的签订地等。这也是 1968 年《布鲁塞尔公约》、1988年《落迦诺公约》及1999年《海牙民商事管辖权及外国判决公约》（草案）所罗列的所谓的“黑色名单”的内容。从所罗列的清单不难看出，国家都在为自己扩大本国管辖权在寻找依据。

除此之外，其实对于某一具体国际民事诉讼案件，各国的立法和司法实践对内国法院行使民事诉讼管辖权依据的法律事实的理解也是不同的，即法律术语解释的冲突，这也会导致国际民事案件管辖权的冲突。例如，许多国家规定在有关法人的国际民事案件中，作为被告的法人住所地的法院具有管辖权，但是各国法院依据本国的立法所确定的法人住所并不完全一致。又如，所有国家都以侵权行为这一法律事实的发生和存在作为一国法院对有关侵权行为案件行使管辖权的依据，但是各国立法和司法实践对侵权行为这一法律事实的发生和存在有着不同的理解：有的国家认为加害行为的发生和存在是侵权行为发生和存在的标志，从而规定加害行为发生地为侵权行为地，当地法院有管辖权；有的国家则认为损害结果的发生和存在才是侵权行为发生和存在的标志，从而规定损害结果发生地为侵权行为发生地，该法院就有管辖权；还有一些国家甚至认为加害行为发生地和损害结果发生地都是侵权行为地，两地的法院都有管辖权，这样，管辖权冲突就在所难免。

第三章　国际民事诉讼管辖权问题研究

第一节　协议管辖

一、协议管辖的概念

协议管辖又称约定管辖、合意管辖，是指双方当事人出于方便考虑，在不违背内国专属管辖的前提下，以协议的方式来选择管辖法院。从理论上讲，协议管辖可以在争议发生前确定，也可以在争议发生后形成，因此，协议管辖可以表现为合同中的选择管辖法院条款，也可以是独立的选择管辖法院协议。债权纠纷中，只有合同之债可以协议管辖，2012 年《民事诉讼法》修改，关于协议管辖的适用范围，在原有的“合同”纠纷的基础上，增加了“其他财产权益纠纷”。其他财产权益纠纷包括因物权、知识产权中的财产权而产生的民事纠纷。

协议管辖是契约自由与私法自治原则在国际民事诉讼领域的自然延伸，协议管辖可以使原本有管辖权的法院丧失管辖权，也可以使原本没有管辖权的法院获得管辖权。自 20 世纪 50 年代以来，协议管辖作为解决国际民事案件管辖权冲突的最有效的方式，已相继得到世界各国和国际条约的承认和采纳，目前已发展成为与属人管辖、属地管辖相并列的三大管辖权制度之一。2005 年 6 月 30 日，“海牙国际私法会议”在其第 20 届外交大会上，通过了《选择法院协议公约》。该公约是海牙国际私法会议经过十多年艰苦谈判形成的，标志着第一项全球性的涉及民商事管辖权和判决承认与执行的国际公约最终得以诞生，2015 年 10 月 1 日生效。目前，《选择法院协议公约》已有欧盟（适用于除丹麦以外的 28 个成员国）、墨西哥和新加坡等缔约方，美国、乌克兰等国已签署《选择法院协议公约》。2017 年 9 月 12 日，中国驻荷兰大使吴恳代表中国政府签署了《选择法院协议公约》。[①] 2006 年 7 月 14 日在香港签署了《关于内地与香港特别行政区法院互相认可和执行当事人协议管辖的民商事案件判决的安排》，该安排是中国区际司法协助的一个里程碑的文件，对完善区际司法协助的法律框架具有极为重要的意义。

法院对案件的管辖分配，特别是对民事案件的管辖分配往往都是在顾及法院之间事务的公平分摊以及方便当事人诉讼的基础上确定的，而当事人合意选择管辖法院，往往对当事人更为便利，并且这种选择对于整个法院系统来说是公平的，也不至于破坏法院之间负担的均衡；目前，有些地方法院受地方保护主义影响，对合同及其他财产权益纠纷案件，不属于自己管辖的，也争相管辖。如果依原告就被告原则，由被告住所地法院管辖，原告担心地方保护主义；如果由原告住所地法院管辖，被告担心地方保护主义。协议选择管辖削减地方保护主义色彩，同时还可以避免因管辖权的争议而延误纠纷的解决。

二、从《民事诉讼法》看协议管辖的条件

虽然协议管辖为各国立法和实践普遍承认，但在涉及协议选

① 《中国签署〈选择法院协议公约〉》，载中华人民共和国外交部官网，http://www.fmprc.gov.cn/web/wjb_673085/zzjg_673183/tyfls_674667/xwlb_674669/t1492306.shtml，2017 年 9 月 13 日访问。

择的案件范围、被选择法院与案件的实际联系程度、协议管辖的排他效力问题上，各国规定也存在相当大的差异，或者说，各国对协议管辖往往附加一定的限制，主要表现在以下几个方面：协议管辖的范围限于合同或其他有关财产权益纠纷；协议管辖仅限于一审法院；当事人协议选择的管辖法院需与案件有实际联系；当事人的协议管辖应是书面的或以书面形式证明等。下面就来看看我国关于协议管辖的规定。

2012年《民事诉讼法》涉外篇第24章管辖规定中，删去了2007年《民事诉讼法》第242条协议管辖的规定，而是与国内的协议管辖（2007年《民事诉讼法》第25条）合并在第34条："合同或者其他财产权益纠纷的当事人可以书面协议选择被告住所地、合同履行地、合同签订地、原告住所地、标的物所在地等与争议有实际联系的地点的人民法院管辖，但不得违反本法对级别管辖和专属管辖的规定。"达到立法的统一。但紧接着，我们就面临一个问题，在司法实践中遇到涉外协议管辖问题时，是直接适用涉内编第34条的规定还是通过第259条的规定指引到第34条的规定，也就是说第34条是直接适用还是间接适用的问题。2015年最高人民法院颁布的《民诉法解释》第531条规定："涉外合同或者其他财产权益纠纷的当事人，可以书面协议选择被告住所地、合同履行地、合同签订地、原告住所地、标的物所在地、侵权行为地等与争议有实际联系地点的外国法院管辖。"这条司法解释至少解决了法律适用的问题。根据《民事诉讼法》第33条和第266条规定，属于中华人民共和国法院专属管辖的案件，当事人不得协议选择外国法院管辖，但协议选择仲裁的除外。

根据《民事诉讼法》及《民诉法解释》，协议管辖须符合以下几个条件：（1）当事人协议管辖的案件，包括合同或者其他财产权益纠纷。（2）当事人协议选择管辖法院的范围，包括可以选择被告住所地、合同履行地、合同签订地、原告住所地、标的物所在地、侵权行为地等与争议有实际联系地点的外国法院。如果当事人选择了与合同没有实际联系地点的人民法院，该协议无效。合同签订地是指合同双方在书面合同上签字和盖章的地点。（3）可以书面协议选择管辖，包括书面合同中的协议管辖条款或者诉讼前以书面形式达成的选择管辖的协议。（4）当事人必须进行确定的、单一的选择。（5）协议管辖仅适用于第一审案件，对于第二审案件当事人不能以协议方式选择管辖法院。（6）协议管辖不得违反《民事诉讼法》关于级别管辖和专属管辖的规定。当事人在协议时只能变更第一审的地域管辖，不得变更级别管辖，不得将依法由基层法院管辖的诉讼约定由中级乃至高级人民法院管辖，否则会造成审级关系的混乱。专属管辖是强制性管辖，因此不允许当事人通过协议改变专属管辖。

三、从《民事诉讼法》及《民诉法解释》看国际民事诉讼上的协议管辖与国内民事诉讼上的协议管辖的区别

涉外协议管辖和国内协议管辖的区别主要体现为：第一，协议管辖法定范围，《民事诉讼法》第34条与《民诉法解释》第531条中，供当事人选择的范围作了明确的规定，涉外协议管辖比国内协议管辖多了一种选择——侵权行为地；第二，协议选择的法院，涉外协议管辖协议选择的法院是外国法院，而国内协议管辖协议选择的是人民法院；第三，管辖权的本质，涉外协议管辖的管辖权本质是管辖权在国家之间的合理分配，而国内协议管辖的管辖权本质是各级法院之间和同级法院之间受理第一审民事案件的分工和权限；第四，管辖协议无效的后果，涉外管辖协议无效可能导致的后果是当事人诉求无门，即造成管辖权的消极冲突，所有国家对当事人之间的纠纷都没有管辖权，而国内管辖协议无效却不会带来这样的后果，受理案件的法院在发现受理的案

件不属于本院管辖时，会将案件移送有管辖权的人民法院；第五，排除的条件，涉外协议管辖不得违反我国对专属管辖的规定，而国内协议管辖不得违反我国民事诉讼法对级别管辖和专属管辖的规定。

四、当事人双方确定协议管辖的时间

《民诉法解释》第 531 条只是对协议管辖可选择的范围及法院作出了规定，并没有对双方当事人确定协议管辖的时间作出明确规定，但《民诉法解释》第 29 条规定："民事诉讼法第三十四条规定的书面协议，包括书面合同中的协议管辖条款或者诉讼前以书面形式达成的选择管辖的协议。"可见，当事人既可以在争议发生之前约定管辖法院，也可以在争议发生之后诉讼前约定管辖法院。[①]

五、协议管辖的类型

（一）国内协议管辖与涉外协议管辖

2012 年《民事诉讼法》第 34 条，在立法层面上对国内协议管辖与涉外管辖不作区分，意在统一国内与涉外协议管辖，但因"实践中导致误解"[②]，而且在法律适用上也存在诸多待解决的问题，为此，在《民诉法解释》第 531 条又重新规定了涉外协议管辖，以解决涉外协议管辖的特殊情况以及法律适用问题，最终恢复了 12 年以前的双轨制立法模式。

---

① 沈德咏主编：《最高人民法院民事诉讼法司法解释理解与适用》（上），人民法院出版社 2015 年版，第 182 页。

② 沈德咏主编：《最高人民法院民事诉讼法司法解释理解与适用》（下），人民法院出版社 2015 年版，第 1392 页。

（二）授予型协议管辖和排除型协议管辖

依据当事人之间管辖协议的不同效果可作此分类。一般认为，管辖协议有两种效果：一种是当事人以合意授予本没有管辖权的法院以管辖权；另一种是否定功能，即一法院原本拥有管辖权，但当事人协议约定不在该法院进行诉讼，从而排除该法院的管辖权。

（三）排他的协议管辖和非排他的协议管辖

以协议管辖的效力为标准可以作此分类，排他的协议管辖意味着只有被选择的法院可以行使管辖权，当事人也只能根据其协议到协议指定的法院进行诉讼，其他法院均没有管辖权；而非排他协议管辖则不排除选择法院之外的其他法院的管辖权，当事人也可以到具有合法管辖权的其他法院进行诉讼。在排他的协议管辖下，不考虑当事人所选择的法院是否拥有法定管辖权。

六、协议管辖的意义

协议管辖是民事诉讼中处分原则的体现，它的设立意味着当事人的处分权进一步扩大，是处分原则从实体法向程序法进一步发展的结果。协议管辖的意义有以下几点：

（一）体现当事人意思自治原则

当事人意思自治原则是民事诉讼法律制度的一个基本原则，是对民事主体自由意志的一种尊重。意思自治原则作为民事法律行为的根本，在民法中发挥着极其重要的作用，是民法的基本原则之一。协议的本质在于当事人的合意，即当事人的意思自治，是当事人在自由选择的基础上所达成的合意，体现了双方当事人的意志。协议管辖制度的基础是意思自治原则，也是意思自治原则在诉讼法领域中的具体体现，因此我国 2012 年《民事诉讼法》第 34 条规定了当事人可以协议选择解决纠纷的法院，存在当事人选择管辖法院的自由场合，同时在司法实践中，法官们也是秉承着尽量确认当事人达成的协议为有效协议的宗旨来对待形形色色的协议，这些都是对当事人意思自治的尊重，也是意思自治原则在我国诉讼法领域优点的体现，主要表现为：第一，赋予当事人选择法院的自主权，不仅有助于避免有关国家的管辖权规定因刻板、僵化而可能造成的不公平、不合理管辖的现象，而且借当事人之手使各国间民事管辖权的冲突轻松而巧妙地得到解决。第二，在各国法院平行管辖的情况下，原告获得了更多的选择机会，他可以选择为其所信任且对其最为有利的法院去起诉，而被告则只能屈就原告的选择，或者另择法院起诉。前者导致当事人之间诉讼机会的不均等，后者导致一事多诉，两者均不利于国际交流的健康发展。承认协议管辖，则能实现当事人之间程序和实体的平衡，并能有效防止和减少一事多诉现象的产生。

（二）降低当事人诉讼成本

当事人诉讼方便可以有效地降低其诉讼成本，这里的诉讼成本包括经济成本和时间成本。经济成本包含许多具体详细的方面，如通信费、差旅费、取证费、误工费，等等。从经济学角度看，协议管辖制度中蕴藏着基本的经济逻辑，能把追求效率、降低诉讼成本、提高诉讼效益一起作为实现的目标。也就是说，协议管辖使以当事人意志为基础的已经实施或完成的诉讼行为，如原告的起诉、被告的答辩、反诉等，变成完整诉讼程序的一个合法和有效的组成部分，从而达到降低诉讼成本，提高诉讼效益的目的。不浪费诉讼资源在诉讼原则上的一个体现就是在程序上实现一事一讼，实现程序安定。① 协议管辖制度对于程序安定具有重要的价值，它能在管辖公正的基础上兼顾程序安定，让当事人在对程序结果有一定预知的前提下有条不紊地实施诉讼行为，避

① 参见陈桂明、李仕春：《程序安定论》，载《政法论坛》1999年第5期。

免轻易改变结果。

（三）充分体现契约自由和私法自治

这一制度更充分尊重当事人解决争议的意愿，符合契约自由和私法自治这一国际私法的价值追求；同时，有助于实现当事人双方诉讼机会的均等，符合自由、平等的基本价值取向。

（四）保障当事人获得公正的审理和裁判

当事人自主选择管辖法院以及行使对法院管辖权的监督，就可以实现管辖权在法律上发生偏移时得以及时矫正以及自主地对诉权进行保障。采用协议管辖，当事人能够依据自己的意识选择对自己或双方诉讼最为方便，或是最为有利于公正审判的管辖法院，这在一定程度上防止了法院对管辖权的争夺和推诿，保障了诉权顺利实现，进而获得公正的审判。

（五）提高法院的审判效率和社会效率

民事诉讼的目的就在于解决纠纷，实现当事人的正当权利，使当事人之间的权利义务关系恢复到正常状态，以此来维护社会公平公正的秩序。如果诉讼活动不追求效率和有效性，那就从根本上背离了诉讼的目的。协议管辖因是双方当事人的合意选择，对审判结果有一定的合理预期，能加快各种主体诉讼行为的速度，使案件不纠缠于管辖方面的争议，而能够尽快地进入实体方面的审理，解决纠纷并大大地缩短法官审理案件的审限。当事人双方在平等、自愿、协商的基础上达成的协议管辖条款，为更好地解决今后一旦产生的纠纷而打下了良好的基础。确实发生纠纷，双方当事人根据之前达成的协议诉诸法院，就减小了管辖权争议的概率，当事人全心地准备诉讼，法院专心地审理案件。如此一来，一方面可以缩短法院审理案件的审限，提高审判效率；另一方面当事人也更容易接受法院的裁决，服判息诉，解决纠纷，特别重要的是有利于生效裁判的执行，从而实现实体权利。

七、协议管辖的效力

当事人选择管辖法院的协议，就性质而言，可分为两类：[1]一是排除法定管辖权的协议，是指当事人在依法律规定对案件均有管辖权的若干法院中，选定一个法院管辖，从而排除其他法院对该案的管辖权。此时，根据该协议，被选定的法院享有排他管辖权。二是创设管辖权的协议，是指在对案件有管辖权的若干法院之外，当事人另行选定其他法院行使管辖权。创设管辖权协议的效力又可分为两种：一种是排他性的，当事人选定的原本无管辖权的法院由此取得对案件的管辖权，并排除法定有管辖权的法院行使管辖权；另一种是非排他性的，此时，被选定的法院不能排除其他法定法院对案件的管辖权，此类协议在英美法中被称为附加协议管辖。[2] 协议管辖区分类别之后，对当事人和法院产生相应的法律效力，具体体现在：

（一）对当事人的法律效力

协议管辖的效力体现在对双方当事人的效力上。首先，在纠纷发生后，当事人应该根据双方签订的管辖协议，向双方合意选定的法院起诉，当事人不能违反协议规定另行选择其他管辖法院。双方签订管辖协议就意味着当事人放弃了就该争议事项提交其他国家法院起诉的权利，承担了不得向他国法院起诉的义务。其次，一方当事人起诉后，另一方当事人有应诉的义务。另一方当事人也不能另行向其他法院起诉，从而有效避免了管辖权冲突中对抗诉讼的产生。最后，除非管辖协议本身存在瑕疵，否则当

① 徐崇利：《国际民事管辖权冲突及解决途径的比较研究》，载《时代法学》2004 年第 5 期。

② 参见［荷兰］康·弗鲁恩德：《管辖权协议的若干方面》，载《近代法律冲突法中的问题》1978 年英文版，第 127 页。

事人不能提出管辖权异议，即使被选定的法院根据法律规定原本是无管辖权的法院。

（二）对选定法院的效力

被双方当事人选定的法院依据有效的管辖协议获得对案件的管辖权，不论该法院原来是否有管辖权。一旦协议中的一方起诉，法院便有权据此受理案件并就当事人在协议中约定的特定事项的争议进行审理，受诉法院应受协议的约束，不得以没有法定管辖权拒绝，也不得以非正当理由驳回或移送其他法院管辖。

（三）对其他法院的效力

其他依法律规定对案件有管辖权的法院因当事人的管辖协议而丧失了受理该案的权力，即使一方当事人违反协议的规定向该法院起诉，该法院也不得受理案件。由于管辖协议是一种诉讼契约，其效力的认定应依照诉讼契约效力的规定来判断。诉讼契约是指当事人之间以意思表示为要素的。[①] 由于诉讼契约兼具民法、诉讼法的双重性质，对其效力的判断也应结合民法、合同法、诉讼法来确定。因此，一个管辖协议有效必须符合民法、合同法、诉讼法的规定。我国虽对当事人有效的管辖协议的效力进行肯定，但同时又允许平行诉讼，且不承认默示协议管辖的效力，再加上没有明确规定协议管辖是否具有排他性，管辖协议可以分为竞合性管辖协议和排他性管辖协议。竞合性管辖协议是指当事人的管辖协议并不排除法定管辖，协议管辖和法定管辖是一种竞合的关系，协议管辖只不过是增加了当事人的选择机会。而排他性管辖协议是指当事人的管辖协议排斥协议以外的其他法院

---

① 陈荣宗、林庆苗著：《民事诉讼法》，三民书局 2002 年版，第 564 页。

的管辖,[①] 因此造成了在司法实践中当事人的管辖协议没能得到很好的实施，如当一方当事人违反协议的规定向协议以外的法院起诉时，而法院则可以依据其他的受理条件，或是依管辖协议而获得管辖权的法院因案件耗时长、收益小，借口本院没有管辖权拒不受理或滥用管辖权转移制度转移案件，这些行为由于立法上的空白无法得到追究。当事人的处分权无法得到有效的保护，诉权无法合理制约审判权，也易造成管辖的混乱。

八、两大法系代表国家以及国际条约中关于协议管辖的规定

关于协议管辖的规定，大陆法系中以德国和法国为例。法国是最早在立法中接受意思自治原则的国家，早在十三四世纪的法国区别说时代，杜摩兰就提出了意思自治原则。该原则被近现代资本主义国家的民法典所普遍确认。1804 年《法国民法典》第 1134 条明确规定：“依法订立的契约，对于缔约当事人双方具有相当于法律的效力。”但是，对于协议管辖制度，直至 1976 年 1 月 1 日开始实施的《新民事诉讼法》中仍然对合同中的合意选择条件采取严厉的态度：“除商事合同外，合同上直接或间接地违反地域管辖规则的条款一律被视为条款不存在。”[②]

德国有关民事诉讼管辖权的规定集中于《德国民事诉讼法》。德语称“Gerichtswahlklausel”。《德国民事诉讼法》第 38 条规定，首先，双方均为特殊法律主体——商人或者公法上的法人或公法上的特别财产时——可以在争端发生前后，以明示或默示的方式达成管辖合意。其次，双方当事人中至少一方在德国没

① 孙邦清著：《民事诉讼管辖制度研究》，中国政法大学出版社 2008 年版，第 63 页。

② 沈达明著：《比较民事诉讼法初论》，中信出版社 1991 年版，第 130 页。

有住所或事务所时，也可以约定德国法院管辖，但该约定必须以书面形式或用书面证明的形式达成。最后，对法院管辖的合意，必须符合一定的条件。根据《德国民事诉讼法》第 38 条的规定，双方当事人既可以在争议发生之前约定管辖法院，也可以在争议发生之后约定管辖法院。此外，根据《德国民事诉讼法》第 40 条规定，如果管辖合意不涉及一个特定的法律关系，而涉及从一个不特定的法律关系所发生的争端，该合意不具有法律效力；如果该合意涉及非财产请求权，或法律规定有专属管辖权的，该合意也无效。同样，该管辖合意也不得违反德国公共秩序。

关于当事人双方确定协议管辖的时间，1971 年海牙《民商事案件外国判决的承认和执行公约》中规定，双方以书面协议或在合理期间内经过书面认可的口头协议所选择的法院具有适当管辖权，但是，被请求国法律认为争执标的不能由当事人协议规定管辖法院的，则原审法院不具有适当管辖权；如果被告对管辖权不提出异议而就实质性问题进行辩论或对管辖权不做任何保留的，审理法院享有适当管辖权，但是，如果被告是为了反对扣押财产或寻求撤销其扣押而就实质问题进行辩论，或者根据诉讼标的，承认其管辖权将会与请求国法律相违反的，此项管辖权应认为不适当。

1999 年《国际民事诉讼规则》（第三稿草案）（以下简称规则）最早由美国法学会发起，目的在于制定一个有关国际民事诉讼程序规则的示范法典。1999 年规则共三章 33 条，涉及属人管辖权、诉讼程序、判决的执行和司法协助等内容。有关管辖权的规定集中在第一章。规则第二条规定了协议管辖，即当事人双方可以协议选择管辖法院，但是规则规定了一个时间限制，即应在事前协议指定。同时，该协议管辖不得违背某国专属管辖以及强制性司法管辖的规定。

关于协议管辖的规定，英美法系以美国和英国为代表。在18世纪和19世纪末，美国和英国就以案例的方式确立了意思自治的原则，但是在诉讼法领域，英美法系坚持属地主义原则，对法院选择条款有着传统的敌意，协议管辖被认为是有损司法权威和规避司法管辖的手段，普通法历史上就将法院选择条款视为双方当事人企图通过合意排除法院管辖权的行为。[①] 一般来说，当事人不能够通过协议阻止法院行使管辖权。除此之外，一些法院还以不同的理由拒绝执行各类法院选择条款，如它们本质上与公共政策相悖，选择法院条款与一些不受私人协议影响的法律救济相关等，美国法院传统上就拒绝承认协议管辖的效力。直到20世纪中期，无论是在国内还是在国际案件中，州法院和联邦法院都一致遵从法院选择条款不可执行的规则。但随着市场的进一步扩展，到20世纪中期法院的观点有了很大的变化，开始承认一些案件中当事人协议管辖法院的效力，如美国联邦最高院于1972年Zapata案件中，推翻了佛罗里达州法院的判决，开创了充分肯定协议管辖的先河。此后，又在《标准法院选择法》明确规定："如果当事人双方达成书面协议，将他们之间的争议提交一个州的法院审理，该州的法院就应该受理该诉讼。"该法也同时规定了受理当事人协议管辖的具体条件。[②] 直到今天，美国的相关判例和《冲突法第二次重述》都确立了管辖协议可执行的原则，大多数的州也有了相应的立法。美国联邦法院承认"国际商事合同中的法律选择条款和法院选择规定是达到对国际商事交易十分重要的有序性和可预见性的几乎不可或缺的前提条

① ［美］伯纳德·施瓦茨著：《美国法律史》，王军等译，中国政法大学出版社1990年版，第154页。

② 参见［美］里斯·罗森堡著：《法院的冲突：判例与资料》英文第7版，第55~56页。

件”，除了对协议管辖进行合理的限制外，即除反对当事人证实执行有不合理与不公平情事，或条款因欺诈而无效外、违反法院地的公共政策等，法院都确实执行管辖协议。正如有的学者所言：“人们很难发现美国近年来有拒绝执行协议管辖的情况。”①

英国是肯定协议管辖的早期国家之一，虽然英国在其早期的判例中指出私人之条款不能排除法院应有之管辖权。它既认可明示协议管辖也认可默示协议管辖，② 同时，与美国判例确认的原则一样，英国是否承认管辖协议或尊重当事人合意的标准与当事人选定法院是否为不方便法院有重大关系，③ 英国法院一般是尊重当事人合意选择的，但是当事人的管辖协议对于英国法院并无约束力，也就是说，在存在外国管辖权协议的情况下，英国当事人仍可以向英国法院起诉，除非存在特殊事由，否则英国法院将承认和执行管辖协议的效力。而所谓特殊事由的判断标准与英国法院在适用不方便法院原则时所考虑的因素基本相同，完全交由法官自由裁量，但有关特殊事由的举证责任完全由原告承担。

九、涉及协议管辖的案例

（一）《民诉法解释》第 531 条中的“与争议有实际联系地点的外国法院”中的“实际联系”是否需要相关一方当事人质证？

1. 山东甲丰网络有限公司与韩国 M 公司、天津乙云网络技

---

① 参见［美］里斯·罗森堡著：《法院的冲突：判例与资料》英文第 7 版，第 56 页。

② ［德］马丁·沃尔夫著：《国际私法》，李浩培等译，法律出版社 1988 年版，第 96、112 页。

③ 陈隆修著：《国际私法管辖权评论》，五南图书出版股份有限公司 1986 年版，第 44 页。

术有限公司网络游戏代理及许可合同纠纷管辖权异议案【（2009）民三终字第4号】①

山东甲丰网络有限公司与韩国M公司、天津乙云网络技术有限公司合同纠纷提起诉讼，韩国M公司、天津乙云网络技术有限公司提出管辖权异议，一审法院在其裁定书里这样说明理由："原告甲丰网络公司与被告M公司于2005年3月25日签订的《游戏许可协议》第21条约定产生的争议应当接受新加坡的司法管辖，但是双方同时约定'本协议应当受中国法律管辖并根据中国法律解释'，双方在协议适用法律上选择中国法律为准据法。因此，双方协议管辖条款也必须符合选择的准据法即中国法律的有关规定……据此，当事人选择的管辖法院应限定在与争议案件有实际联系的范围内。而本案甲丰网络公司与M公司协议约定的管辖地为新加坡，既不是双方当事人的住所地，也不是本案游戏许可协议的签订地、履行地、争议发生地，所以与本案争议无任何联系，其约定超出了与争议有实际联系的限定范围，该约定管辖应属无效。"从而确定一审法院的有效管辖权。一审被告不服提出上诉，二审法院就该争议经查明事实后，裁定驳回上诉，维持原判，其理由如下："第21条约定了两个方面的基本内容。即，首先约定了因协议产生纠纷所适用的实体法，即中国法律；进而约定了因协议产生纠纷的解决机构，即接受新加坡司法管辖。上诉人与被上诉人在本案中仅对协议选择外国司法机构管辖的效力问题有争议。根据上述法律规定特别是《中华人民共和国民事诉讼法》第二百四十二条的规定，涉外合同当事人协议选择管辖法院应当选择与争议有实际联系的地点的法院，

① 《最高人民法院公报案例》，载司法案例研究网，http://www.njucasereview.com/web/judicial/public/court/20120607/123022.shtml，2017年8月28日访问。

而本案当事人协议指向的新加坡，既非当事人住所地，又非合同履行地、合同签订地、标的物所在地，同时本案当事人协议选择适用的法律也并非新加坡法律，上诉人也未能证明新加坡与本案争议有其他实际联系。因此，应当认为新加坡与本案争议没有实际联系。相应地，涉案合同第21条关于争议管辖的约定应属无效约定，不能作为确定本案管辖的依据。上诉人据此约定提出的有关争议管辖问题的主张，不能得到支持。"

二审法院在驳回上诉的理由中，指出当事人"未能证明新加坡与本案争议有其他实际联系"，这里就出现一个问题：双方签订的协议管辖中的法院与合同有实际联系的规定，是否需要当事方提出证明？还是应该由法院论证？

2. 甲萨工业有限公司与深圳市乙乐国际货运代理有限公司海上、丙海水域货运代理合同纠纷二审民事裁定书【（2015）粤高法立民终字第793号】[①]

深圳市乙乐国际货运代理有限公司与甲萨工业有限公司因合同纠纷提起诉讼，被告甲萨工业有限公司以双方"签订的《交易协议》提起本案诉讼，《交易协议》第11条约定纠纷应由巴西圣保罗市有管辖权的区法院管辖。因《交易协议》签订地和第三方K公司的商业登记地均在巴西圣保罗州圣保罗市，该法院管辖条款排除了其他法院管辖，且没有违反我国法律强制性规定，合法有效，故原审法院对本案没有管辖权。"提出管辖权异议。一审法院查明事实后认为："甲萨公司诉讼请求所主张的损失均是在履行《交易协议》过程中产生的，与《交易协议》具

① 《马帝雷萨工业有限公司与深圳市锦乐国际货运代理有限公司海上、通海水域货运代理合同纠纷二审民事裁定书》，载中国裁判文书网，http://wenshu.court.gov.cn/content/content? DocID=7b7b5086-d53e-4ed7-8401-df930117c22e，2017年8月28日访问。

有关联性，该协议第11条约定‘各方当事人通过一致协议共同选定圣保罗州圣保罗市司法区法院来解决因本协议所引起的争议，且不管目前或者以后，(各方) 明确表示放弃任何其他法院之管辖，即使该法院具有优先管辖权’ (The Partie select, by mutual agreement, the Court of the Judicial District of the City of Sao Pau lo, State of Sao Pau lo, as competent to settle any disputes resulting from the present Agreement, expressly waiving any other, current or future, however, privileged)，又因《交易协议》的签订地为巴西圣保罗市，与本案争议具有实际联系，甲萨公司也未提交相反证据证明巴西圣保罗市与涉案纠纷不具有实际联系。根据《最高人民法院关于适用〈中华人民共和国民事诉讼法〉的解释》第五百三十一条第一款关于‘涉外合同或者其他财产权益纠纷的当事人，可以书面协议选择被告住所地、合同履行地、合同签订地、原告住所地、标的物所在地、侵权行为地等与争议有实际联系地点的外国法院管辖’的规定，《交易协议》中关于因协议引起的任何纠纷仅由巴西圣保罗市司法区法院管辖的约定符合法律规定，该管辖权条款合法有效，对甲萨公司和乙乐公司具有约束力。乙乐公司提出的管辖权异议成立，依法应予支持。原审法院对本案没有管辖权，甲萨公司的起诉不符合受理条件，依法应予驳回。”原告不服提起上诉。二审法院结果审理，认为：“从甲萨公司起诉的事实、理由和诉讼请求来看，其所主张的损失均是在履行上述《交易协议》过程中产生的，是因该协议引起的纠纷。《交易协议》各方在该协议第11条约定选择圣保罗州圣保罗市司法区法院解决因该协议所引起的争议。《交易协议》上载明的签订地为圣保罗，与本案争议具有实际联系。同时，本案争议也不属于《中华人民共和国民事诉讼法》第三十三条和第二百六十六条规定的应由我国法院专属管辖的案件范围。因此，该协议管辖条款符合《最高人民法院关于适用〈中华人民共和国民事诉讼法〉的解释》第五百三十一条关于‘涉外合同或者其他财产权益纠纷的当事人，可以书面协议选择被告住所地、合同履行地、合同签订地、原告住所地、标的物所在地、侵权行为地等与争议有实际联系地点的外国法院管辖。根据《民事诉讼法》第三十三条和第二百六十六条规定，属于中华人民共和国法院专属管辖的案件，当事人不得协议选择外国法院管辖，但协议选择仲裁的除外’的规定，为合法有效的管辖条款。原审裁定认定原审法院对本案没有管辖权，并驳回甲萨公司的起诉并无不当，本院予以维持。”驳回上诉，维持原判。

与前面的案例相同，一审法院在裁定理由中说明：原告“也未提交相反证据证明巴西圣保罗市与涉案纠纷不具有实际联系”，那么就产生了另一个问题：双方签订的协议管辖中的法院与合同有实际联系的规定，是否需要当事方提出反证？

（二）有签署非专属管辖条款下，如何确认内国的管辖权？

1. 黄某与S民间借贷纠纷一审民事判决书【（2016）粤0391民初1084号】①

原告诉被告股权转让合同纠纷，原告提起诉讼，被告提出管辖权异议，其理由为“双方于2015年9月10日签订的《谅解备忘录》约定‘本备忘录适用于香港特别行政区（香港）法律，由其所辖并进行司法解释。买卖双方于此不变更且无条件同意，无论何种诉讼、法律执行及其他备忘录或者预计交易产生的或相关司法程序皆提请至香港非专属管辖权，并同意在除此管辖范围内的法庭外，不展开或提起任何诉讼、法律执行或其他司法程序’。”认为一审法院没有管辖权。一审法院经审理认为：“双方

① 《黄苗笋与SHINHONGWOO民间借贷纠纷一审民事判决书》，载中国裁判文书网，http://wenshu.court.gov.cn/content/content? DocID = ed0001a8-0534-41ca-b43c-7c689e950998，2017年8月28日访问。

在其签订的《谅解备忘录》中已经约定了该备忘录以及预计交易的管辖法院为香港特别行政区法院。虽然在备忘录中使用了'非专属管辖权'的字样，但从其具体的内容来看，双方约定了除此管辖范围的法庭内，不能提起任何诉讼、法律执行或其他司法程序。因此，双方实质上约定的是香港特别行政区法院对本案享有的是具有排他性的专属管辖。"这里，法院认定双方当事人所签订的备忘录里的"非专属管辖权"为具有排他性的专属管辖，因此驳回原告的起诉。

2. 中国甲通煤业投资有限公司与A国际有限公司、国际乙南煤业投资控股有限公司等管辖裁定书【（2016）最高法民辖终214号】①

原告与被告因股份转让纠纷起诉，在审理过程中，被告提出管辖权异议，一审法院查明并认为："该《股权买卖协议》第20条对协议的法律适用及司法管辖约定：'20.1本协议受香港法律管辖，并须按香港法律解释。20.2本协议各方于此同意服从于香港法院非专属性司法管辖。'……从上述约定来看，协议各方当事人是对法律适用作出了明确的选择即选择适用香港特区法律，而对于争议管辖的法院各方同意由香港特区法院非专属性司法管辖，意即协议各方并未明确排除香港特区法院以外的有管辖权法院的管辖权。"因此一审法院认定对该案有管辖权。被告不服，提起上诉。二审法院在审理后认为；"在该20.2条明确约定'香港法院非专属性司法管辖'的情况下，香港特区法院对股权转让纠纷并不具有排他性管辖权，不能排除内地法院对股权转让

---

① 《中国诚通煤业投资有限公司与阿尔法杜奥国际有限公司、国际西南煤业投资控股有限公司等管辖裁定书》，载中国裁判文书网，http://wenshu.court.gov.cn/content/content? DocID = c55b39af - 7958 - 4920 - a03f - a7580111ee8d，2017年8月28日访问。

纠纷的管辖，若内地法院根据民事诉讼法的规定对股权转让纠纷享有管辖权，则可依法管辖。”因此维持原判，驳回上诉。

在该案中，法院认为双方当事人签订的“香港法院非专属性司法管辖”不具有排他性，并不能排除内地法院对该案的管辖权，也就是说，在有协议管辖条款的情况下，依然行使管辖权。

第二节　网络环境下的民事管辖权

进入新时代，人类最引以为傲的是计算机与互联网的出现，互联网的蓬勃发展，给世界各国的经济发展和社会进步带来了巨大契机。然而，在互联网带来快捷高效的同时，也给司法界带来不小的困扰，其一便是对国际民事管辖权的冲击。国际民事管辖权直接关系到一国司法主权的行使，并直接影响到案件的法律适用及判决结果，因此一直是国际民事诉讼中的焦点。在互联网被广泛使用之前，国际民事管辖权的依据已形成较完整的体系，传统国际民事管辖权以属地管辖、属人管辖和协议管辖等依据来确定。然而，互联网的全球性、虚拟性、交互性等特征使得传统的国际民事管辖权依据受到极大的挑战与冲击。互联网使国家主权的行使受到冲击，对传统管辖依据产生影响并使挑选法院现象更加严重，以致传统的管辖权依据难以在新的环境下继续适用。如何合理、有效地确定网络案件管辖权，已成为国际私法领域迫切需要解决的问题。

一、互联网及其特征

（一）互联网的概念

互联网是国际计算机互联网，是目前世界上影响最大的国际性计算机网络，但它本身不是一种具体的物理网络技术，是网络专家们为了让人们更好地理解而给它加上的一种“虚拟”概念。实际上它是把世界上各个地方已有的网络，如计算机、数据通信网以及公用电话交换网等互联起来，组成一个跨国界范围的庞大的互联网，因此，也称“网络的网络”。[①] 互联网以 TCP/IP 网络协议将各种不同类型、不同规模、位于不同地理位置的物理网络连接成一个整体，也是一个国际性的通信网络集合体，融合了现代通信技术和现代计算机技术，集各个部门、领域的各种信息资源于一体，从而构成网上用户共享的信息资源网。现代意义上的互联网起源于美国。1985 年美国国家科学基金会（NSF）投资建造了五大超级计算机中心，为使全国的科学家、工程师、大专院校的师生能共享这些资源，NSF 在大学以上以及按地区建立了局域网络，然后将这些局域网络连接起来，形成了 NSF net 网。网上的计算机都遵循 TCP/IP（传输控制协议/网际网协议）协议。

我们可以从网络互联、网络通信、网络提供信息资源以及网络管理等不同的角度来了解互联网。从网络互联的角度来看，互联网可以说是由成千上万个具有特殊功能的专用计算机通过各种通信线路，把分散在各地的网络在物理上连接起来。从网络通信的角度看，互联网是一个用 TCP/IP 协议把各个国家、各个部门、各种机构的内部连接起来的超级数据通信网。从提供信息资源的角度来看，互联网是一个集各个部门、各个领域内各种信息资源于一体的超级资源网。所有的互联网用户通过各种工具访问所有的信息资源，查询各种信息库、数据库，获取自己所需的各种信息资料。从网络管理的角度来看，互联网是一个不受政府或某个组织管理和控制的、包括成千上万相互协作的组织和网络的

---

① 湖北省高院民四庭编：《涉外民事诉讼管辖权问题研究》，武汉大学出版社 2008 年版，第 473 页。

集合体。从某种意义上说，它处于无政府状态之中。但是连入互联网的每一个网络成员都自愿地承担对网络的管理和支付的费用，友好地与相邻网络协作指导互联网上的数据传输，共享网上资源，并且共同遵守 TCO/IP 协议的一切规定。可见互联网是一个建立在现代计算机基础上的成千上万个互相协作的计算机网络以及网络所承载的信息结合而成的集合体，它是计算机数字技术和现代通信技术的产物，正是信息社会的基础。

互联网在我国的发展也极为迅速。1987 年 9 月 20 日，钱天白教授发出我国第一封“越过长城，通向世界”的电子邮件，揭开了中国人使用互联网的序幕。2006 年年初，中国互联网络信息中心（CNNIC）发布了最新的第十七次《中国互联网络发展状况统计报告》（以下简称《报告》），《报告》显示，刚刚过去的 2005 年对中国的互联网来说，是在理性务实中实现快速发展的一年。2006 年的中国互联网将进入黄金发展时期，互联网产业已经跻身中国国民经济主流，深入社会生活的每个领域，对于政治、经济、文化等诸多方面的作用和影响也越来越大，成为一个战略性支柱行业。《中国工商报》在 2017 年 1 月 10 日第 7 版刊登了一篇由 2016 年广告监管及指导广告业发展专家型人才培训班第五课题组的文章“从微信、微博广告看互联网广告的管辖权问题”，文中援引的 iResearch 发布的《2016 年中国网络广告行业年度监测报告》的数据显示，2015 年度中国网络广告市场规模达到 2093.7 亿元，其中，移动广告市场规模达到 901.3 亿元。行业巨头 BAT，百度 2015 年移动终端收入占比超过 50%，阿里巴巴 2015 年第四季度移动终端零售额占比 68%，腾讯 2015 年网络营销收入 65%来自移动终端。互联网广告在迅猛发展的同时，因其隐蔽性、即时性、成本低等特点，相关违法行为也层出不穷。以上海为例，截至 2016 年 9 月，互联网广告违法案件数为 1194 件，罚没款达到 3302 万元，这给执法部门的监管工作带来了新挑战，同时相关互联网违法行为的管辖权问题，也成为亟待解决的问题。

在此背景下，如何构建确定互联网管辖权的体系正是本节的研究目的所在。本节试从互联网的特点出发，分析互联网环境下对于传统国际民事管辖权的理论和实践的冲击；再通过目前国际法学界提出的网络案件管辖权的理论模式的基础上提出确定网络管辖权的标准，以期得出完善互联网管辖权制度的一些思考与建议。

（二）互联网的特征

1. 网络的全球性

网络的全球性即网络的无边界性，这是网络空间最重要的特点，也是据以产生大量跨国法律问题的基础。在互联网上传统地域意义上的国界不复存在，迅速发展的计算机网络技术已经将世界大部分国家的上亿用户密切地联系在一起。互联网固有的一个特点就是允许信息跨城市、跨区域和跨国的流动，它消除了传统意义上边界的限制，信息传输完全独立于物理世界的地理位置之外。互联网从它诞生之日开始就是跨国界的、全球性的，用户只要将计算机连接到一个 Web 站点，就可以通过互联网轻松地跨越国界自由地交流信息、分享丰富的信息资源，以较低的成本广泛地开展商业活动并形成相互间的各种法律关系。互联网的这种无国界性的特征，无疑给以地理边界为基础的国家法律在互联网上的适用带来问题。

2. 网络的虚拟性

网络在物理世界中的可视部分，只是一部分的计算机硬件系统和其他网络设施等，但其真正的内容相对于物理世界中的物来说，则是虚拟的。正如美国传播学学者 Roger Fidler 所说的："对于未来的电脑技术，可能不知道甚至不在乎我们正在与之进行交互的究竟是另一个人还是一个数字实体。"意思是说，在网上，物理的、真实的“是”与“非”既无法辨识，似乎也并不重要，只要交流的实际结果或效能相同即可。与现实的世界相比，互联网可谓是地地道道的“虚拟空间”。在这个虚拟的世界里，人们没有了各种空间障碍，可以进行着各种现实行为：网上图书馆、邮局、商店、交友、人们通过网络进行信息交流以及交易等。但就目前的网络技术条件下，如果要将网络空间视为一个独立的跟现实物理世界一样的空间，还是不行的，因为在网络空间中无法寻找到固定的住所，虽然可以找到网址、找到机器，但是这台机器到底在现实世界中属于谁所有，或者是现实世界中谁操作的，它们一旦下线，身份就无法确认。从这个角度说，虚拟性无疑是网络空间的重要特征。然而，尽管网络行为是虚拟的，但其却真真实实地引起了相关的法律关系，因此而产生的法律关系需要切实的解决，使网上的行为得到明确的法律制约。网络的虚拟性，给我们的现实社会的确带来了一些法律和道德上的问题。

3. 交互性和自由性

网络不同于普通传媒之处就在于信息沟通的相互性，在网络空间中，只要行为人实施了计算机操作命令，这些网络数据信息就会即刻在网络中迅速传播开来。同时，网络上的行为又是互动的，通过网络，用户可以自主地发出信息、接收信息、回复信息。过去，人们只是被动接收信息，而现在，网络上的任何一个用户，都可以成为信息的发布者。而且通过互联网的技术传播与信息交流是自由的，一般不受特定国家和权力的控制，具有分散的结构。互联网是一种开放的结构，架起了人们之间相互交流的纽带，其交流不受交流者条件的限制。这样，网络的普及使用不可避免地会带来许多社会问题，如网络安全及计算机犯罪、意识形态和文化渗透、假新闻假信息传播、色情泛滥、个人隐私遭到侵犯、知识产权遭到侵犯，等等。

4. 管理的非中心化

互联网的发展与科技发展是紧密联系的，互联网的核心技术决定了互联网中没有现实地理空间中普遍存在的管理控制中心，也没有集中于某一个自然人、法人或某一台电脑的绝对权利。也就是说，在互联网里没有中心，也没有集权，网络上的每一台电脑彼此互连，没有一台电脑能够充当其他电脑的中心枢纽，所有电脑都是平等的。目前，还没有任何一个国家和组织能够有效地控制和管理互联网。网络空间的非集中管理性，使得用户在互联网上的行为处于无人管理的状态。为了维护网络空间的秩序，有的国家曾经尝试用技术手段如过滤机制和设立电子障碍来达到管理的目的，但最后还是以失败而告终。其原因在于：（1）一个国家难以控制他国的公民和网页；（2）被禁网址的所有人可以通过改变网址的办法来避免政府管辖。显然，这给法院执行工作带了麻烦。

5. 高度自治性

网络的虚拟性和无边界性使网络呈现出独立的、自由发展的趋势，任何国家的网络参与者均能积极参与。而网络这种自由发展体现在网络管理上，是对网络高度自治性的要求，在网络的发展过程中，许多不成文的网络规则实际上发挥了相当程度的网络规范效果。这些规则绝大部分是由参与者互相尊重、互相体谅而约定俗成的，从而在不同的网络社区形成了各自特定的自我约束、自我调节的网络文化。这些被移植的法律观念和原有的网络文化结合，已成为更多的网络社区形成的奠定基础。因此，网络世界并不是一个没有规则或约束的世界，在各种不同的网络社区中，早已发展为各成员所遵守，甚至为多数网络使用者所认同的网络习惯法与网络礼仪。其实网络管理自治性的诉求与网络自身的实现能力之间尚存在差距，其自治的实现仍应建立在与现实世界法律有效联结的基础之上。

二、互联网环境下对传统管辖权的冲击

互联网不仅在信息交流方式上与传统信息交流方式不同，而且网络空间的存在，也引起一系列不同于传统国际民事法律关系的跨国网络关系。网络空间虽不存在于任何特定的地理场所，然而世界范围内的任何人在任何地点都可通过互联网进入网络空间，在互联网中产生交集。与以地域主权观念为基础、以跨越国界为基本特征的传统国际社会的概念不同，虚拟性、无国界性、即时性和管理的非中心化等成为网络法律关系的一般特征，而其中某些特征无疑给传统管辖规则的适用带来新的挑战，甚至可能出现完全抛弃传统管辖规则的理论主张与实践需求。

（一）对国家司法管辖权的冲击

管辖权在本质上是国家主权在司法领域的体现，正如 Holms 法官所指出的那样："管辖权的基础是物理空间的权力。"① 这是因为在传统社会，我们每个人的活动范围是有限的，行为都会受到地域范围内主权国家的约束，我们的行为无论如何都会受到限制，国家总是会有一定的方式来对我们可见的行为进行约束。而在进入互联网时代，由于互联网跨国性、虚拟性和管理的非中心化使得以地域为分界的主权国家对自己国家内国民的行为无法进行约束和管辖。这样，互联网使私人行为彻底冲破了主权在地理空间上的有形界线，使某个私人的行为效果直接出现在异国的领域之中，甚至同时出现在不同的主权国家辖区之内，从而打破了相对于国家主权而言的私人行为与其主体的有限性联系。

首先，网络的最重要特性就是全球性、无国界性，一个国家的立法和司法即使再民主，也无法在全球范围内实现；其次，国

① 侯捷：《网络侵权案件管辖权探析》，载《当代法学》2002 年第 8 期。

家法律的强制性如果体现在无边界性的网络上，在网上交往的人将面临同时受到上百个不同法律管制的局面；最后，各国法律存在的差别，对于同一个行为各国的法律界定是不一样的，在有的国家是合法有效的，而在有的国家就是非法的。一国的法律也无法及时、有效地制裁网络行为人在他国的行为，虽然其行为可能通过网络在本国传播。在网络的范围内，网络参与者在一定程度上是相当自由的，网络全球性的特点彻底打破了各国之间边界和国界的划分，而这恰恰是一国法律得以有效执行的基础。国家的强制力和执行力在网络环境下受到了限制，国家的强制性保证了其法律的可执行性，但面对网络案件，国家强制力很难在全球的网络系统内得到有效执行，国家司法主权可能在对网络进行管理时会遇到技术上和能力上的限制。所以，网络管理的非中心化、网络技术的即时性、全球性和虚拟性，使得国家主权原则以及主权原则下的国家管理方式在对网络行为的管理适用上遇到了前所未有的障碍，以主权为基础的、高效的立法和司法模式以及与此匹配的法律强制力保证，因其地域性的特征与网络环境的超国界性特性的不相容，而显得力不从心，无论是在管辖权的确立与行使，还是在法律适用和规则执行力上均受到了来自互联网的冲击。

（二）互联网使传统的属地性连结点发生动摇

属地原则是传统社会确定管辖的一个主要原则和标准，在传统的管辖权理论中，尽管各国确定管辖权的标准不尽相同，但都不会离开对人或物地理空间的定位。而在互联网环境下，传统的属地原则已经不适用，因为在互联网环境下国界已经没有意义，这也是由互联网的虚拟性、跨国性和即时性等特征所决定的。在互联网上信息没有国界，信息从一个地理位置传输到另一个地理位置而不受到任何的毁损以及实质性的延误，[①] 也丝毫不会受到各国间地域间的限制和约束。在互联网上，我们可以不受任何障碍的影响，在网络上进行聊天、通信、购物甚至是进行商业交往，而且在许多情况下，我们根本无法知道对方是哪国人、什么身份甚至连真实姓名和居住的真实地理位置也都无从知道，不过网络系统对于物理位置并不关心，网络地址与物理位置之间没有必要一定存在关联。

在这种情况下，网络给属地管辖标准带来的问题是不言而喻的，以属地管辖标准，住所地、居所地、诉讼原因发生地、可供执行财产的所在地、诉讼标的物所在地等连结因素成为管辖权行使的重要考量因素，这些连结因素都具有明显的地域特征；又或者如美国强调以被告在法院地的“出现”“存在”为前提，即对一个个体行使管辖权，会要求这个个体位于法院地或要求其行为与法院地存在联系、在法院地造成影响等，同样要求与地域的关联，但在网络环境下这种要求可能是很难实现的。如果完全按照传统规则确定网上行为的管辖权，可能会产生世界所有国家的法院对某一网上行为都有管辖权的结果，这也会导致网络国际纠纷管辖权的更多冲突。

在 2000 年 2 月 28 日至 3 月 1 日，海牙国际私法会议在加拿大渥太华召开了工作组会议。目的是讨论网络对传统管辖权规则的影响，以便决定是否修改管辖权公约的内容来适应网络的迅猛发展，与会代表讨论的问题主要有：

1. 商务合同

公约第 6 条规定，对合同的特别管辖权应该依据“义务履行地管辖”原则确定：在提供货物时，由货物交付地法院管辖；

---

① 李智著：《国际私法中互联网管辖权制度研究》，厦门大学出版社 2009 年版，第 30 页。

在提供服务时，由服务提供地法院管辖；同时提供货物和服务时，由主要义务履行地管辖。与会代表同意电子合同可以分为“网上履行的合同”和“非网上履行的合同”两类，二者都在网上订立。对于不在网上履行的合同，在物理空间有明确的实际履行的地点，因此传统的“义务履行地管辖”原则对其还可以适用。然而，该原则对在网上履行的合同是否适用，各国则存在分歧。

首先是“网上履行”如何定性——关于是否应规定特殊规则的争议。法国、德国和欧盟的代表认为，没有必要专门规定新的管辖权规则，因为他们认为公约第6条依然可以适用；美国代表则认为，不能绝对排除针对“网上履行”的特点起草管辖权规则；英国代表则积极主张规定新的管辖权规则；澳大利亚和新西兰认为应该在公约整体框架的基础上讨论这一问题：公约的第3条规定被告的惯常居所地是一般管辖的基础，第4条赋予双方当事人选择法院的权利，原告如果不愿意去被告的惯常居所地起诉，可以协议选择管辖法院，这样基本能够解决电子合同引起的管辖权争议问题。因此，没有必要再就网上履行合同规定新规则，第6条的规定应该仅仅适用于有实际履行地点的合同。其次是关于“网上履行”的处所如何规定特殊规则的争议。英国首先建议凡是涉及在网上以电子形式提供信息的事项，由信息传送地管辖；该信息传送地应被理解为接收者为信息的传送而提供的地理处所；法国、德国表示反对，理由是：电子信息产品的接收者没有义务向对方提供自己接收信息的地理处所，接收者可能随意提供自己的若干地理处所中的一个，可能导致该处所与交易没有任何实质联系；丹麦提出，凡是涉及提供电子信息的事项，由信息收到地管辖，这样在不违背第6条的基本原则的同时，又能够满足电子合同的特殊要求；法官在具体案件中可以根据情况对“信息收到地”作出适当的解释，又具有了灵活性。中国香港特区的代表支持丹麦的建议，并且阐明了香港法院在实践中确定“信息收到地”的方法，首先把它理解为“接收者营业处所”，如果无法确定，就依据“下载信息”的地点。但英国、德国都反对，认为丹麦的建议还是没能解决处所的问题。

2. 侵权

公约第10条依据“侵权行为发生地”和“损害结果发生地”原则确立了对侵权行为的特别管辖权。对于网络中的侵权行为是否应另行规定新的管辖原则，法国、奥地利等国持保守态度，认为现有的文案可以适用网络产生的情况，法官在具体案件中根据具体情况确定具体的地点；英国、芬兰等国认为应该针对网络本身的特殊性规定特殊的确定管辖权的原则，在网络侵权行为的发生地很难确定的情况下，受害人的惯常居所地国应该享有优先管辖权。会议没有形成一致意见。在网络侵权行为的管辖权规则中，仍坚持适用侵权行为发生地和损害结果发生地这一传统的管辖权根据，这样认为，也不是没有道理，因为网络空间是物理空间以电子为媒介的延伸，用来认定网络空间中某一行为的性质是合同、侵权或违法的依据仍是物理空间的法律制度。但是不能把传统的地域管辖完全照搬到网络空间中来，应该对现有的地域管辖权的规则进行适当的修正、补充、解释和发展，对传统的属地管辖权的连结点作出新的解释，把信息上传或下载所使用的计算机终端、网络服务器等设备所在地识别为属地管辖中确定管辖权的新的连结因素，从而适应网络空间的特性。

（三）对传统属人管辖权的冲击

属人管辖原则主张以有关国际民事案件中的双方当事人与有关国家的法律联系作为确定法院国际管辖权的决定性标准；强调一国法院对本国国民具有管辖权限。但在互联网条件下，由于其跨国性、虚拟性的特点，使我们对当事人国籍的确定产生困难，从而使属人管辖权的行使出现新的问题。网络空间本身是虚拟的、跨国的，它的物理存在只是一些电脑终端和网络连线。但是即使是这样，在互联网上却产生和存在大量人们可以积极参与的行为：人们通过网络可以交换信息、在线聊天、在线交易，甚至可以从事诽谤、计算机犯罪等违法犯罪行为。网络空间是虚拟的，这是其区别于物理世界的一个重要特征。但人与人之间因为不同的场合身份产生发展的各种关系，却是一种客观存在，而依托网络所产生的这些关系，只不过是人类生活发展到网络时代，在网络空间中的另一种表现形式，也是客观存在的。本质区别在于，物理空间人与人发生的各种社会关系，我们都能看得见对方，而在网络里产生的各种关系，大部分情况下我们是无法确定对方在哪里。网络的虚拟性使得我们无法在网络空间中找到住所、有形财产等物理存在，对于参与网络行为的人来说，往往只能知道某一网络登录者的存在和其活动的内容，而根本无法确认网络登录者的身份。① 所以在登录者为当事人的网络纠纷中，以身份为基础的属人管辖权无疑会产生难以确定的问题，也可以说，以当事人国籍为管辖权的基础在网络空间意义不大，这也是互联网给传统属人管辖原则带来的挑战和冲击。

（四）对传统协议管辖原则带来的冲击

协议管辖原则是以当事人意思自治为基础的管辖原则。协议管辖原则是意思自治原则在国际民事案件诉讼管辖权问题上的体现。它强调当事人在争议发生之前或争议发生之后共同选择管辖法院，这样可以使当事人对法院地国家的实体法和程序法有所了解，从而充分体现法律适用上的公平与平等。由于许多客观性连结因素难以有效地运用于互联网中，人们将不得不转而借助于主观性连结点，让当事人的主观选择发挥更大的作用。由于互联网

① 何其生著：《电子商务的国际私法问题》，法律出版社 2004 年版，第 13 页。

是一个高度自治的网络空间，用户自主的选择是开展网上活动的前提。因此，主观性连结点，特别是当事人意思自治日益显示出重要性。[①] 由于互联网是“网络的网络”，通过用户与 ISP（称为互联网服务提供商）之间、各个 ISP 之间的法律选择协议，应当可以解决大多数管辖权冲突。但是当事人意思自治也并非是解决管辖权冲突的“万灵药”，协议管辖不可能解决所有的管辖权问题，在许多领域，国家权力的干预是必不可少的，比如涉及国家主权和公共利益的纠纷以及一些严重的侵权纠纷等。此外，当协议管辖显失公平时，协议的效力就会出现问题。特别是目前在网上大量出现的点击合同，由于合同双方经济地位相差悬殊，很容易导致不公平情况的发生。所以为了保护消费者的权益，一些关于电子商务纠纷的管辖权规定也体现了对协议管辖的限制。比如美国《统一计算机信息交易法》赋予了法官拒绝执行“显失公平的合同条款”的权利。该法第 111 节（a）规定：“如果法院发现其中的条款在订立时显失公平，那么法院可以拒绝执行该合同，或执行该合同除显失公平条款以外的其余部分，或限制该显失公平条款的适用以避免导致显失公平的结果。”经合组织（OECD）的消费者政策委员会起草的一份指南中指出，在考虑是否需要对现有法律框架进行修改时，“各国政府应当寻求确保该框架中企业消费者之间的公平，方便电子商务，使消费者享有不低于其他商业形式所提供的保护水平，使消费者切实享有公平及时的争议解决和无不当的成本和负担的救济”。由此可见，当事人意思自治原则在电子商务中的适用范围也是有限的。

（五）平行诉讼

司法实践中，网络对于传统管辖依据的冲击主要体现在频繁

① 肖永平、李臣：《国际私法在互联网环境下面临的挑战》，载《中国社会科学》2001 年第 1 期。

发生的平行诉讼现象上。网络的虚拟非现实性，以及不确定性，为当事人更大空间、更大范围挑选法院、择地诉讼提供了可能性。根据不同的管辖权确立标准，一般的侵权案件往往几个法院同时具有管辖权，这样一来，在不同的国家起诉，就可能出现截然不同的判决结果，就会出现当事人挑选法院的情况，当事人会选择对其有利的法院进行诉讼，或多处同时诉讼。当然挑选法院不是网络侵权案件中专有的情况，但是由于网络侵权本身的特点，其传输信息的无物理概念的国界限制，其传播的范围之广、速度之快，是物理空间侵权行为不可比的，而且侵权行为会与大量的地域存在或多或少的联系，有关网络侵权又并非法院的专属排他管辖，这就导致很多国家具有相同的管辖权即平行管辖。从众多网络侵权案件中，不难发现平行诉讼几乎普遍存在于每个网络侵权案件，以网上侵犯肖像权为例，至少以下国家可以行使管辖权：侵权行为实施地国、侵权行为发生地国、侵权人所属国，等等。

从实践中来看，各国已经意识到并采取相应措施防止管辖权冲突，如发布“禁诉命令”、采用“不方便法院原则”等。但这些措施都是各个国家分散性的自我约束，具有相当大的不确定性，没有共同的或者最高的统一规则，不足以彻底解决网络侵权案件中普遍存在的平行诉讼。实践中，如果仍然遵照传统的管辖规则，则不仅会使法院对于管辖权的获得充满偶然性和不可预见性，同时会导致大量当事人挑选法院的现象发生，而这与我们经常强调的法律要有可预见性、准确性充满了矛盾。英国就是很好的例证，它被称为“国际诽谤之都”，原因就在于英国对于诽谤的损害赔偿额高于其他国家很多，所以英国法院成了诽谤之诉的最佳选择地点，在英国每年都有大量的诽谤诉讼提起。

（六）网络案件存在大量的法律空白

随着互联网科技的迅速发展，以及互联网问题的不断涌现，针对互联网出现的问题，国际社会以及各国还没有形成或制定出一个统一的法律规范来约束网络上的各种侵权行为。法律本身就具有滞后性，这几十年来互联网的迅速发展，立法的脚步依然没有跟随上，在解决国际民事案件网络侵权方面显得很被动，而且不够充分。网络空间中虚拟主体的权利、虚拟财产的保护、电子合同的履行及网络侵权地的认定等很多问题，在原有的传统法律框架中都不能很好地解决。许多国家出于保护科技发展的目的，不愿过早地干预互联网，不愿只为了对付一些一时变故而制定特定措施进行互联网立法，所以针对这种网络上的立法空白需要国际社会和各国不断努力和协商来解决。

三、确定网络管辖权新的理论依据

（一）国际空间论

随着人类科学技术的发展，以及对自身所生存的地球乃至宇宙的认识不断深入，人类活动的新领域不断被发现和产生，人类的生存空间和活动空间也随之扩大。对于人类活动的新领域，国际社会通过国际条约形式给这些新领域确定了特殊的法律制度。比如，赋予公海一种共有物的法律地位；南极应永远专为（国际社会）和平目的而使用；[①] 外层空间是人类共同利益所在。对于随着人类认识社会能力的增加而出现的新的活动领域和新的国际法领域，在国际法调整方面，将其视为独立国际法空间的实践，已取得了国际社会的认可。这也正是将网络空间视为新的国际空间，对其进行法律规范的国际空间论的理论前提。国际空间论以美国斯坦福大学的达雷尔·门特博士为代表，他认为，现在的地理世界存在三个国际空间：极地（南极和北极）、公海、外

---

① ［英］伊恩·布朗利著：《国际法原理》，曾令良、余敏友等译，法律出版社 2003 年版，第 288 页。

层空间，它们与网络空间相比最本质的区别在于后者的非地理性即虚拟性特征，但它们之间也有着共性，如国际性和无主性。因此，网络空间也应该是国际空间的一种，可以将其视为第四国际空间，应在这一领域内建立不同于传统规则的新的管辖权规则。在网络空间中，管辖权不仅仅是一个概念性问题，它将是法院所面对的一个重要的实际问题。除非将网络空间视为一个独立的国际空间，否则，将传统的冲突法理论适用于网络空间将会产生十分荒唐的效果。国际空间论通过对国际空间管辖权进行法律分析后认为：不是地域而是国籍应成为管辖权的基础。比如，外层空间以飞船和空间站的国籍作为基础；在南极，通过南极条约来约束各成员国的科学考察行为；在公海，依船舶的国籍——船旗国法律来确定管辖。因此，国际空间论以将网络空间设定为第四国际空间为前提，在管辖权分析上，参照上述空间管辖权确定的标准，即以国籍标准作为确定网络空间管辖权的依据。但由于国籍原则在公海、外层空间和极地领域分别具有不同的含义，所以在网络空间中，国籍原则也应灵活分析。依国际空间论，网络行为纠纷管辖权的确定，首先要看网络空间中的参与者和行为者的国籍是什么，对于网络行为者国籍的确定，在不存在类似船旗国那种登记制度的前提下，必须依网络行为特征，制定目前可以适用的规则。众所周知，行为人与网络空间的公共连接途径主要有两个：上传和下载。在网络这个国际空间中，上传信息的人在进行上传信息的活动时，将其国籍带入网络空间中；下载信息的人在进行下载信息的活动时也将其国籍融入网络空间。在此种情形下，应将行为者的国籍作为管辖其行为的依据，即上传者依上传者所属国的法律，下载者依下载者所属国的法律。国际空间论的国籍管辖原则实际上是主张各国的立法管辖权应该控制本国国民或公司在网络空间的活动。

国际空间论考虑了网络行为的无边界性，将地域原则排斥在管辖权的确定方法之外，一定程度上解决了网页所在地、行为人所在地等地理位置难以确定以及各处均可能成为网络行为地的问题，避免了难以寻找当事人，难以适用法律的尴尬，也避免了多国法律均主张管辖权的冲突。但这种理论也是存在缺陷的，主要表现在：第一，适用国籍原则，在许多情况下，将导致大量的不公平的情况出现，国籍原则这种固有的缺陷以及局限性，使得以国籍为首要原则的网络空间管辖权的确定方法在确立之时就已经落伍了。第二，网络空间不同于其他三个国际空间，从而使得在法律制度建设上存在不同的基础。网络空间是一个虚拟空间，而公海、外层空间和极地则是一个实在的国际空间，只是由于环境和技术原因，人们尚无法在这三个实在的地理空间中进行大量的活动，出于全人类利益的考虑，可将其视为人类的公有领域。而互联网作为人们交流、通信等的一种工具，人们在其中进行着大量的活动，它越来越多地融入人们的日常生活之中，不像公海、极地和外层空间那样远离人们的生活。第三，领域原则是现代国际社会中各国行使管辖权的基础，它和国家主权的观念紧密结合，单纯以国籍原则来作为立法管辖权的基础，势必将对现代的管辖权制度进行彻底的变革，这是各国所不能接受的。

（二）新主权理论

新主权理论又被称为网络自治论，它以美国的约翰逊和波斯特为代表，主张网络成员间的利益冲突由 ISP 以仲裁者的身份来裁决，并由 ISP 来执行。新主权理论反对把传统的法律规则适用于互联网，认为网络空间应适用独立于实际空间的法律制度，对网络案件应建立一种独立的管辖体制。

该理论提出的依据是，以电子计算机为通信传媒的网络的性质，已经有一种非正式的管辖权，至少在以下几个方面是非常明显的：网络社区正在制定并实施法律；网络社区制定的法律通常不适用于网络世界以外的行为；网络世界以外的法律通常难以适用于网络世界中的行为；网络世界以外的人必须制定新的法律来调整网络上的行为。新主权理论认为在网络空间正形成一种全球性市民社会，这个社会有其自己的组织形式、价值标准和规则，完全脱离于政府而拥有自治的权利，网络之外的法院的管辖当然也被否定，新主权论主张制定自成一体的“网络空间法”，并创设“网络法院”，专门调整和处理发生在互联网中的纠纷和争议。当然，这种机构设置应该由网络社区自己来完成，没有国家和政府的参与。网络社区是一种自治性机构，其职能是制定网络法律，管理网络事务，解决网络纠纷。

新主权理论具有一定的积极意义。该理论强调网络空间的新颖性和独立性，试图以网络的自律性管理来代替传统的法院管辖，以自我的判断和裁决代替国家的判断和救济①。从维护网络发展的角度来看，这种理论是有价值的。但是，该理论割裂了网络空间与地理空间之间的客观联系，片面强调网络空间的独立性，忽视其对国家主权之下的地理空间的依赖性，其倡导者的观点未免有些偏激。它的缺陷表现在：第一，新主权理论完全忽视互联网的存在是以现实空间为依托。网络空间是客观存在的，它不能脱离于社会而独立存在，网络空间虽然有相对独立于有形地理空间的特征，但它又有对地理空间的依附性。第二，根据新主权理论，网络社区能够形成特有的、行之有效的法律制度，是因为互联网是通过自治系统来实施的，人们可以通过建立一个系统来管束自己。但是至于谁才拥有控制这些系统的权力尚不能确定。第三，这一理论完全混淆了两种不同的权力，即网络服务提供商之间制定行业道德和技术标准的权利与主权国家制定法律进行管辖的权力。这个理论过分夸大了网络的独立性，否认了网络

① 王德全：《试论 Internet 案件的司法管辖权》，载《中外法学》1998年第2期。

是社会的网络，割断了网络与现实的联系，并不可取。

（三）管辖权相对论

“管辖权相对论”主张，任何国家都可以管辖并将其法律适用于网络空间的任何人和任何活动，其程度和方式与该人或该活动进入该主权国家可以控制的网络空间的程度和方式相适应。在网络空间中，发生争端的当事人可以通过网络的联系在相关的法院“出庭”，法院的判决也可以通过网络手段加以执行。

然而，尽管该理论可以部分解决网络空间的控制问题，但却存在诸多弊端。这一理论旨在通过技术自身的力量来解决技术带来的司法困境，各国对作为整体的网络空间的管辖权大小取决于该国接触和控制网络的范围和能力。因此，哪个国家的技术越发达，其对网络空间的控制范围就越大，控制能力就越强，这无疑是以美国人的观点在看问题，显然是不合理的。[①] 互联网技术产生于发达国家，其核心技术仍控制在发达国家手中。各国之间的信息技术差距巨大。所以，如果根据技术控制能力来决定网络空间的管辖权的话，实际上是为技术强国张目，扩大其在网络空间的主权管辖范围，无法被技术弱国接受。管辖权相对论解决不了网络空间的管辖权问题。尽管从表面上看，管辖权问题是技术进步带来的，但本质上还是各国法律制度的差异造成的。要解决网络空间的管辖权问题，技术因素当然也要考虑，但技术的运用不能破坏公平。

四、新的管辖权基础理论

由于传统的管辖权基础不再适应网络环境的现实，因此，理论界一直在探讨建立新的管辖权基础。

---

① 王德全：《试论 Internet 案件的司法管辖权》，载《中外法学》1998年第2期。

(一) 网址作为新的管辖权基础

网址能否作为新的管辖根据，其法律地位现在已成为学者讨论的热点。由于它事关国际民事管辖权的协调和互联网的健康发展，因而具有重要的理论和现实意义。网址是否构成新的管辖根据，学者尚没有一致意见，目前主要有如下三种观点：

(1) 区别论。这种观点是基于美国法院的司法实践，把网址区分为被动型网址和互动型网址，被动型网址仅仅为访问者提供信息浏览而互动型网址除提供信息浏览外，还可以通过访问者的登录作出相应的回复。网址的交互可通过邮递列表、订阅网上杂志、登记注册等形式表现出来。互动型网址与法院地构成充足联系，因而可以作为管辖根据，而被动型网址不能作为管辖根据。

(2) 否定论。这种观点认为，仅存在一个可被法院地接触的网址并不构成与法院地的充足联系，因而网址不能作为管辖根据。法院要对一个非居民行使管辖权，还必须有其他联系因素存在，如在法院地缔结合同、在法院地从事商业活动等。

(3) 怀疑论。这种观点认为，虽然网址在网络空间里具有相对的稳定性，其变更要通过网络服务提供商依一定的程序来进行，并且在某种程度上与特定的地理空间形成一定的关联度，受制于网址的 ISP 所在的管辖区域，但这种关联是否充足还不确定。将网址作为管辖基础，目前尚无充分根据。

网址能否成为新的管辖根据？对于这个问题，美国法院也有过一些司法实践。

Maritz, Inc. v. Cybergold, Inc. [①]

本案是密苏里州的一个联邦案件。在本案中，Cybergold 拥有一个网址为其在网上的服务做广告，这个网址为用户提供新服

① See Maritz, Inc. v. Cybergold, Inc. 947 F. Supp. 1328 (1996).

务的信息，并且任何用户只要点击了相应的按钮，就可以收到从该网址自动发出的额外信息。法院认为，既然“Cybergold 有意识地决定给所有的网络用户传输广告信息，并知悉这些信息将能在世界范围内得到传播”，那么，法院有充分的“联系”行使管辖权。我们认为，在此案中，法院没有考虑在多大程度上 Cybergold 有意识地将自己置于密苏里州的法律之下，也没有考虑到任何网址都能够向全球范围输送信息这一事实。如果按照这一逻辑，Cybergold 将可能在任何能够浏览该网址并获取信息的地方被起诉，法院也仅因为这个事实就享有了管辖权。可见，美国法院早期的一些案例表明，在网络管辖权这个问题被提起之初，法院的倾向性意见是存在网址这个事实就足以使法院对网址经营人享有管辖权。然而，在此后的一些案件中，尽管法院也认定对于案件拥有管辖权，但法院的观点在逐渐的产生一些变化。

Digital Equipment Corporation v. Altavista Technology, Inc. ①

马萨诸塞州的原告（Digital Equipment Corporation）控告加利福尼亚州的被告（Altavista Technology, Inc.）违反合同并侵犯其商标。1997 年 3 月 12 日，马萨诸塞州法院认为，当事人双方的许可协议构成了在该州“营业活动”，该州的长臂管辖权法规应该适用于被告。法院明确地表示拒绝对“如果没有商业用途，没有广告、销售或者没有在法院地订立的合同，任何网络活动能否足以使法院行使管辖权”这个问题本身做出回答。相反地，法院基于一系列相互联系的因素而认定对本案享有管辖权，这些因素包括：（1）原被告在马萨诸塞州订立了一项合同，合同的法律选择条款声称本合同适用马萨诸塞州的法律；（2）诉讼正是由于对这一合同的违反而引起的；（3）被告的网址能够在马

① See Digital Equipment Corporation v. Altavista Technology, Inc. 960 F. Supp. 456 (D. Mass 1997).

萨诸塞州登录；(4) 被告在马萨诸塞州有刊登广告和推销产品的行为；(5) 被告已经通过其网址在马萨诸塞州从事销售；(6) 被告被诉在马萨诸塞州引起了商标授权。可见，本案在确定管辖权的时候，法院已经开始将拥有网址这个事实和其他一些因素联系起来考虑。这些因素主要包括：通过网址以外的途径和法院地有信件、会议、谈判或其他的往来，能证明被告试图在法院地从事营业活动；或者被告已事实上与法院地居民订立了订购合同等。

从上述两个案例可以看出，美国法院也开始否定仅仅凭借"网址唯一联系即构成行使管辖权基础"的观点，并将一些相关因素考虑进去，尤其是开始区分"消极存在的网址"和"积极存在的网址"。但即使这样的区分，"消极网址"和"积极网址"之间的界限也不够明确。尤其在确立管辖权时，法院经常陷入应适用"滑动标尺标准"的困境，难以完全区分"积极网址"和"消极网址"，使网址在解释上处于模糊不清的两难境地。

综上所述，网址作为管辖权根据已有一定的理论和实践基础，但其不尽完善之处也是有目共睹的，特别是在网址与管辖法院之间的关联度上，还存在许多模糊地带。因此，把网址确定为管辖根据弊多利少，就网址本身而言，要成为新的管辖权根据有待进一步论证和实践。我们认为互联网的特点决定了单个国家不可能有效解决互联网上的跨国法律问题，国际社会的通力合作才是解决与互联网相关的法律问题的真正有效途径。

(二) 服务器作为新的管辖权基础

目前，已有学者提出将 ISP 服务器位置所在地作为网络案件中管辖权的根据。作为法院行使管辖权根据的因素都必须具备两个条件：一是该因素本身应有时间上和空间上的相对稳定性，至少是可以确定的；二是该因素与管辖区域之间存在一定的关联度。传统的管辖基础一般都同时满足了这两个条件。因此，判断服务器位置所在地是否可以成为新的管辖权根据，可以从这两个条件来考察。该理论认为：第一，服务器位置所在地具有相对稳定性。服务器位置所在地并非存在于网络空间之中，而是真实存在的地理位置。第二，服务器位置所在地与物理空间的关联是显而易见的。网址是当事人在网上的地址，而非在法院管辖区域的地理地址，既然可以考虑从网址入手确定网络上各种纠纷的管辖权，那么就需要找出与网址相关联的地理位置。如前所述，网址都是建立在服务器上的，服务器的地理位置是相对稳定的，那么只要找到网址所在的服务器，就能找到管辖该地理地址的法院，从而该网址所对应的服务器位置所在地就成为管辖权的根据。

其实，以服务器位置所在地作为新的管辖权基础，也存在一定的缺陷。首先，网络服务器所在地在一般情况下很难被普通民众查获。其次，单就网上侵权而言，有时某一行为在受害人所在国可能是非法的，而在服务器所在地国又可能是合法的，如果由服务器所在地国法院管辖，显然对保护受害人的权利不利。最后，利用网络技术，进行深层链接，同一网页可能会显示多个服务器所储存的内容，到底由哪个服务器所在地行使管辖权也会产生分歧。

（三）访问作为新的管辖权基础

在属地管辖权中，我们谈到在英国的司法实践中，法院可以基于被告人的出现而行使管辖权。只要被告在英国出现并被送达起诉书或传票，英国法院就有权行使管辖权。由于互联网是一个流动的信息网，用户足不出户，是通过访问单独网站遨游网上世界的。那这种访问能否视为被告的出现，构成一种管辖依据呢？

这种虚拟出现表明了用户在网络空间中从事网上活动。如在 BBS 上发布诽谤言论，虽然是从用户的计算机上开始的，但如果该电子信息并未上传到相应的 BBS 上，其侵权行为并未完成。此时，我们固然可以说用户所在国是侵权行为地，但把侵权行为地认定在 BBS 所在国也未尝不可。其实用户的任何网上活动都是在特定的网站中进行的，而不论该站点是由用户自己提供还是他人提供的。用户访问该站点，表明他愿意把自己置身于该站点的管辖之下。这样看来，把访问视为被告人的出现似乎并无不可。但这种观点值得怀疑，因为网络空间并不存在可识别的国界标志，对于网络空间的活动者而言，其根本就不曾感受到地理边界的存在。虽然他对于自己"进入"和"访问"的网站是明确的，但并不意味着他会进一步推断该网站所属的司法管辖区域。在许多时候，用户通过超级链接访问其他站点时，他关注的只是网上的信息而不是网址的代码。同时，一个自然人在同一时刻只能出现于某一个特定地点，但在网上，用户可以打开多个窗口，访问多个网站，从而"出现"在许多网站上，如果说这些网站所在国家都享有管辖权，无疑是牵强的。因此，我们认为由访问这种虚拟出现推断用户自愿受制于相关的司法管辖是武断的。

五、杭州互联网法院

2017 年 8 月 18 日上午，杭州互联网法院正式成立，这也意味着中国涉互联网案件的集中管辖、专业审判在杭州揭开了新的篇章。①

(一) 杭州互联网法院成立背景②

早在 2015 年 4 月，浙江省高级人民法院开始布局"互联网+审判"的新模式，确定由西湖、滨江、余杭三家基层法院和杭州

---

① 《杭州互联网法院挂牌运行 周强强调 探索互联网审判新模式 车俊出席活动》，载中华人民共和国最高人民法院网站，http://www.court.gov.cn/zixun-xiangqing-56422.html，2017 年 8 月 20 日访问。

② 转自最高人民法院微信公众号 2017 年 8 月 18 日推送的乔文心的文章。

市中级人民法院作为试点法院，分别审理网络支付纠纷、网络著作权纠纷、网络交易纠纷及其上诉案件。“网上案件网上审、网上纠纷不落地”。电子商务网上法庭将网络信息技术全面融合进办案流程，把法庭从现实物理空间直接搬到了网络虚拟空间，从起诉、立案、送达、举证、开庭到案件判决和执行，诉讼的全部环节都可以在线完成。自开展试点以来，浙江省全省有 15 个法院陆续加入该平台，已累计处理案件近 2.3 万件。在此电子商务网上法庭成功经验的基础上，2016 年 8 月，浙江省高级人民法院党组首次正式提出了“设立互联网法院”的设想。

2016 年 9 月，浙江省委改革办和浙江省高级人民法院分别向中央改革办和最高人民法院申请设立互联网法院试点，中央改革办和最高人民法院高度重视，经过多次调研，最终形成改革试点方案上报中央。

2017 年 6 月 26 日，中央全面深化改革领导小组第三十六次会议审议通过了《关于设立杭州互联网法院的方案》。会议强调，设立杭州互联网法院，是司法主动适应互联网发展大趋势的一项重大制度创新。要按照依法有序、积极稳妥、遵循司法规律、满足群众需求的要求，探索涉网案件诉讼规则，完善审理机制，提升审判效能，为维护网络安全、化解涉网纠纷、促进互联网和经济社会深度融合等提供司法保障。

2017 年 8 月 8 日，最高人民法院印发了《关于设立杭州互联网法院的方案》，明确依托杭州铁路运输法院，试点设立专门审理涉互联网案件的杭州互联网法院。

自 2017 年 5 月 1 日起，集中管辖网络购物合同纠纷，网络购物产品责任纠纷，网络服务合同纠纷，在互联网上签订、履行的金融借款合同纠纷和小额借款合同纠纷、网络著作权纠纷等案件，首月已收件即超千件。

杭州市委、市政府投入改建资金 2600 余万元和信息化专项资金1800余万元，在核心地块以“超一流”的水准打造了“全面覆盖、跨界融合、深度应用、透明便民、安全可控”的新法院，同时预先特批增配了一批司法文员、网络技术人员，为互联网法院的设立奠定了良好的基础。

根据最高人民法院印发的《关于设立杭州互联网法院的方案》，再次将管辖范围细化为集中管辖杭州市辖区内基层人民法院有管辖权的下列涉互联网一审案件：互联网购物、服务、小额金融借款等合同纠纷；互联网著作权权属、侵权纠纷；利用互联网侵害他人人格权纠纷；互联网购物产品责任侵权纠纷；互联网域名纠纷；因互联网行政管理引发的行政纠纷；以及上级人民法院指定杭州互联网法院管辖其他涉互联网民事、行政案件。

（二）专家评说

作为全国首家互联网法院，杭州互联网法院探索用互联网方式审理互联网案件。当事人足不出户，点击“杭州互联网法院诉讼平台”（www. netcourt. gov. cn），杭州互联网法院就能提供“网购”般便利的诉讼服务，起诉、立案、送达、举证、开庭、裁判，每个环节全流程在线，诉讼参与人的任何步骤即时连续记录留痕，当事人“零在途时间”“零差旅费用支出”完成诉讼。①

对于这一新事物专家学者纷纷评说。中国政法大学副校长于志刚著文《互联网法院的历史意义和时代价值》，称：“杭州互联网法院的设立，是中国法院设置制度和司法模式的重大制度创

① 《杭州互联网法院揭牌：打官司像网购一样便捷》，载中国法院网，http://www. chinacourt. org/article/detail/2017/08/id/2966715. shtml，2017年8月20日访问。

新，是对世界司法模式创新提供的中国样本，领跑世界各国。”[①] 他认为，互联网法院的设立，是维护中国网络主权与保障国家利益的新努力；是探索全球互联网治理体系中国方案的新样本；互联网法院融程序上的司法管辖权与实体上的司法裁判权于一体，是实现习近平总书记指出的推进全球互联网治理体系变革，坚持尊重网络主权原则的体现。

北京航空航天大学法学院教授肖建华认为：互联网法院“探索互联网司法规则，实现司法运作方式电子化变革。电子送达、电子卷宗、开庭审理网络化、当事人起诉状乃至法院判决书智能生成等形式，对法院管理系统和民事诉讼规则产生了很大影响。互联网法院应当对司法管辖范围、案件受理范围、审理方式等具体运作层面的技术问题，进行研讨和创新”。[②]

周正在“杭州互联网法院正式挂牌，谁来保证电子证据真实性?”[③] 一文中，对互联网法院在电子数据的采信和应用方面加以说明，“审判流程中，当事人直接在e签宝的存证系统上点击传输，即可将存储在第三方电子数据存证服务商e签宝的电子数据传输至互联网法院的审判系统，法院会通过系统验证电子数据里包含的电子签名和时间戳信息，验证通过后该电子数据即可被用于审判流程，完全解决了‘网上法庭’审理民事纠纷中最核心的电子证据真实性的问题”。电子证据方面避免了以往司法

① 《中国政法大学副校长于志刚：互联网法院的历史意义和时代价值》，载中国法治客户端，http://www.zhongguofazhi.org/content_3284545.html，2017年8月20日访问。

② 最高人民法院微信公众号2017年8月20日推文：《专家评论》互联网法院揭牌 专家怎么说。

③ 《杭州互联网法院正式挂牌，谁来保证电子证据真实性?》，载搜狐网，http://www.sohu.com/a/165590800_119520，2017年8月28日访问，以及《法眼观察》公众号2017年8月18日推文。

实践中的采信和应用的困难。

可以看出，专家学者从不同角度高度赞扬并评价了互联网法院，肯定了互联网法院在审理网络纠纷中的积极作用。

（三）杭州互联网法院的管辖范围

根据《最高人民法院关于印发〈关于设立杭州互联网法院的方案〉的通知》，杭州互联网法院制定了《涉互联网案件起诉及管辖指引》①，其中第一点、第二点规定了互联网法院的管辖范围：

一、根据《最高人民法院关于印发〈关于设立杭州互联网法院的方案〉的通知》，自 2017 年 8 月 18 日起，本院集中管辖杭州市辖区内基层人民法院有管辖权的下列涉互联网一审民事、行政案件：

（1）互联网购物、服务、小额金融借款等合同纠纷；（2）互联网著作权权属、侵权纠纷；（3）利用互联网侵害他人人格权纠纷；（4）互联网购物产品责任侵权纠纷；（5）互联网域名纠纷；（6）因互联网行政管理引发的行政纠纷。上级人民法院可以指定杭州互联网法院管辖其他涉互联网民事、行政案件。不服本院第一审判决、裁定的上诉、抗诉案件，由杭州市中级人民法院审理。

二、上述涉网一审民事案件的具体范围如下：

（1）互联网购物合同纠纷，是指出卖人将标的物在互联网上展示并发出要约，买受人通过互联网检索信息并作出购买承诺，双方形成合意而订立买卖合同，因该合同的签订或履行而引

---

①《重磅规则：杭州互联网法院诉讼平台审理规程》，载新浪网，http://news.sina.com.cn/sf/news/fzrd/2017-08-22/doc-ifykcypq3418379.shtml，2017 年 8 月 28 日访问，以及《法务人俱乐部》公众号 2017 年 8 月 20 日推文。

发的纠纷。

(2) 互联网服务合同纠纷，是指因网络服务商给消费者提供通路以使消费者与互联网连线的中介服务或者提供内容服务的合同而引发的纠纷。

(2) 互联网小额金融借款合同纠纷，是指合同签订及履行均完成于互联网的，因借款人向金融机构借款，到期返还借款并支付利息的金融借款合同而引发的纠纷及因借款人向金融机构或小额贷款公司借小额款项，到期返还借款并支付利息的小额借款合同而引发的纠纷。小额借款合同为50万元以下（包括本数）。

(4) 互联网购物产品侵权责任纠纷，是指在网络购物中，因产品的生产者、销售者生产、销售缺陷产品致使他人遭受人身伤害、财产损失，或者有使他人遭受人身伤害和财产损失的危险的，因主张产品的生产者、销售者应承担侵权责任而引发的纠纷。

(5) 互联网著作权权属、侵权纠纷，是指网络作品（以数字化形式创作，且首次公开发表在互联网的作品，如网络小说、网络电影、网络游戏等，不包括计算机软件程序）的权属、侵权纠纷，以及侵害非网络作品信息网络传播权纠纷。

(6) 互联网域名纠纷，是指网络域名合同纠纷及网络域名权属、侵权纠纷。包括网络域名注册合同纠纷、网络域名转让合同纠纷、网络域名许可使用合同纠纷、网络域名权属纠纷、侵害网络域名纠纷。

(7) 利用互联网侵害他人人格权纠纷，是指在互联网上侵害他人名誉权以及利用互联网侵害他人隐私权、个人信息而引起的纠纷。

(四) 小结

互联网因其具有虚拟性、跨地域超出人们熟悉的物理空间，给传统司法管辖权的理论原则带来了挑战，当事人在传统管辖权规则下，会导致解决纠纷的成本高、流程长，给解决纠纷带来不便。传统管辖权基本原理来源于两大基石：属人管辖和带有明显物理空间可见性的属地管辖。这两大基石已经远远不能满足确定涉互联网纠纷管辖权的要求。为了摆脱这个困境，解决新问题，迎接新挑战，专家学者提出许多解决的方法途径，试图找到适应涉互联网特点的办法。英国早在2014年就成立了“民事司法委员会在线纠纷解决顾问小组”，着手研究互联网为基础的新型法院服务机构——英国在线法院（HMOC）。[①] 试图解决以下三个层级的问题：“第一层级是提供在线评估服务。这项服务可以帮助有不满情绪的当事人将他们的问题分门别类，了解他们的权利和义务，理解可供选择的救济方式和解决方案。第二层级是提供在线辅助服务。这项服务将提供在线辅助员，在没有法官介入的情况下，对纠纷作出快速、公平的裁决。通过在线交流，辅助员可以看到纠纷的相关文件和当事人的陈述，帮助当事人进行调解和协商。必要时，他们可以使用电话会议设施。另外，当事人也可以自行协商，不需要专业人士的介入解决他们的纠纷。第三层级是提供在线法官。在线法官由全职或者兼职的司法人员担任。在线法官可以根据当事人通过在线系统提交的文件，对纠纷的全部或部分进行裁决。必要时，这项服务亦可使用电话会议设施提供支持。”

杭州互联网法院把英国人存在于纸上的理论变成现实。正如浙江省高级人民法院党组副书记、副院长朱深远所说：“互联网法院将以‘涉网纠纷在线审’的思路，对现有诉讼进行全流程

---

① 英国在线纠纷解决顾问小组著：《英国在线法院发展报告（节选）》，江和平、蒋丽萍译，载《人民法院报》2017年5月5日第008版。另见：多元化纠纷解决机制公众号第54期2015年12月30日《英国在线法院发展报告（上）（下）》推文。

再造，制定一套标准化、结构化的新型互联网审判方式，包括诉讼规程、庭审规范、当事人操作指南等。”① 杭州互联网法院意在打造一个适合涉互联网的审理程序。我们不妨先从民事诉讼管辖权的角度，分析一下杭州互联网法院关于管辖权的设置。《杭州互联网法院涉互联网案件起诉及管辖指引》第 1 条规定：“本院集中管辖杭州市辖区内基层人民法院有管辖权的下列涉互联网一审民事、行政案件。”从规定所指的“杭州市辖区内基层人民法院有管辖权的”范围看，其在设置的管辖权上，互联网法院并未超越传统民事诉讼法的物理空间的范围，专门针对互联网的特点，在互联网环境下，合同当事人存在于“虚拟无地域性无边界”的网络空间，如何界定“地域”这一概念来制定解决涉互联网纠纷的程序法中关键的管辖权，该指引依然延续的还是属地管辖的原则。因此，我们可以这样理解：杭州互联网法院首先按照传统地域管辖权原则确定自己的管辖权后，再行探索一种新的网络审判模式，其并未涉及确定管辖权依据问题。该杭州互联网法院诉讼平台名称虽然是“网上审理涉网纠纷的专门平台”，但是，互联网法院目前探索的只是法院“诉讼平台利用互联网技术，实现案件的网上起诉、受理、送达、调解、举证、质证、庭前准备、庭审、宣判和执行等一系列流程”（见《杭州互联网法院诉讼平台审理规程》第 2 条第 1 款、第 2 款），未能进一步涉及“涉网纠纷”（即通过互联网交易而产生纠纷）的难点：当事人所处何地、合同在哪里签订等一系列问题。我们知道，通过互联网的交易涉及的当事人所处不同地点，协议签订于网络，货物在其他地点并可通过第三人完成，如果我们进一步问：怎么确定这一个涉互联网案件就在杭州互联网法院的管辖范围内？是依

① 《全国首家互联网法院落户杭州》，载浙江法院新闻网，http://www.zjcourt.cn/art/2017/8/18/art_127_12037.html，2017 年 8 月 28 日访问。

据合同签订地、合同履行地、侵权发生地，还是侵权结果地，等等。再进一步问，对这一类更复杂的涉外案件又如何确定管辖权？互联网法院面对如此大的缺口不能不说是一件憾事。毋庸置疑，互联网法院在审理涉互联网纠纷中所带来的审理效率、公开、便民、为当事人节省开支优势，是传统法院审理方式不可替代的，但是，冠以“审理涉网纠纷互联网法院”不应该也不能够只是为了解决审理方式的问题，也应该肩负起解决互联网纠纷的复杂管辖权确定的前置性问题。对此，我们还要翘首以盼。

第三节　推定管辖

一、推定管辖的概念

推定管辖也称应诉管辖，是指根据国际条约或国内立法，国际民事案件被告不抗辩法院无管辖权而出庭并进行答辩和言词辩论，因而确定法院管辖权的制度。① 关于推定管辖的性质，学术界存在争议。通说认为，推定管辖就是默示协议管辖，是协议管辖的一种类型。但也有学者持反对意见，否认推定管辖属于协议管辖，而是与协议管辖无关的另一类独立的管辖制度即推定管辖（或接受管辖），其反对意见可以归结为以下几点：（1）承认推定管辖是协议管辖的一种，会导致协议管辖的范围无限扩大。（2）推定管辖成立的依据是被告的答辩，该答辩是被告的辩论能力的展现。而协议管辖则是双方当事人缔约能力的显现，二者有区别。（3）推定管辖意味着法院推定双方当事人愿意接受自

① 韩德培主编：《国际私法》（第二版），高等教育出版社，第479~480页；刘力著：《国际民事诉讼管辖权研究》，中国法制出版社2004年版，第75~77页。

己的管辖，因此从本质上讲，推定管辖是一国法律强行规定的权威意志表现，而非当事人的一致意思，作为一种法院的推定权，其来源于一国的公法权力，属于国家主权范畴。笔者支持这种观点，即推定管辖不是默示协议管辖，推定管辖是一种与协议管辖具有本质区别的独立的管辖制度。有的学者把推定管辖归类为一种协议管辖，是基于一种想当然的推定：意思自治在私法领域存在明示和默示两种形式，当意思自治原则被引进到管辖领域时，即体现为协议管辖，那么协议管辖划分为明示协议管辖和默示协议管辖（推定管辖）也是顺理成章的事。实际上，这种推定忽视了管辖的特殊性。管辖属于公法领域，私法领域的意思自治在移植到管辖领域时必须受到限制，必须仅限于法律的明确规定。将推定管辖归类为协议管辖的一种显然没有考虑到公法领域与私法领域的差异性。

世界上的许多国家或地区都规定了推定管辖制度。例如，英美法系的英国，大陆法系的德国、日本。严格地讲，《英国民事诉讼规则》中没有"默示协议管辖"一词，但根据其相关法律条文的内容可以作出相应的推定。在《英国民事诉讼规则》中，第 11 章对被告的"不推定"行为在何种程度下会构成默示协议管辖进行了具体规定。第 11 章第 1 条第 5 款[①]指出，在法院向被告送达诉状后，若被告对审理法院的管辖权存在异议的，须先提出送达认收书，而后在答辩期间内向该法院提出申请，请求其作出宣告该院无管辖权或行使管辖权不当的命令，被告并不会因提出认收书而丧失提出管辖异议的权利。被告提出管辖异议后，只能采取与其抗辩相一致的措施，如果被告的行为不仅仅是"抗

① 《英国民事诉讼规则》第 11 章第 1 条第 5 款：如被告提出送达认收书的；以及在答辩期间未提出管辖权异议申请的，则视为接受该法院审理有关诉讼的管辖权。

辩”，即使是对案件实体内容最少限度的参与，法院将认为其对案件的实质内容进行了答辩并放弃了管辖权异议的权利。但被告提出认收书后，在答辩期间内未及时提出管辖权异议的，法律将视为接受该院的管辖。

此外，《英国民事诉讼规则》第 11 章第 1 条第 7 款：“如法院未基于被告申请，根据本条之规定宣告法院无管辖权或将不予行使管辖权命令的，则被告提出的送达认收书停止生效；以及被告可在 14 日之内或在法院指定的其他期间，提出进一步的送达认收书。”第 11 章第 1 条第 8 款：“如被告根据本条第七款第二项提出进一步送达认收书的，则视为接受该法院审理有关诉讼的管辖权。”这两款同时还指出，若法院支持被告的申请，诉状格式的送达将被撤销，法院也不再因送达而产生实质管辖权；若法院拒绝被告的申请，没有作出宣告法院无管辖权或将不行使管辖权的命令时，法院的实质管辖得以确立，但被告此前提交的认收书停止生效，被告有权在规定的或法院指定的期间内提出进一步的认收书。一旦被告提出进一步认收书的，将被视为接受该法院的管辖。然而，若被告选择不作为的，对送达既不予理会，也不提任何异议的，并不妨碍法院对案件的进一步审理。因为，《英国民事诉讼规则》第 12 章第 1 条与第 3 条第 1 款同时规定：一旦诉状已经被送达至被告，不论是直接还是推定的送达，如果被告在规定的答辩期限内没有作出诉讼行为的，期限届满后允许法院以缺席审判的方式继续诉讼的审理从而决定原告诉求的成立与否。在默示协议管辖的适用问题上，《英国民事诉讼规则》规定，除了受管辖限制的特定类型案件外，当事人一般都有权在郡法院和高等法院之间选择管辖法院。

德国作为典型的大陆法系国家，其各级法院组织都严格按照法院组织法的规定而设立。在法院的管辖方面，德国管辖制度是由事务管辖、地域管辖、合意管辖和指定管辖四类构成。默示协议管辖作为合意管辖中的一种类型，在德国民事诉讼法中被称为"由于不责问的辩论而生的管辖"，其规定在该法的第 39 条。《德国民事诉讼法》第 39 条："在第一审法院里，被告不主张管辖错误而进行本案的言词辩论时，也可以发生管辖权。但未依第五百零四条的规定进行告知时，不能适用本条的规定。""由于不责问而生的管辖"是指当原告向没有管辖权的法院起诉时，被告在初审法院程序中经法院告知无管辖权事实后，在没有提出管辖权错误的情况下进行了答辩或陈述，该法院由此取得本案的地域和事务管辖权。

《日本民事诉讼法》第 12 条规定："被告在第一审法院没有提出违反管辖的抗辩并对本案进行辩论，或者在辩论准备程序中不提出管辖异议而进行陈述时，该法院有管辖权。"① 我国台湾地区"民事诉讼法"第 25 条规定："被告不抗辩法院无管辖权，而为本案之言词辩论者，以其法院为有管辖权之法院。"

二、我国的立法规定

2007 年《民事诉讼法》第 243 条规定："涉外民事诉讼的被告对人民法院管辖不提出异议，并应诉答辩的，视为承认该人民法院为有管辖权的法院。"

2012 年《民事诉讼法》第 127 条规定："人民法院受理案件后，当事人对管辖权有异议的，应当在提交答辩状期间提出。人民法院对当事人提出的异议，应当审查。异议成立的，裁定将案件移送有管辖权的人民法院；异议不成立的，裁定驳回。

当事人未提出管辖异议，并应诉答辩的，视为受诉人民法院有管辖权，但违反级别管辖和专属管辖规定的除外。"把第 243

① 《日本民事诉讼法》，段文波译，载陈刚著：《比较民事诉讼法》2006 年卷，中国法制出版社 2007 年版，第 283 页。

条删除与第38条合并放在第二编第十二章第二节“审理前的准备”中。

2015年《民诉法解释》第223条：“当事人在提交答辩状期间提出管辖异议，又针对起诉状的内容进行答辩的，人民法院应当依照民事诉讼法第一百二十七条第一款的规定，对管辖异议进行审查。

当事人未提出管辖异议，就案件实体内容进行答辩、陈述或者反诉的，可以认定为民事诉讼法第一百二十七条第二款规定的应诉答辩。”

2012年《民事诉讼法》删除了2007年《民事诉讼法》涉外编第243条关于推定管辖的规定，但是在第127条中对推定管辖进行了规定，第127条规定：“人民法院受理案件后。当事人对管辖权有异议的，应当在提交答辩状期间提出。人民法院对当事人提出的异议，应当审查。异议成立的，裁定将案件移送有管辖权的人民法院；异议不成立的，裁定驳回。当事人未提出管辖异议，并应诉答辩的，视为受诉人民法院有管辖权，但违反级别管辖和专属管辖规定的除外。”将关于推定管辖的规定从涉外编中删除转而规定到涉内编中，对于2012年新《民事诉讼法》的这种改变，是立法上对涉内涉外规范的统一。但在司法上，当现实生活中遇到涉外推定管辖的案件时，我们是直接适用涉内编第127条关于推定管辖的规定还是通过第259条的规定指引到第127条的规定，是直接适用还是间接适用，2012年《民事诉讼法》并没有给出答案，所以这还需要我们国内的一些专家学者进行探讨研究。

三、推定管辖的条件

对于此处我们探讨的推定管辖的条件，是针对2007年《民事诉讼法》第243条涉外条款的规定，而对于2012年修订的

《民事诉讼法》第127条是否在适用上一致，还需要我们做进一步的理论性探讨。

推定管辖的成立需具备下列要件：（1）原告向本无管辖权的法院起诉。如果该法院对案件本身就具有管辖的根据——或者当事人之间具有管辖协议，或者法律有明确规定——则该法院的管辖权并非根据推定管辖规则产生。（2）仅适用于第一审案件。对于第二审民事案件，以及重审、再审的民事案件的法院，只能依法确定，不能根据当事人的行为推定。（3）其他法院无专属管辖权。因为专属管辖涉及公共利益，不允许因为当事人的诉讼行为而变更管辖法院。（4）被告的行为。即被告有应诉答辩的行为。根据《民诉法解释》第223条如果被告有实质答辩，但同时又提出管辖权异议，不能当然适用应诉管辖，还应对管辖权异议进行审查。（5）推定管辖也不能违背国内的公共秩序，这一点为世界各国立法所坚持。在认定推定管辖时，这五个方面在司法实践中应该做到全面考察，方能在无管辖权的前提下确定法院的管辖权。

四、我国的司法实践

（一）江苏外企公司诉上海甲泰保险公司海上货物运输保险合同纠纷一审案①

原告江苏省海外企业集团有限公司因与被告甲泰保险（亚洲）有限公司上海分公司发生海上货物运输保险合同纠纷，向上海海事法院提起诉讼。合同没有协议管辖条款，双方在审理过

① 《中华人民共和国最高人民法院公报》2005年第11期（总第109期）；另见：最高人民法院公报案例－司法案例研究网，http://www.njucasereview.com/web/judicial/public/court/20120519/123030.shtml，2017年8月28日访问。

程中都进行了实质性答辩，一审法院在其判决书中这样写道："本案保险合同标的及合同履行地具有涉外因素，故本案为涉外保险合同纠纷。《中华人民共和国民事诉讼法》第二百四十五条规定：'涉外民事诉讼的被告对人民法院管辖不提出异议，并应诉答辩的，视为承认该人民法院为有管辖权的法院。'原告江苏外企公司向上海海事法院提起诉讼后，被告上海甲泰保险公司未提管辖异议并应诉答辩，应视为接受上海海事法院的管辖，上海海事法院依法有权审理本案。"

（二）何某诉梁某返还欠款纠纷案【（2006）穗中法民四初字第225号】[①]

双方因返还欠款纠纷提起诉讼，并都做以实质性答辩，法院认为："因原告何某是美国人，故本案属于涉外还款合同纠纷。因本案被告住所地在广州市，被告对本院管辖本案亦无异议，根据《中华人民共和国民事诉讼法》第二十二条、第二十四条、第二百四十五条的规定，本院对本案有管辖权。"

（三）乙杰国际股份有限公司与深圳市丙泰科技有限公司买卖合同纠纷一案二审民事裁定书【（2012）深中法涉外终字第18号】[②]

双方因买卖合同纠纷提起诉讼，一审法院查明事实后认为："乙杰公司系台湾地区法人，本案属涉台合同纠纷案件。根据查明的事实，乙杰公司、丙泰公司系在履行双方签订的产品代理契

---

① 《何海华诉梁雄斌返还欠款纠纷案》，载无讼网，https://www.itslaw.com/detail?judgementId=78995c84-6925-4541-9b2b-b2e49b0e5797&area=1&index=1&sortType=1&count=1&conditions=searchWord，2017年8月28日访问。

② 《联杰国际股份有限公司与深圳市盛威泰科技有限公司买卖合同纠纷一案二审民事裁定书》，载无讼网，https://www.itslaw.com/detail?judgementId=b78921d8-03df-4055-9fbe-29b1a2ee1179&area=1&index=1&sortType=1&count=1&conditions=searchWord，2017年8月28日访问。

约中发生法律纠纷。根据双方签订的产品代理契约的约定，双方约定管辖法院为台湾地区新竹法院，故本案应尊重双方当事人的约定，由台湾地区法院管辖。原审法院依法驳回乙杰公司的起诉。依照《中华人民共和国民事诉讼法》第二百四十二条的规定，裁定：驳回乙杰公司的起诉。”原告不服，提起上诉，认为：“一、丙泰公司未在法定期限内提出管辖权异议，其管辖权异议不能成立。1. 丙泰公司在答辩期内未以约定管辖为由提出管辖权异议。2009 年 11 月 4 日原审法院受理后，丙泰公司提出了管辖权异议及管辖权上诉，均是以级别管辖为由提出，未以约定管辖为由提出异议。2. 丙泰公司以约定管辖为由提出异议，超过法定时限。管辖权的异议应在答辩期内提出。（1）原审受理本案后，丙泰公司以级别管辖提出异议，但未以约定管辖为由提出异议，2010 年 3 月 1 日被原审法院裁定驳回，其理由为：经审查，原审认为本案为买卖合同纠纷，丙泰公司住所地或合同履行地人民法院均具有管辖权。本案丙泰公司住所地位于深圳福田区，故原审法院对本案具有管辖权。（2）丙泰公司又于 2010 年 5 月 20 日提出请求撤销上述裁定，主张将本案移送广东省高级人民法院审理，也未以约定管辖提出异议，丙泰公司此举已默认大陆法院有管辖权。（3）2010 年 7 月 15 日深圳中级人民法院驳回丙泰公司的管辖权异议后，丙泰公司只能对实体进行答辩，因过了法律规定的时限，提出管辖权异议不应受理。（4）2010 年 7 月 15 日至 2011 年 1 月 27 日一审开庭，丙泰公司未提交任何答辩，也再未对管辖权提出异议。丙泰公司在 2011 年 2 月 16 日再次提出管辖权异议已过了时限且矛盾，不应受理。二、原审法院对本案有管辖权，大陆法院应可审理本案。1. 乙杰公司向丙泰公司所在地原审法院起诉，原审法院即有管辖权。2.《最高人民法院关于人民法院认可台湾地区有关法院民事判决的规定》第十三条规定：案件虽经台湾地区有关法院判决，但当事人未申请认可，而是就同一案件事实向人民法院提起诉讼的，应予受理。按该规定，即使本案在台湾法院判决后，乙杰公司仍可向人民法院起诉并应受理。乙杰公司虽未经台湾法院判决，径行向人民法院起诉的，亦应受理。3. 结合民事法律及涉外民事法律关于管辖权的规定及内涵，乙杰公司向大陆丙泰公司所在地起诉，符合一般管辖权的规定，丙泰公司放弃了对自己有利管辖权的约定例外管辖，大陆法院即具有管辖权。”原审被告认为在“法定期限内提出了级别管辖异议”，二审法院在查明事实后认为：“乙杰公司与丙泰公司签订的产品代理契约第十五条虽然约定：双方同意本契约适用中华民国法律，若因本契约而涉诉时以台湾新竹地方法院为第一审管辖法院。但是，丙泰公司在其答辩期间提出的管辖权异议，只是针对原审法院不具备级别管辖条件所提出的异议，故丙泰公司在级别管辖异议被驳回及原审第一次开庭后提出约定管辖异议，已超过了法律规定的期限。原审法院作为被告住所地的法院，对本案享有管辖权。丙泰公司已应诉并就实体问题答辩，应视为丙泰公司承认原审法院为有管辖权的法院。综上所述，原审法院对本案具有管辖权，应对本案进行实体审理。乙杰公司的上诉理由成立，本院予以采纳。原审以约定管辖为由裁定驳回乙杰公司的起诉不当，本院予以纠正。”

（四）黄某某与苏某某离婚纠纷一审民事判决书【（2014）南法民初字第05050号】①

“本案原、被告均系香港居民，系诉讼主体涉港，属涉港离婚纠纷，因此本案的管辖权及法律适用应参照涉外离婚案件进行处理。

---

① 《黄某某与苏某某离婚纠纷一审民事判决书》，载中国裁判文书网，http://wenshu.court.gov.cn/content/content? DocID=601d641a-6411-49d0-ab01-fbac1c24480e，2017年8月28日访问。

《中华人民共和国民事诉讼法》第一百二十七条第二款规定：‘当事人未提出管辖异议，并应诉答辩的，视为受诉人民法院有管辖权，但违反级别管辖和专属管辖的除外。’第二百五十九条规定：‘在中华人民共和国领域内进行涉外民事诉讼，适用本编规定。本编没有规定的，适用本法其他有关规定。’该法第四编（涉外民事诉讼的特别规定）并没有规定应诉管辖，所以涉外民事诉讼案件应适用该法第一百二十七条第二款规定的应诉管辖制度。被告苏某某对本案管辖权未提出异议，并出庭应诉，因此本院依法取得对本案的管辖权。”

（五）吴某与黄某离婚纠纷一审民事判决书【（2014）穗云法江民初字第389号】①

该案原被告均为中国籍，一方居住在国外，因离婚提起诉讼，一审法院认为：“本案为涉外离婚纠纷，虽原告住所地不属于本院的管辖范围，但被告应诉答辩且被告住所地属于本院管辖范围，故根据《中华人民共和国民事诉讼法》第一百二十七条之规定，本院对本案具有管辖权。”

（六）官某甲、官某乙、王某某与SUNNY YUNYI GUAN婚姻家庭、继承纠纷二审民事判决书【（2015）成民终字第2731号】②

双方因婚姻家庭继承纠纷起诉一审法院，上诉人不服一审判决，提起上诉，在二审期间，对一审法院的管辖权提出异议，二

① 《吴某与黄某离婚纠纷一审民事判决书》，载中国裁判文书网，http://wenshu.court.gov.cn/content/content？DocID=d5b8fe9e-3c33-4e03-b5eb-b002b93175fa，2017年8月28日访问。

② 《官瑞、官发珍、王秀云与SUNNY YUNYI GUAN婚姻家庭、继承纠纷二审民事判决书》，载中国裁判文书网，http://wenshu.court.gov.cn/content/content？DocID=c6ad6d14-2e71-4629-956f-688d51dab9d3，2017年8月28日访问。

审法院在此判决书中认为："对于官某甲、官某乙、王某某提出的原审法院没有管辖权的问题。在官某丙的法定代理人吴某某撤回分割财产的请求后，案件诉讼标的只剩亲子关系确认，法律没有规定特殊管辖原则，应当适用原告就被告的一般管辖规定，原审法院在官某丙的法定代理人吴某某撤回分割财产的请求后确实没有管辖权。但是 2013 年 11 月 13 日原审法院组成合议庭审理时已经进行释明，仅就确认身份关系部分进行审理，官某甲、官某乙、王某某并未提出异议并继续应诉和辩论，同时由于亲子关系确认并非法定的专属管辖，根据《中华人民共和国民事诉讼法》第一百二十七条第二款规定，'当事人未提出管辖异议，并应诉答辩的，视为受诉人民法院有管辖权，但违反级别管辖和专属管辖规定的除外'。原审法院虽在案件诉讼请求变更后不再具有管辖权，但依应诉管辖规定视为其取得管辖权。官某甲、官某乙、王某某在二审中新提出的管辖异议不符合法律规定，本院不予支持。"

在应诉管辖的运用上不难看出，一是被告不提出管辖权异议时即可适用应诉管辖确定对案件的管辖权；二是既有实质答辩又提出管辖权异议，对法院的回应；三是提出的时间限制，超出规定时间不再回应；四是在规定的时间内提出的是级别管辖或地域管辖异议。一、二以及三点在涉外案件中的考察没有争议，和国内应诉管辖案件的考察在形式上看似没有区别，但第四点上涉外案件和国内案件就存在本质的区别。应该特别注意的是，国际民事诉讼的"管辖权"与国内民事诉讼的"管辖权"其含义有着本质的区别。国际民事诉讼的"管辖权"是指我国在该案件上是否有管辖权，仅仅是确定国家层面上的管辖权。而国内民事诉讼上的"管辖权"是指具体到审理该案件的具体法院是否有管辖权的问题，而这个层面在国际民事诉讼程序上是第二步，因此，应诉管辖原则的适用，涉外案件和涉内案件有着本质的区别，应诉管辖规定内外合并在适用上会引起不必要的混乱。

第四节　“过度管辖”问题

一、“过度管辖”的含义

“过度”本身是一个不确定的状态，衡量的标准不同，得出的结果也不同。因此也就很难给“过度管辖”下一个明确的定义。在各国法学论著或司法实践中，也都没有对这一概念做出明确定义，其范围及认定的标准也大相径庭。究其这种情况的根本原因就是过度管辖的判定涉及管辖权确定的标准问题，而各国管辖权的确定标准又是本国国内法的问题，由于各国管辖权确定标准的不同，甚至一国国内关于管辖权确定的学者观点通常也存在差异，因此在国际上统一确定过度管辖的标准非常困难，在探讨这个问题时，一般是对管辖权确定标准的某一领域做出大致范围上的划分，而不是给出确定的标准。

我国学者认为，认定过度管辖问题主要应考虑以下两方面的问题。首先，过度管辖的认定标准问题。过度管辖的认定应当是以各国对国际间民事诉讼管辖权的一般标准作为认定标准。① 如果一国国内法对涉外民事诉讼管辖权的某项标准超越了国际间的普遍做法，使本国法院行使管辖权的依据不被国际间所普遍认可，这种管辖权规定就可能被视为过度管辖。其次，由于各国国内法在涉外民事诉讼管辖权上的规定不尽一致，因此，只有当国内法中的管辖权规定明显地超出了某项涉外民事诉讼管辖权的基本标准，各国普遍认为该管辖权属于过分的和不正当的，只有达

① 王薇：《国际民事诉讼中的“过度管辖权”问题》，载《法学评论》2002 年第 4 期。

到这样的共识，才能将其称为过度管辖。

二、涉及“过度管辖”的管辖权的范围

（一）基于原告或者被告的国籍而行使的管辖权

《法国民法典》[①] 第 14 条规定：“外国人，即使不居住在法国，为履行其在法国与法国人缔结的债务，得受传唤至法国法院；为履行其在外国对法国人缔结的债务，亦得被诉于法国法院。”该条款规定法国法院对具有法国国籍的原告针对被告提起的诉讼具有管辖权，而并不问被告的国籍、惯常居所地以及其他的因素。第 15 条规定：“法国人，得因其在外国缔结的债务，被诉于法国法院，即使是与外国人缔结的债务，亦同。”该条款表面上是对外国原告提供保护，使外国原告能在法国法院对法国国籍的被告提起诉讼。但由于法国法院对该条款的扩大适用，使该条款成为一项义务性条款。对外国法院作出的针对法国国籍被告的判决，除非具有法国国籍的被告明确表示放弃《法国民法典》第 15 条的保护，否则法国法院有权拒绝颁发执行令。实践中，法国法院通过其司法实践，将这两条中仅限于契约案件的国籍管辖权制度扩大适用于由法国人参加的，除涉及三种特殊情形的案件以外的所有其他案件。这三种特殊情形包括：“关于坐落在外国的不动产的物权诉讼，关于在外国的不动产遗产的分割诉讼，关于在外国的执行方法的诉讼。”[②]

---

① 《法国民法典（节录）》（1804 年颁布施行，1998 修订），参见北大法宝网，http://www.pkulaw.cn/fulltext _ form.aspx? Db = iel&Gid = 67109975&keyword = % e6% b3% 95% e5% 9b% bd% e6% b0% 91% e6% b3% 95&EncodingName = &Search_Mode = accurate&Search_IsTitle = 0.

② 李浩培著：《国际民事程序法概论》，法律出版社 1996 年版，第 51 页。

《法国民法典》中仅仅基于原告或被告的国籍而行使的管辖权，是国际社会普遍承认的过度管辖规定，在海牙《国际民商事管辖权和判决承认与执行公约》的谈判中，各国达成了共识，将这一条款列入禁止行使管辖权的“黑色清单”。

之所以将基于原告或被告而行使管辖权的规定列为过度管辖，其原因在前章有关国籍管辖的弊病中已阐述，这里不再赘述。

（二）基于财产所在地而行使的管辖权

有些国家法律规定，如果被告在该国无住所或居所，但有财产在该国，则即使该项财产与被告的诉讼无关，该国法院也可以根据该国是被告的财产所在地而对被告行使管辖权。《德国民事诉讼法》第23条规定：“对于在国内无住所的人，因财产上的请求而提起的诉讼，该项财产或诉讼中请求标的位于某一法院管辖区时，该法院有管辖权。如为债权时，以债务人的住所视为财产所在地。如该债权有担保物时，以担保物所在地视为财产所在地。”① 该条确定了以财产所在地为标准的管辖权依据。承认这一管辖依据的还有奥地利、丹麦、芬兰、冰岛、挪威和瑞典等国②。在海牙《国际民商事管辖权和判决承认与执行公约》的谈

---

① § 23 [Besonderer Gerichtsstand des Vermögens und des Gegenstands] Für Klagen wegen vermögensrechtlicher Ansprüche gegen eine Person, die im Inland keinen Wohnsitz hat, ist das Gericht zuständig, in dessen Bezirk sich Vermögen derselben oder der mit der Klage in Anspruch genommene Gegenstand befindet. Bei Forderungen gilt als der Ort, wo das Vermögen sich befindet, der Wohnsitz des Schuldners und, wenn für die Forderungen eine Sache zur Sicherheit haftet, auch der Ort, wo die Sache sich befindet. 中文翻译参见：《德意志联邦共和国民事诉讼法》，谢怀栻译，中国法制出版社2001年版。

② 林欣：《论国际私法中管辖权问题的新发展》，载《法学研究》1993年第4期。

判中，多数代表认为仅以被告财产所在地，特别是与案件本身毫无联系的财产所在地作为管辖权的一般原则应当在公约中予以禁止，除非在某些例外情况下可以允许将之作为特定管辖权的基础，如有关船舶案件、债务担保案件、采取保全措施的案件等。

虽然基于被告财产所在地行使管辖权被认为是过度管辖，但是各国立法中仍然承认这一管辖权，主要是因为，在一定程度上给了原告适当的司法救援，其债务能在国内得以实现，同时对被告转移财产有一定的限制作用。因此，没有完全拒绝基于被告财产所在地行使管辖权。

（三）基于外国被告的商业活动而行使的管辖权

基于外国被告的商业活动行使管辖权，是美国以最低限度联系理论为基础的长臂管辖权的管辖权依据之一。长臂管辖的最低限度联系理论，最早来源于国际鞋业公司诉华盛顿一案。该案中，联邦最高法院裁定，正当程序条款允许各州对位于本州之外的人行使对人管辖权，如果被告不在法院所在地州，包括不是在法院所在地州成立，或其主要营业地不在法院所在地州，正当程序仅仅要求被告与法院地之间存在某种最低限度的联系，且这种联系使得诉讼的进行不至违背传统的公平和实体正义的观念。联邦最高法院根据这一最低限度联系原则，认定华盛顿州法院可以对成立于特拉华州，总部位于密苏里州的国际鞋业公司行使管辖权。其理由是，尽管国际鞋业公司在华盛顿州没有办事处，也未曾在该州签订过合同，但有十几名销售人员长期在该州为其产品征订合同，这些活动是持续性和经常性的，且本案的缴纳义务直接产生于它们，因此，这些活动已经在被告与华盛顿州之间建立了最低限度的联系，并使得法院有权对其进行管辖。按照国际鞋业公司案的判决，最低限度联系主要取决于两点：（1）被告是否在法院地从事系统的和连续性的商业活动；（2）原告的诉因是否源于这些商业活动。被告是否在法院地实际出现则是无关紧要的。在此理论的影响下，各州纷纷立法，制定所谓的长臂法规，来扩大自己的司法管辖权。①

美国国内法中有基于“从事商业活动”及“从事交易活动”确定管辖权的方式。两者的区别在于，前者属于一般管辖权，因此要求被告活动与法院间的联系是连续和系统的；后者是特定管辖权，仅针对与争议有关的特定商业活动，如涉及合同、侵权和公司分支机构的管辖，故对被告活动与法院所在地的联系要求相对较弱。前一种管辖权规定使美国法院可对外国被告的与特定的商业活动无关的案件进行管辖，因而被世界各国指责为过度管辖。但是，两项管辖权的标准在区分上比较模糊，法院甚至可以将“交易商业活动”解释为“从事商业活动”，从而确立一般管辖权。在海牙《国际民商事管辖权和判决承认与执行公约》的谈判中，各国认为为保护结果的预见性和被告的正当权益，应当禁止第一种管辖权规则，对后一种管辖权规则，也要具体列明构成这种管辖权基础的因素。②

（四）基于对在本国境内临时出现的被告送达传票而行使的管辖权

在长臂管辖权产生之前，美国法院行使对人管辖权的依据是普通法管辖规则，是以“权力支配”理论为基础，即以被告在法院地的“实际出现”，如被告在法院地有居所或住所、被告出现在法院地等连结因素视为管辖的基本依据，并通过 1877 年彭诺耶诉纳夫案所确立的“领土主权的方法”来确定管辖权的。其中，基于对在本国境内临时出现的被告送达传票而行使的管辖

① ［美］Robert C. Casda：《论美国民事诉讼中的管辖权》，刘新英译，载《法学评论》1999 年第 4 期。

② 王薇：《国际民事诉讼中的“过度管辖权”问题》，载《法学评论》2002 年第 4 期。

权，一直受到大陆法系国家的批评，被认为是过度管辖。

1877年彭诺耶诉纳夫案中，彭诺耶夫妇二人及孩子分居两地，彭诺耶先生居住在新泽西州，而其太太和两个孩子则住在加利福尼亚州，第二年，彭诺耶先生出差到加利福尼亚州，并顺道看望孩子，结果，其妻在加利福尼亚州提起离婚诉讼，彭诺耶先生在加利福尼亚州被送达诉讼文书并返回新泽西州，他辩称，加利福尼亚州依宪法不应对其行使管辖权，因为他与加利福尼亚州的唯一联系即其短暂出差至加利福尼亚州并看望孩子，但联邦最高法院的法官认为，只要被告本人在法院地被直接送达传票，法院即可对其行使对人管辖权，而不论其在该州停留有多久，他们进而认为，所有的美国法院都仍然允许对存在于法院地州的人进行州内送达作为行使管辖权的依据。联邦最高法院在彭诺耶夫人诉丈夫一案中指出。尽管联邦各州并不是在各方面完全独立，但除受宪法约束外，它们拥有并行使独立的州的主权，对它们也适用一些公法的原则。其中之一就是每个州对其境内的人和物拥有排他的管辖权与主权。在本案中联邦最高法院通过确认对其领域内的人和物拥有管辖权，从而确立了只要一个自然人存在于州内并被送达传票，则法院就能对其主张管辖权。①

这一管辖权规则使与法院地无任何关系，只是偶然经过法院地的被告不得不接受法院地管辖，而且案件与法院地可能并没有实质的联系，这显然也是违反基本的民事诉讼管辖原则的。在海牙《国际民商事管辖权和判决承认与执行公约》的讨论中，英美法系的这一管辖权规则是焦点问题之一。但是美国等实行这一制度的国家认为，在全球范围内禁止行使此种管辖权，可能使一些违反人权的案件得不到处理，因此仍然坚持这一管辖规则。

---

① 李智：《美国最低限度联系标准评析》，载《福建政法管理干部学院学报》2005年第1期。

三、过度管辖存在的负面影响

多数学者认为，各国国内法中的过度管辖规定对协调国际间的民事诉讼活动造成的不利影响是十分明显的，其所指出的过度管辖的弊端可以归纳为以下几个方面：

第一，过度管辖不利于实现程序与实体的公正。过度管辖本质上具有不合理性，由于被过度管辖规定赋予管辖权的国家往往与案件没有实质上的联系，因而给调查取证、适用法律等造成很大的不便，使外国被告的权益受到损害，难以保证实体和程序上的公正。

第二，过度管辖的规定也是造成平行诉讼出现的原因之一，直接破坏了国际民事诉讼秩序的稳定与协调。

第三，各国过度管辖权的存在，给国家之间相互判决承认执行造成了困难。同时也给制定签署有关管辖权及承认与执行的公约带来麻烦。由于公约的缔结，需要协调各国不同的管辖权制度，而各国如果坚持要保留其过度管辖的规定，公约的缔结必将越加艰难。如在海牙《国际民商事管辖权和判决承认与执行公约》的缔结过程中，过度管辖问题就是其中的难题之一。

四、中国有关规定的探讨

2012 年《民事诉讼法》第 265 条规定："因合同纠纷或者其他财产权益纠纷，对在中华人民共和国领域内没有住所的被告提起的诉讼，如果合同在中华人民共和国领域内签订或者履行，或者诉讼标的物在中华人民共和国领域内，或者被告在中华人民共和国领域内有可供扣押的财产，或者被告在中华人民共和国领域内设有代表机构，可以由合同签订地、合同履行地、诉讼标的物所在地、可供扣押财产所在地、侵权行为地或者代表机构住所地人民法院管辖。"这条规定延续了 2007 年《民事诉讼法》第 241

条的规定。仍然承认并采用被告财产所在地法院管辖原则，但是对涉及财产的形式和价值要求，并没有相关的立法或司法解释予以明确；另外对于是否需要经过扣押，也没有相关规定。学者们通常认为，可供扣押意味着被告的财产有扣押的价值，可以用来满足原告的诉讼请求，被告的财产必须经过原告申请，由法院依法扣押后，才能行使管辖权。

第五节　平行诉讼的探讨

一、平行诉讼的产生与影响

（一）平行诉讼简介

1. 平行诉讼的概念

平行诉讼（parallel proceedings），又称“一事两诉”“双重起诉”“国际诉讼竞合”，是指相同当事人就同一争议同时在两个或两个以上国家（区域）的法院进行诉讼的现象①。也有学者将其解释为，“相同当事人就同一争议事实以及相同诉因同时在两个或两个以上国家的法院进行诉讼的情形”。②

虽然对平行诉讼概念的具体表述存在差异，但是对平行诉讼基本特征的理解是基本相同的。通常认为平行诉讼具有以下特征，第一，同时进行的两个诉讼的当事人相同。国际诉讼中当事人相同的情况有三种：一是相同原告和相同被告在两个或两个以上国家提起的诉讼；二是如果一国诉讼的原告是另一国诉讼的被

① 湖北省高院民四庭编：《涉外民事诉讼管辖权问题研究》，武汉大学出版社 2008 年版，第 243 页。

② 李双元编著：《中国国际私法通论》，法律出版社 1996 年版，第 573 页。

告，一国诉讼的被告是另一国诉讼的原告，即两个诉讼中当事人的位置发生互换；三是在两个诉讼中，如果只有部分当事人相同，另外还有一部分当事人不相同，两个诉讼的当事人仍然具有同一性。第二，基于相同的事实提起的两个或两个以上的诉讼。相同的争议事实是平行诉讼产生的根源。在具有相同争议事实的两个诉讼或多个诉讼出现时，需要考虑的主要问题是是否会产生相互矛盾的判决，因为一旦出现矛盾判决，将会严重妨碍当事人权益的实现。第三，诉讼在两个以上有管辖权的不同国家进行。两个以上国家的法院对案件都具有管辖权是国际诉讼竞合产生的前提。如果不存在两个或两个以上具有管辖权的不同国家法院，那就不会产生国际民事管辖权的积极冲突，当然，也就不会产生诉讼竞合的问题。由于国际社会没有普遍接受的关于国际民事诉讼管辖权的规则，各国依据各自的国内法来确定国际民事诉讼的管辖权。在这种情况下，当两国或多国竞相对同一案件行使管辖权时，平行诉讼就产生了。

2. 平行诉讼的构成要件

根据平行诉讼的概念和特征分析，平行诉讼主要由以下几方面构成。

第一，具有共同的诉讼标的。一方面，诉讼标的是诉讼中争议的共同指向，与诉讼请求不同，如在对抗诉讼中，当事人基于同一争议提出不同的诉讼请求，但仍可能构成平行诉讼。另一方面，诉讼标的不同于诉讼基于的法律关系。通常情况下，认定两个案件当事人之间是否存在相同的权利义务关系或法律关系比较容易，但应当注意到，在某些给付之诉的案件中，又时常会发生当事人基于不同的法律关系提出相同的诉讼请求，比如提出损害赔偿的请求，既可以基于违约关系又可以基于侵权关系提出。在这种情况下，两个案件的诉讼标的是否相同便存在很大的争议。笔者认为，共同的诉讼标的以“纠纷事实”是否相同为标准作出认定。比如，在有些案件中，当事人提出了两个不同的诉讼请求，但其诉请的原因却相同，仍可认定为具有共同的诉讼标的。

第二，具有共同的当事人。这是平行诉讼最明显的特征。案件的当事人相同，并不是指当事人完全同一，即两个诉讼中当事人相同而且诉讼地位相同，原告同为一人，被告同为一人。事实上，平行诉讼的形态分为两种，相同当事人且当事人诉讼地位相同的属于其中的重复诉讼。另一种是对抗诉讼，也就是当事人一方在一国法院起诉，另一方在别国法院起诉的情形。笔者认为，只要两个案件中的当事人相同，无论原被告之间的地位是否发生逆转，都属于“当事人相同”的情况。相反，即使是两个案件中原告相同，被告相同，但是基于不同的法律关系，不同的诉因，不同的诉讼标的，那么也不会因案件结果不同而产生执行冲突或法律上的不确定，因而不构成平行诉讼。

第三，具有相同的诉讼原因。诉因相同，意味着两个案件的当事人之间的纠纷源自相同争议。在现实中，同一事实产生的纠纷，当事人可以选择基于不同的理由提出不同的诉讼请求，如同一事实既有违约又有侵权存在时，当事人有充分的选择权来提起违约之诉或侵权之诉，但只要这两个或更多的诉讼是基于这同一事实以及其中所包含的争议而产生的，即认为它们具有相同的诉讼原因，在满足其他条件的情形下构成平行诉讼。

3. 平行诉讼的类型

(1) 重复诉讼

重复诉讼是指原告在一国法院起诉后，又针对同一被告就同一纠纷事实向系属另一法域有管辖权的法院再次起诉。重复诉讼因发生的时间不同又可分为同时进行的和先后进行的。同时进行的平行诉讼的特征是，该诉讼审理的时间上有一段重合，而先后进行的平行诉讼在时间上没有重合的点。在重复诉讼中，两诉的诉讼当事人完全相同，而且通常情况下，两诉的诉讼请求也相同。

（2）对抗诉讼

对抗诉讼，是指第一个诉讼的被告依据同一纠纷事实以第一个诉讼的原告为被告向系属其他法域有管辖权的法院提起诉讼。与重复诉讼不同的是，对抗诉讼中平行的两诉的双方当事人虽然相同，但是原告、被告的地位发生逆转。对抗诉讼在时间上也可以形成同时进行的和先后进行的。

（二）平行诉讼的成因

1. 司法主权的体现

各国在确定对国际民事纠纷的管辖权时，主要依据各国国内立法，而各国国内立法中规定的关于国际民事纠纷的管辖原则、管辖依据存在较大差异，各国出于对本国国家利益和本国当事人利益的考虑，均有不同程度地扩大本国管辖权的倾向。而且，一般情形下，各国都会根据自身国情，综合考虑本国国民进行国际民商事诉讼活动的便利，根据本国的立法原则来制定涉外民事诉讼管辖权规范，并不考虑与其他国家的规定是否存在冲突。

随着经济的发展和全球一体化步伐的加快，国际民商事纠纷不断增多，各国都希望通对本国国际民商事管辖权的规定，来扩大本国法院处理国际民商事纠纷的管辖权。可以说，在涉外民商事诉讼管辖权的问题上各国都显示出不断扩展和延伸的趋势。

2. 当事人在民商事领域里高度的意思自治

相对其他部门法，民商事领域法律制度往往赋予当事人更多的是意思自治，国际民商事纠纷解决中同样如此，在法律所规定的范围内选择法院来提起诉讼。由于不同国家的法院会根据本国的冲突规范去寻找应该适用的法律，并且在不同国家地区的法院提起诉讼的人力、物力成本也不相同，考虑到自己的自身利益，当事人一般会选择对自己最便利或最有可能支持自身诉求的法院，甚至同时选择多个国家的法院起诉，以求最大限度地实现自身利益。因此，当事人选择不同法院的行为是引发平行诉讼的一个重要因素。

在原告、被告相同的平行诉讼中，当事人选择不同法院起诉的原因多种多样，一般都会考虑以下几点：首先，原告在起诉之后，发现其他法院地对自己更加有利，可以利用再一次诉讼的机会得到对己有利的判决；其次，原告试图通过重复诉讼给被告增加负担，以此方法来刁难被告，以期得到对原告有利的和解；最后，防止第一诉讼所获判决不能被其他国家承认与执行，通过重复诉讼保障执行被告的财产。

在原告、被告互换的诉讼中，第一诉讼的被告再起诉的动因也会从自身利益考虑，要么是第一诉讼法院对己不利，选择一个对己有利的另一法院（通常就是第一诉讼被告所属国法院）再起诉；要么是想增加第一诉讼原告的负担，以期达成对己有利的和解方案等。

可以看出，不管平行诉讼是以什么形式出现，当事人发起第二诉讼，都离不开对利益与方便的追求。

3. 国际社会就管辖权和外国判决的承认与执行缺乏普遍协调机制

这是引起先后重复诉讼的重要原因。一国法院作出的已生效判决，并不能在他国得到承认与执行。各国均对外国法院判决在内国的承认与执行设定了诸多条件。因此，一国法院作出的已生效判决在另一国是否能够得到执行，实践中是一个完全不确定的问题。为了对各国的管辖权制度和外国判决的承认与执行制度作出协调，国际社会试图通过缔结一些相关的条约来有效消除冲突。经过长期的努力，国际社会达成了一些双边条约、多边条约和专门性条约。如 1971 年海牙《关于承认和执行外国民商事判决的公约》、1977 年里约热内卢《统一船舶碰撞中有关民事管辖权、法律选择、判决的承认和执行方面若干规则的公约》，等等。虽然这些条约对解决管辖权冲突、限制平行诉讼起到一定作用，然而，由于各国主权问题和涉及自身利益的制度难以协调，因此，到现在世界各国也没有达成普遍性的协调管辖权冲突、限制平行诉讼的国际机制，可以预见的是，国际民商事交往中现存的普遍性的一国生效判决在另一国被承认和执行中存在的困难短期内仍无法解决，就使得当事人拿到一国生效的判决，在另一国却得不到承认和执行，不得不在另一国再一次起诉。而在这种情况下，为了对当事人尤其是对本国当事人的权利进行充分保障，各国一般都会允许当事人在外国法院已作出判决的情况下在本国再次起诉，由内国法院对案件进行重新审理并作出判决，最终执行本国的生效判决，从而为限制国际私法上平行诉讼的努力增加了困难。

4. 国际民商事纠纷的本身具有复杂性

现代国际社会经济的高速发展，特别是经济全球化使各国之间的经济交往越来越频繁，也越来越复杂，由此造成的经济纠纷也不断增多，纠纷的形式也越来越复杂。在这些经济纠纷中，当事人可能分别属于不同国家，或人数众多，或引起纠纷的行为或事实涉及数个国家，或当事人的财产、办事机构、分支机构分布于不同国家，而这些与纠纷有关联的因素正是各国行使涉外民商事诉讼管辖权的根据，从而出现对同一纠纷数个国家的法院都主张管辖的局面。

（三）平行诉讼的利与弊

1. 利

平行诉讼的存在有它的合理性。当事人之所以发动平行诉讼是出于自身利益的需要，当然也不乏法律上正当的利益需要。其中最典型的情况就是，被告在两个国家都有财产，但是在任何一国中所有的财产都不足以清偿原告起诉的债务的全部。而另一个典型的情况是，当原告在一个对被告极为不方便，证据的收集等相当困难的国家起诉时，被告就希望在另一个“合适”的国家法院提起诉讼来确定双方当事人之间的法律关系。可以看出，这些利益需要是对司法救济的正当需求，应当受到法律的保护。因此对提起平行诉讼的一方当事人而言，平行诉讼会为其带来诉讼便利、权益保护、判决执行等方面的积极影响，平行诉讼的存在也可能为部分当事人提供了更多的司法救济手段。

2. 弊

然而，国际私法上的平行诉讼存在诸多危害，是尚待解决的问题之一，从整个国际民商事交往和当事人权益的全面公正保护的角度来说，平行诉讼会带来以下几方面的负面影响。

（1）司法资源的浪费

各国为保护本国及本国公民的利益，其法律体系往往不断扩大涉外民商事案件管辖权的范围，导致平行诉讼多发，而平行诉讼最直接的影响，就是同一个争议在不同国家或地区被处理，对有限的司法资源造成浪费。特别是在一方当事人为拖延或增加对方成本的情况下故意提起另一起平行的诉讼，实际上严重违背了禁止权利滥用的原则，诉讼成本的增加与消耗可想而知。而与此同时，由于诉讼程序本身的复杂性以及世界范围内的经济社会发展，许多国家都面临着司法资源不足、民商事争议的司法解决耗时长久等问题，在平行诉讼中，对案件予以受理的不同国家或地区法院都会对同一案件进行调查、审理，显然与诉讼经济原则不符，是对有限的司法资源的浪费。

（2）加重一方当事人负担，当事人合法权益受到损害

平行诉讼通常的结果是当事人的同一诉讼得到多份来自不同国家或地区的判决，而由于各国法律制度从程序到实体都各不相同，因此针对同一事实和争议的不同法院判决也可能不同，甚至是完全相反。一国法院的判决如果要在外国得到执行，必须以该国法院承认为前提。然而，平行诉讼中存在的冲突判决给国际司法协助带来诸多难题。很难想象，一国法院会在本国法院已经对相同的纠纷作出判决的情况下，再对其他国家的法院所作出的内

容并不一致的判决予以承认和执行。特别是如果两个国家或地区之间没有签订具体的判决执行协定或共同参加旨在解决此类问题的国际条约，那么一方当事人在另一国家法院寻求判决执行时会面临诸多困难。不同国家或地区的相冲突的判决则会大大减弱司法的功能，导致当事人的权利义务处于更加不确定的状态。因此，如果放任平行诉讼的存在，必然会导致外国法院判决越来越少地被承认和执行，当事人权益的稳定性降低，最终受损的仍然是当事人的合法权益。

（3）加剧国际民商事诉讼管辖权的冲突

显而易见，放任平行诉讼现象的发展，无疑会加剧各国之间涉外民商事案件司法管辖权的冲突，定然会削弱国际社会经过长时间努力的、达成的为数不多的解决国际民商事诉讼管辖权的双边条约、多边条约和专门性条约的作用。在整个解决国际民商事纠纷的国际空间，形成一种无序状态。

（4）不利于各国民商事交往的深入发展

一国法院判决只在其本国国内具有当然的效力。如果放任平行诉讼情况的普遍发生，一国法院作出的判决，在另一国得不到承认与执行，或另一国无视外国法院就同一争议作出的裁判结果，就会打破正常的民商事交往的秩序。

在特定情况下，如败诉被告的财产在国外，当事人的合法权益只有在一国判决得到外国的承认和执行才能得到实现。为了维护本国的司法制度和利益，避免承认外国判决带来的问题或损失，各国立法虽然大多规定了承认外国法院判决的路径，但也同时规定了严苛的条件，其中大部分国家都采取实质性审查制度，这种审查与在国内另外进行一场平行诉讼并没有多大区别，仍然是对外国法院的漠视，不符合国际交往中的礼让要求[1]。平行诉讼中国家之间的判决获得相互承认与执行几乎不可能，而在平行诉讼中产生的不同判决需要申请第三国法院承认和执行时，该国同样会因无法从形式上确定执行哪一份生效判决而陷入困境，这些都会对国际民商事关系的协调和可预见性产生不利影响，特别是当某一国拒绝承认和执行另一国判决时，两国的司法协助可能因“互惠原则”而产生连锁反应，导致国际民商事诉讼冲突乃至两国关系的恶化。在这种情况下，两国人民有理由担心，一旦权益受到损害时，在另一国将得不到充分的保护，不利于各国人民民商事交往的深入发展。

二、解决平行诉讼的一般途径

（一）通过国内法解决平行诉讼的途径

1. 不方便法院原则[2]

不方便法院原则，“是指如果一国法院对某一案件有管辖权，无论是根据其国内法还是有关国际条约的规定，综合考察了当事人住所地，诉因发生地以及证人、法院的方便或费用等方面后，认为由该院对案件进行审理极不方便，而由某个具有管辖权的外国法院审理更为合适时，主动放弃本国法院管辖权，对当事人的起诉不予受理”。[3] 不方便法院原则不是在平行诉讼发生后再予以积极解决的方法，而是通过消极行使管辖权避免管辖权冲突的方法来进一步避免平行诉讼的产生。

---

① 李旺著：《国际诉讼竞合》，中国政法大学出版社 2002 年版，第 10 页。

② 详见下章论述。

③ ［英］科林斯等著：《戴西和莫里斯伦冲突法》英文 1993 年第 12 版，第 395~419 页。

不方便法院原则的适用条件可以概括为以下几个方面：一是适用该原则的法院对案件有管辖权；二是不涉及协议管辖；三是有一个适用该规则法院之外的可替代的法院存在；四是替代法院比受诉法院对案件有着更为方便的审理条件；五是对公共利益不会造成损害。不方便法院原则的适用是将一国的司法管辖权主动放弃，积极主动地让给有管辖权的外国法院管辖。因此，这种让渡必须适度，只有上述几个方面的条件同时满足，不方便法院原则的适用才是正当的。

不方便法院原则在解决涉外民商事诉讼管辖权冲突方面，发挥着积极有效的作用。它不仅有利于程序公正的实现，也有助于法院效率的提高，符合诉讼经济和诉讼效率原则。但不方便法院规则也存在如下几方面缺陷：第一，“不方便法院原则与某些国家尤其是大陆法系国家中不得拒绝司法的宪法原则相悖”①。符合法律规定的案件争议必须由法院作出确定的裁判，而不能因规则不明或其他原因而拒绝，否则就是法院拒绝履行宪法规定的职责。在适用“不方便法院原则”时，法院在一定程度上违背了必须作出裁决的宪法上的义务。第二，作为避免涉外民商事管辖权冲突的一种司法手段，“不方便”的标准是什么，即何种情形属于“不方便”，完全取决于内国法院的自由裁量，法官的自由裁量权过大，也是不方便法院规则的一个重要缺陷。法官的裁量权过大，不利于当事人在起诉之前对案件做一个合理预见，也极易导致程序被滥用。

① 肖凯：《国际民事诉讼中未决诉讼问题比较研究》，载《中国国际私法与比较法年刊 2001（第四卷）》，法律出版社 2001 年版，第 501 页。

2. 未决诉讼原则[①]

未决诉讼原则，是指一国法院为支持在他国法院进行的涉及相同或类似当事人或争议事项的诉讼，中止本国法院诉讼的程序性方法。一国法院在发布未决诉讼中止令后，外国法院可继续进行诉讼并予以判决，而且该判决通常将获得该国法院的承认。如果该外国诉讼没有继续进行下去，则该国原诉讼可以恢复。

平行诉讼中的未决诉讼原则是国内法院管辖规则的延伸，大部分国家在处理国内不同法院管辖权冲突时均规定，案件由首先受诉法院审理，后受诉法院主动拒绝行使管辖权，在此基础上，部分国家如希腊、阿根廷等国法律同时确定，这一规定也适用于本国的涉外民商事诉讼案件。

此类规定能从根本上解决国际民商事诉讼中的平行诉讼问题，但由于涉及主权尊严和本国重要利益，能主动放弃本国管辖权的国家仍然较少，即使放弃往往也附加一定的条件，因此禁止本国诉讼的做法并不普遍。[②]

---

① 参见肖凯：《国际民事诉讼中未决诉讼问题比较研究》，载《中国国际私法与比较法年刊2001（第四卷）》，法律出版社2001年版，第469~508页；崔勇、徐随：《海牙管辖权公约（草案）条件下的未决诉讼》，载《现代法学》2003年第6期；刘新生、赵溪：《未决诉讼中民事管辖权的冲突与协调》，载《河南省政法管理干部学院学报》，2006年第1期；龚璟：《试论未决诉讼原则》，载《法制与社会》2006年第21期；朱明新：《“已决原则”和“未决原则”与国际投资平行诉讼预防》，载《东方法学》2013年第1期；黄晓原：《论我国采纳“先受理原则”的可行性》，载《南方论刊》2016年第11期。

② 赖紫宁：《国际民事诉讼管辖权的根据及其新发展》，载《中外法学》1999年第2期。

3. 禁诉令①

在英美法系国家中，“法院可以对本国法院具有管辖权而在外国法院进行诉讼的当事人下达禁诉令，禁止其在外国法院的诉讼行为。这种方式在英国最为典型”。② 禁诉令是最初受理案件的法院禁止当事人向其他国家法院起诉，与“未决诉讼原则”所追求的结果一致，但发布命令的主体是先受理案件的法院。禁诉令在司法实践中已经存在了相当长的时间，并且随着诉讼越来越具有国际性，签发禁止外国诉讼的禁诉令也变得越来越常见。

禁诉令对保护当事人的合法权益、法院的司法管辖权和一个国家的公共政策起着重要作用。但也可能被当事人利用，可以使当事人在本国法院以及可能对自己有利的法院先进行起诉，在案件被受理后获得此类命令，从而阻止对方在潜在的不方便或对自己不利的外国法院进行诉讼。同时，还有学者认为，“禁止外国法院诉讼的权力会产生重大的和实质的国际礼让和国家主权的问题，认为它是对外国司法程序的积极干预”③。通常认为，虽然禁诉令并不是直接针对外国法院发出，但由于涉及当事人的实际利益而对外国管辖权客观上产生一定效力，所以，一般认为禁诉令是对外国主权特别是司法管辖权的一种侵害，各国法院在行使这一权力时应非常慎重。

4. 承认预期规则

承认预期规则，“是指在一国法院系属之同一诉讼，其判决若将来在另一国预测可能被承认的，另一国法院应将在该国提起

① 详见下章论述。

② 欧福永著：《国际民事诉讼中的禁诉令》，北京大学出版社 2007 年版，第 11 页。

③ 张茂著：《美国国际民事诉讼法》，中国政法大学出版社 1999 年版，第 110 页。

的后诉，适用禁止双重起诉的规定。换言之，可以一国诉讼的将来判决有被另一国承认为条件，另一国法院应驳回同一诉讼在该国的起诉”。[①]

采取此种处理原则的国家一般承认外国法院受诉在先的诉讼具有中止本国平行诉讼的效力，但必须具备一定的条件，即只有将来外国法院的判决能够得到本国承认和执行才能将本国正在进行的针对同一争议的诉讼中止。后受诉法院在决定自己是否中止本国诉讼的时候，预测前诉法院的判决能否得到本国法院的承认和执行，先受理原则虽然比较确定，但是外国法院的判决只有经过审查，确定符合本国的法定条件，才能得到本国法院的承认和执行，如果在管辖阶段就因为外国法院先受理而排除本国法院的管辖权，一旦以后该外国法院作出的判决得不到本国的承认和执行，就会造成当事人救济落空的结果，不利于保护当事人的权利。采取此种处理原则的国家一般承认外国法院受诉在先的诉讼具有中止本国诉讼竞合的效力，一般采取“承认预期规则”来处理国家法上诉讼竞合问题的主要是大陆法系国家。

各国在立法和实践中一般采用以下两种做法来预测外国法院所作的判决是否能够得到本国法院的承认和执行。

第一，期间说。即限定外国法院判决作出期间，只有在该限定期间内作出的外国判决，才可能得到本国法院的承认和执行，本国法院也才会中止本国的诉讼。例如，1979 年《匈牙利国际私法》第 65 条规定：“匈牙利法院或其他机关应中止诉讼程序；或者不发传票或驳回诉讼，如果在这些当事人之间的同样事实和法律上请求发生的诉讼正在外国法院或者其他机关进行，并且根

① 陈荣宗、林庆苗著：《民事诉讼法》，三民书局 1996 年版，第 102 页。

据本法令，其判决的期限作了进一步的限定。”[①] 类似规定还可见于1984年《秘鲁民法典》第2066条[②]、1987年《瑞士国际私法典》第9条[③]。

第二，预测说。即由本国法院预测先受案的外国法院未来的判决能否得到本国的承认和执行。《德国民事诉讼法》第261条第3款，虽是针对涉内案件的规定，但司法解释[④]及法律专家的观点[⑤]同样适用于涉外案件，但同时增加了个限制：即先受案的外国法院未来的判决能否得到本国的承认和执行。对预测说的解释，有德国学者认为，可区分为两种情况：一种是承认外国法院优先管辖权，需以该外国法院即将获得本国承认为前提。德国的判例和多数学者持这一见解，另一种观点认为只要该外国法院的判决有获得本国承认的可能性，即应承认其先受理权。

承认预期规则面临的最大问题是“预期”的不确定性。适用“承认预期规则”的过程实际上是本国法院根据自身对外国法律规定、法院的诉讼程序等内容的认知，判断该外国法院能否在合理期限内，作出一项在本国能够得到承认与执行的判决，其

---

① 参见李双元等编：《国际私法教学参考资料选编》（上册），北京大学出版社2002年版，第267页。

② 参见李双元等编：《国际私法教学参考资料选编》（上册），北京大学出版社2002年版，第509页。

③ 参见李双元等编：《国际私法教学参考资料选编》（上册），北京大学出版社2002年版，第411页。

④ BGH FamRZ 1989，580f；1992，1059f；1994，434.

⑤ Luther，Gerhard：Die Grenzen der Sperrwirkung einer ausländischen Rechtshängigkeit，IPRax 1984，S. 141ff.. Geimer，Reinhold：Beachtung ausländischer Rechtshängigkeit und Justizgewährungsanspruch，NJW 1984，S. 527. Siehr，Kurt：Rechtshängigkeit im Ausland und das Verhältnis zwischen staatsvertraglichen sowie autonomen Anerkennungsvorschriften，IPRax 1989，S. 93.

本身具有相当大的难度，结果也具有不确定性。同时，在判断外国法院判决的承认与执行问题时，一国法院还要对外国法院判决是否与本国公共秩序相违背，外国法院的诉讼程序是否公正进行考虑，在外国法院诉讼程序仍在进行、判决尚未作出的情况下，预测判决的承认与执行是难以实现和极不确定的。

5. 先受理法院原则

先受理法院原则是指在发生国际诉讼竞合时，原则上应由最先受理案件的国家法院行使管辖权，而后受理法院则应中止或驳回在本国的诉讼。例如，1978 年《南斯拉夫社会主义联邦共和国法律冲突法》第 80 条规定，"如果就同一法律并有同样当事人涉讼的案件正在外国法院诉讼过程中，根据当事人的请求，在下列情况下，南斯拉夫法院应中止诉讼：1）有关该案的诉讼首先在外国提起；2）南斯拉夫法院对争议没有作出判决的专属管辖权；3）如果存在互惠关系"。[①] 南斯拉夫适用先受理原则的条件比较特殊，即必须以两国间存在互惠条件为前提，也就是说，必须是外国法院对涉及南斯拉夫人的案件也适用先受理原则。

（二）国际法方法

为尽量消除诉讼竞合所带来的不利影响，国际社会试图通过缔结国际条约、区域性条约，来对各缔约国法院对跨国民事案件行使管辖权的规则作出规定。当前，具有较强的代表性和较大影响力的公约主要有 1968 年欧洲共同体的《民商事司法管辖权和判决执行公约》（以下简称《布鲁塞尔公约》）和 2002 年 3 月 1 日生效的并替代《布鲁塞尔公约》的《布鲁塞尔Ⅱ》，1971 年海牙国际司法会议《海牙公约》《海牙民商事管辖权和外国判决公约（草案）》，欧盟《婚姻领域管辖权和判决的承认与执行及

① 参见李双元等编：《国际私法教学参考资料选编》（上册），北京大学出版社 2002 年版，第 252 页。

父母责任条例》和2005年《选择法院协议公约》。

1. 1968年《布鲁塞尔公约》及2002年的《布鲁塞尔Ⅱ》

《布鲁塞尔公约》第21条（《布鲁塞尔Ⅱ》第27条）规定，相同当事人就同一诉因在不同缔约国法院同时起诉时，先受案法院以外的其他法院都应主动放弃管辖权不予受理，由先受案法院受理。《布鲁塞尔公约》第22条（《布鲁塞尔Ⅱ》第28条）规定，如果当事人在不同的缔约国法院同时提起了几个相关联的诉讼，那么只有先受案法院可以继续审理，其他法院均中止本国诉讼，延期审理案件。根据《布鲁塞尔公约》第23条（《布鲁塞尔Ⅱ》第29条）的规定，即使不同法院根据国内法规定对某一案件具有专属管辖权，也应适用先受理法院优先的规则。

《布鲁塞尔公约》及《布鲁塞尔Ⅱ》都采用的是由第一受诉以外的其他法院承担条约义务拒绝管辖，以减少诉讼竞合的制度。这种明确具体的规则具有简单易行的优点。但是公约完全以时间为标准确定审理案件的法院地，没有试图寻找最合适的审理案件的法院地，且完全没有采用英美国家的“不方便法院规则”，在法院地的确定上略显机械，遭到一些英美学者的批判。

2. 1971年《海牙公约》

《海牙公约》主要从判决的承认和执行角度来对诉讼竞合进行规制。其第5条规定，相同的当事人之间基于相同的事实和目的进行的诉讼，在下列情况下一国法院可以拒绝承认与执行该诉讼作出的判决：在被请求国法院最初提起且正在进行审理；诉讼已由被请求国作出判决；诉讼已由另一缔约国法院作出裁决，而该判决已具备在被请求国予以承认和执行的必要条件。另外，该公约第20条规定，如果一国预见别国法院对正在进行的诉讼可能作出判决，并且本国依该公约有承认该别国法院判决的义务，那么本国法院应对相同当事人基于相同事实和相同目的的再次起诉予以驳回或中止。

由此可见，1971 年《海牙公约》采用了处理国际诉讼竞合的“先诉法院优先规则”和“承认预期规则”，并在内容上加以丰富和细化，有利于这两项规则的发展并对之后的相关公约产生一定影响。

3.《海牙民商事管辖权和外国判决公约（草案）》

海牙国际私法会议于 1999 年拟订了《民商事管辖权和外国判决公约》的草案。公约第 21 条第 1 款规定，如果相同当事人在不同缔约国的法院进行诉讼，而且这些诉讼是基于相同的诉因，则不论其寻求何种救济，只要先受案法院有管辖权且预期其将做出能够按照本公约在后受案法院得到承认与执行，后受案法院应中止诉讼，除非后者按照本公约第 4 条或第 12 条享有专属管辖权。第 22 条规定了第 21 条的例外情形，即参照“不方便法院原则”，在一些情形下先受案法院可认为后受诉法院为更适合审案的法院，从而将案件移交给后受案的法院。由于不同国家在“不方便法院原则”等核心内容上依然分歧严重，因此草案未能按照原计划获得通过。

《海牙公约》（草案）努力试图协调不同国家在国际诉讼竞合问题上的不同做法，兼采用了美英国家的比较平衡法和德国、瑞士的承认预期法，但是由于在“不方便法院原则”等问题上仍然存在较大分歧，因此草案最终未能按照原计划通过，但是该草案为之后的《选择法院协议公约》等公约的制订提供了一定的参考。

4. 欧盟《婚姻领域管辖权和判决的承认与执行及父母责任条例》

自 2001 年 3 月 1 日欧盟条例《婚姻领域管辖权和判决的承认与执行及父母责任条例》（EG Nr. 1347/2000）（以下简称《婚姻条例》）生效后，在欧盟范围内婚姻家庭领域的管辖权就采取了《婚姻条例》第 11 条第 2 款的先受理法院原则。但也并不意味着后受理法院立即驳回起诉，而是先中止诉讼，等待先受理法院做出有管辖权的决定，然后后受理法院为了有利于该法院的审理而决定本法院无管辖权（《婚姻条例》第11条第3款）。

5. 2005年《选择法院协议公约》

国际社会关于解决诉讼竞合问题的最新进展，是2005年海牙国际私法会议通过的《选择法院协议公约》。2005年6月14日，海牙国际私法会议第20届大会上，各国代表以协商一致为原则，采取逐条通过的方式，最终通过了《选择法院协议公约》的全部条文。我国于2017年9月12日正式签署了该公约。

公约共5章34条，内容主要涉及公约的适用范围、缔约国法院对民商事案件的管辖权和判决的承认与执行。在管辖权部分，公约只规定排他性法院选择协议的效力，不涉及非排他性法院选择协议造成的管辖权冲突问题。这是由于通常情况下，排他性法院选择协议不会造成管辖权发生冲突，而非排他性法院选择协议不能对其他法院的合法管辖权予以排除，因此在实践中很容易导致诉讼竞合问题的出现和不方便法院等问题。在判决的承认与执行部分，无论是根据排他性法院选择协议作出的判决，还是按照非排他性法院选择协议作出的判决，公约都规定了承认与执行的具体规则。

此外，公约为缔约国设定了三项主要义务：第一，被选择法院应当受理当事人的起诉；第二，被选择法院之外的所有其他法院都应当拒绝行使管辖权；第三，其他国家的法院都应当对被选择法院作出的判决予以承认与执行。

《选择法院协议公约》使得那些排他性选择法院协议的当事人可以对案件审理结果有更好的预测，保护了当事人的合法权益。但这一公约在解决诉讼竞合问题上也存在一定的局限性，即在只有当事人对管辖法院做出了选择这一种情况下，公约才能起到避免诉讼竞合现象发生的作用，但现实中，并不是所有的当事人双方都会对纠纷发生后的管辖法院选择做出约定，这种情况下公约是无法起作用的。

三、我国涉外民商事诉讼中的平行诉讼

（一）我国关于平行诉讼的规定

1. 国内立法及规范性文件的相关规定

我国《民事诉讼法》中没有明确的有关涉外民商事平行诉讼的规定，在2015年《民诉法解释》出台前，有最高人民法院《民诉意见》及部分规范性文件中规定了以下内容：

（1）《民诉意见》第15条

“中国公民一方居住在国外，一方居住在国内，不论哪一方向人民法院提起离婚诉讼，国内一方住所地的人民法院都有权管辖。如果国外一方在居住国法院起诉，国内一方向人民法院起诉的，受诉人民法院都有权管辖。”

（2）《民诉意见》第306条肯定了“对抗诉讼”的存在

“中华人民共和国法院和外国法院都有管辖权的案件，一方当事人向外国法院起诉，而另一方当事人向中华人民共和国人民法院起诉的，人民法院可予受理。判决后，外国法院申请或者当事人请求人民法院承认和执行外国法院对本案作出的判决、裁定的，不予准许；但双方共同参加或签订的国际条约另有规定的除外。”

（3）《民诉意见》第318条

“当事人向中华人民共和国有管辖权的中级人民法院申请承认和执行外国法院作出的发生法律效力的判决、裁定的，如果该法院所在国与中华人民共和国没有缔结或共同参加国际条约，也没有互惠关系的，当事人可以向人民法院起诉，由有管辖权的人民法院作出判决，予以执行。”

（4）《第二次全国涉外商事海事审判工作会议纪要》（以下简称《纪要》）第 10 条全面肯定了“平行诉讼”

“我国法院和外国法院都享有管辖权的涉外商事纠纷案件，一方当事人向外国法院起诉且被受理后又就同一争议向我国法院提起诉讼，或者对方当事人就同一争议向我国法院提起诉讼的，外国法院是否已经受理案件或者作出判决，不影响我国法院行使管辖权，但是否受理，由我国法院根据案件具体情况决定。外国法院判决已经被我国法院承认和执行的，人民法院不应受理。我国缔结或者参加的国际条约另有规定的，按规定办理。”

2015 年《民诉法解释》延续了对平行诉讼的态度。

第 15 条：“中国公民一方居住在国外，一方居住在国内，不论哪一方向人民法院提起离婚诉讼，国内一方住所地人民法院都有权管辖。国外一方在居住国法院起诉，国内一方向人民法院起诉的，受诉人民法院有权管辖。”

第 533 条：“中华人民共和国法院和外国法院都有管辖权的案件，一方当事人向外国法院起诉，而另一方当事人向中华人民共和国法院起诉的，人民法院可予受理。判决后，外国法院申请或者当事人请求人民法院承认和执行外国法院对本案作出的判决、裁定的，不予准许；但双方共同缔结或者参加的国际条约另有规定的除外。

外国法院判决、裁定已经被人民法院承认，当事人就同一争议向人民法院起诉的，人民法院不予受理。”

第 544 条：“当事人向中华人民共和国有管辖权的中级人民法院申请承认和执行外国法院作出的发生法律效力的判决、裁定的，如果该法院所在国与中华人民共和国没有缔结或者共同参加国际条约，也没有互惠关系的，裁定驳回申请，但当事人向人民法院申请承认外国法院作出的发生法律效力的离婚判决的除外。承认和执行申请被裁定驳回的，当事人可以向人民法院起诉。”

第533条第2款规定，若我国法院已经承认了外国法院的判决、裁定，则对于同一争议人民法院不再受理，该条与第533条第1款中规定的判决后，外国法院申请或者当事人请求人民法院承认和执行外国法院对本案作出的判决、裁定的，不予准许的规定相呼应，表明对于同一涉外民商事纠纷，若已在中华人民共和国领域内，有生效的判决、裁定，不论该判决、裁定是由中国法院还是由外国法院作出的，均不再承认对于同一纠纷的其他判决、裁定。第533条的规定只是涉及了国际平行诉讼中的对抗诉讼问题，而对于重复诉讼问题并未涉及。

由以上规定可见，我国法院对于国际平行诉讼基本上采取的是放任的态度。无论我国法院是否受案在先，均奉行“内国法院判决优先”原则。也就是说，即使当事人已就同一诉因向其他法院起诉，我国法院对相关案件管辖权的行使也不受任何影响，且一旦我国法院受理了该案，则我国法院只会执行内国的判决，对外国判决不予承认与执行。

2. 我国加入或签订的国际条约中的相关规定

我国加入了一些关于管辖权方面的公约或条约，但是涉及处理国际平行诉讼的内容并不多，关于平行诉讼的规定主要集中在我国与外国签订的双边司法协助条约中。在我国缔结的双边司法协助条约中，对平行诉讼问题作了不同的处理，主要有三种处理原则：内外国判决冲突时的内国判决优先原则；内国判决优先原则和内国正在审理原则；内国判决优先原则和内国先诉优先原则。

（1）内国判决优先原则

1987年5月4日签署的《中华人民共和国和法兰西共和国关于民事、商事司法协助的协定》第22条第6项规定，被请求一方法院对于相同的当事人之间就同一事实和要求的案件已经作出确定的裁决；或者被请求一方法院已经承认了第三国法院对于相同的当事人之间就同一事实和要求的案件所作的确定裁决，请求一方的裁决不予承认和执行。

（2）内国判决优先原则和内国正在审理原则

1993 年签订的《中华人民共和国和乌克兰关于民事和刑事司法协助的条约》、1992 年签订的《中华人民共和国和罗马尼亚关于民事和刑事司法协助的条约》、1993 年签订的《中华人民共和国和哈萨克斯坦共和国关于民事和刑事司法协助的条约》、1992 年签订的《中华人民共和国和西班牙王国关于民事、商事司法协助的条约》等均规定：被请求承认与执行裁决的缔约一方的法院对于相同当事人之间就同一标的案件已经作出了生效裁决，或正在进行审理，或已承认了在第三国对该案件所作的生效裁决，不予承认与执行（《中华人民共和国和乌克兰关于民事和刑事司法协助的条约》第 21 条第 4 款、《中华人民共和国和哈萨克斯坦共和国关于民事和刑事司法协助的条约》第 21 条、《中华人民共和国和西班牙王国关于民事、商事司法协助的条约》第 22 条）。

（3）内国判决优先原则和内国先诉优先原则

1989 年签订的《中华人民共和国和蒙古人民共和国关于民事和刑事司法协助的条约》、1991 年签订的《中华人民共和国和意大利共和国关于民事司法协助的条约》和 1995 年签订的《中华人民共和国和塞浦路斯共和国关于民事、商事和刑事司法协助的条约》。这些条约就内外判决的冲突规定以内国判决为优先，即被请求的缔约一方法院对于相同当事人之间就同一标的的争讼案件已经作出了生效裁决，或已承认在第三国对该案件所作的生效裁决的，拒绝承认对方缔约国的判决。这与上述条约相同，是内国判决优先原则的体现。同时，这些条约还规定了内国先诉优先原则，即内国法院的受理在先，对方国家法院的受理在后的，拒绝承认对方国家法院的判决（《中华人民共和国和塞浦路斯共和国关于民事、商事和刑事司法协助的条约》第 25 条第 1 款、

《中华人民共和国和蒙古人民共和国关于民事和刑事司法协助的条约》第18条第4款、《中华人民共和国和意大利共和国关于民事司法协助的条约》第21条第4款)。

(二) 我国涉及平行诉讼的案例

我们先看几个前期经典案例：

1. 王某诉付某案①

王某、付某夫妇均为中国公民，二人于1987年在北京结婚，并于1989年生有一子。1990年王某前往美国自费留学，毕业后在加拿大的安大略省工作。1997年，王某以夫妻长期分居为由向安大略省的多伦多法院提出了离婚诉讼，但在离婚请求书中王某隐瞒了他与付某生有一子的事实。付某收到离婚请求书之后，万分气愤。由于在王某赴美国留学期间，付某承担一切家庭负担，却不料丈夫学成之后，竟弃他们母子于不顾，并且为了不承担抚养儿子的责任，居然还向法院隐瞒了他有儿子这一事实。在律师的建议下，付某于1997年10月向北京市某区人民法院提出了离婚诉讼。法院受理该案，鉴于被告王某未能到庭参加诉讼，对该案作出了缺席判决：判决原告付某与被告王某离婚，并且由被告王某承担其儿子每月350元抚养费用。同时，加拿大安大略省的多伦多法院也审理了王某所提出的离婚诉讼，由于付某未能到庭应诉，多伦多法院也作出缺席判决，判决王某与付某离婚。

2. 内地结婚香港定居，离婚两地受理引发管辖权争议②

一桩已在福建省福州市中级人民法院立案的离婚案，在香港法院首先开庭审理。这是首例同时在香港与内地受理的离婚案。

---

① 参见 http://fazhi.xooob.com/fzrwsj/20085/298966_512941.html，2012年8月5日访问。

② 参见 http://www.lawtime.cn/info/hunyin/article/2010083040792.html，2010年8月30日发布，2017年8月8日访问。

不过，由于具有香港公民身份的一方当事人对内地法院的司法管辖权一再提出异议，导致1年多前立案的这一案件至今未能在福州法院开庭审理。

这起离婚案的双方当事人均为香港永久性公民，按说他们的离婚案件应该在香港审理。可为什么女方徐某却率先向福州中级人民法院提出离婚诉讼？

据徐某在3月向福州中院递交的民事诉状称，她和男方刘某原为福州一家工厂的同事，1980年在福州登记结婚。1984年她随丈夫刘某赴香港定居。1987年开始刘某即在内地办厂经商，而她则在香港操持家务，养育儿女。由于刘某“在内地移情别恋，与多名女子有染”，经劝说无效，导致夫妻感情破裂。徐某告诉记者，她之所以选择在福州市中级人民法院起诉，是因为刘某在福州办有一家大型玉石雕刻厂，其“共同财产主要在福州”。

男方刘某则于4月向香港区域法院递交了“离婚呈请书”。由于双方当事人都认为该案只能在一地法院审理，所以双方先后向香港区域法院提出申请，男方刘某要求法院禁止女方徐某在香港境外提起诉讼，而徐某则要求搁置刘某在香港提出的诉讼。香港区域法院受理了刘某提出的离婚呈请，但驳回双方的申请。

徐某不服，向香港高等法院提出上诉。上诉庭作出的判案书认为，“本案双方都是香港公民，香港法庭是处理本婚姻诉讼的适当法庭，但这并不是香港法庭可以颁发禁止令禁止徐某在福州中院进行婚姻诉讼的原因。徐某已经证明她在福州进行诉讼可以令她获得实质的利益。徐某指双方的婚姻资产位于内地。福州市中级人民法院颁发的命令可在当地执行，而香港则未和内地达成执行两地判决的协议，因此即使香港法庭作出婚姻财产的判决，该判决也不可以在内地执行”。

刘某同时就福州法院的司法管辖权提出异议。刘某在给福州法院的答辩状中认为，他已向香港法院起诉离婚，港方已受理，如果两地法院同时审理，可能造成司法矛盾。刘某请求福州法院将该案移交香港法院审理的理由是，“双方当事人均为香港永久性公民”；“香港和内地生活习惯、社会制度及法律不同”。他认为，在一种社会制度和生活方式下形成的判决要在不同的社会制度和生活方式的区域执行，可能产生诸多不便和困难。

福州市中级人民法院驳回了刘某的要求。法院的民事裁定书认为，双方当事人虽为香港公民，但双方的婚姻缔结地在福州，男方在福州办厂，经常居住地在福州。且福州法院对本案的受理在先，因此该院对这起离婚案有管辖权。

刘某认为福州法院关于福州是他的经常居住地的认定“缺乏法律依据”。因为《民诉法解释》规定，“公民的住所地是指公民的户籍所在地”，“公民的经常居住地是指公民离开住所地至起诉时已连续居住一年以上的地方”。而他“在起诉前一年内在内地仅停留 222 天，其余 143 天均在住所地香港”。

他就此向福建省高级人民法院提出上诉。福建省高级人民法院认为，刘某到内地经商以来，一直主要居住在福州，其间因生产经营业务等需要而离开福州，并不改变其连续居住福州的事实，因此可以认定刘某离开了其住所地香港，至徐某起诉时已连续居住福州一年以上，即刘某的经常居住地在福州。根据《民事诉讼法》关于“对公民提起的民事诉讼，由被告住所地人民法院管辖；被告住所地与经常居住地不一致的，由经常居住地人民法院管辖”的规定，福州法院对本案享有管辖权。据此，高级人民法院驳回刘某的上诉。

刘某依然不服，于今年 5 月向福建省高级人民法院提出再审申请。他和法院的分歧在于“经常居住地”概念的界定。他认为，“经常居住地”应是起诉前的一年期间内，被告连续居住的非其户籍地的地方，而不是指起诉前若干年中其累计居住一年以上的地方。

3. 香港居民蔡某诉王某离婚诉讼管辖权异议案①

原告：蔡某，男，40 岁，籍贯福建晋江市，香港居民，现住香港北角和富道。

被告：王某，女，38 岁，籍贯福建晋江市，香港居民，现住香港九龙土瓜湾。

原告蔡某为香港居民，与被告王某经人介绍于 1980 年 11 月按民俗举行婚礼，于 1981 年在福建省晋江市补办结婚登记手续。婚后感情尚好，生育一男一女，两子女随被告在晋江舍井生活。1992 年 6 月 18 日，被告王某以会夫为由获准携两子女往香港定居。原告、被告在共同生活期间，未能正确处理夫妻关系而产生纠纷，造成双方于 1994 年 10 月分居生活，原告蔡某据此于 1994 年 12 月 6 日向晋江市人民法院提起离婚诉讼。1995 年 12 月 25 日，晋江市人民法院以原告、被告实际分居时间短，夫妻感情尚未破裂为理由，判决不准原告蔡某与被告王某离婚。1997 年 1 月 14 日，原告蔡某再次向晋江市人民法院提起离婚诉讼，诉称：与被告王某婚后感情一般，经常产生纠纷，并于 1994 年 10 月分居生活。1994 年 12 月 6 日向晋江市人民法院提起离婚诉讼，被判决不准离婚。判决之后，双方仍分居至今，夫妻已无和好可能，感情确已破裂，故再次提起诉讼，请求判决准予离婚，子女由原告抚养。

被告王某在答辩中提出管辖权异议，称：导致夫妻感情破裂的原因是原告的重婚行为。本诉讼案并非一般普通离婚案，它涉及在港的重婚问题，在香港可一并审理。离婚案的双方当事人及其子女户籍、生活均在香港，应由被告所在地法院受理，以香港

① 参见 http://china.findlaw.cn/falvchangshi/hunyinjiating/shewaihunyingd/swhyal/30708.html，2010 年 8 月 18 日发布，2017 年 8 月 8 日访问。

法例解决较为实际；双方婚姻关系存续期间拥有的共有房屋、物业等，大部分在港、澳，在香港诉讼较为方便；现已向香港法援处申请离婚，且被接受交法院进行排期。请求将该案交由香港法院受理。

晋江市人民法院对王某的管辖权异议，经审查认为：原告蔡某与被告王某的婚姻缔结地在福建省晋江市，本院对该案具有管辖权。依照《中华人民共和国民事诉讼法》第 38 条之规定，该院于 1997 年 8 月 12 日作出裁定：

驳回被告王某对本案管辖权提出的异议。

被告王某不服一审裁定，向泉州市中级人民法院提起上诉，诉称：虽然双方婚姻缔结地在福建晋江，但双方及婚生子女长期居住在香港，双方在婚姻关系存续期间的财产大部分在港、澳，同时香港法院已接受上诉人的离婚申请。请求中级人民法院撤销晋江市人民法院民事裁定，由香港法院对本案行使管辖权。

被上诉人蔡某辩称：双方的住所地虽然在香港，但婚姻缔结地在福建省晋江市，根据有关规定，原审法院对本案有管辖权。

泉州市中级人民法院审查认为：上诉人与被上诉人的婚姻缔结地虽然在晋江市，但双方及其子女均居住在香港，且部分夫妻共同财产也在香港，为便利当事人诉讼和今后执行，本案应由当地法院管辖为宜，上诉人王某上诉的理由可以成立，原审裁定驳回王某对本案管辖权提出的异议不当。依照《中华人民共和国民事诉讼法》第 154 条的规定，该院于 1997 年 11 月 4 日作出裁定：

撤销晋江市人民法院民事裁定，本案由当事人直接向香港法院起诉。

再来看几个近期的案例：

4. 朴某等诉甲林镇等民间借贷纠纷案【(2005) 青民四初字第25号】①

朴某等与烟台乙亚照明有限公司（以下简称乙亚照明公司)、甲林镇民间借贷纠纷诉至法院，两被告提出管辖权的抗辩，法院认为：

“关于二被告提出的八原告已经以甲林镇手写的欠条为证据向韩国法院起诉了甲林镇，该案正在韩国法院审理中，原告不能基于同一事实、根据同一证据对甲林镇提起两次诉讼的抗辩意见。本院认为，首先，二被告未能举证证明八原告已在韩国就同一事实和证据起诉甲林镇这一事实；其次，关于对本案的管辖权问题，本院已有生效的民事裁定书对这一问题做出了肯定性结论，即使韩国法院已受理了被告辩称的上述案件，除非被告能够举证证明该案件与本案系同一诉讼且该诉讼应由韩国法院的专属管辖，否则该情形构成国际民商事诉讼中的‘平行管辖’问题，如何解决这一问题，中、韩两国签署的双边司法协助协定对此没有作出规定，两国间亦没有共同参加或签署的关于解决‘平行诉讼’问题的国际公约或任何形式的互惠关系可以援引，故即使韩国法院受理了二被告所称的诉讼，该诉讼亦不影响本院对本案进行审理并对案件争议作出裁判。故对二被告的上述抗辩意见，本院不予采纳。”

在此法院提出四个论点：1）由被告证明就同一事实和证据起诉这一事实；2）由被告证明在韩国法院审理的案件是与我国法院审理的案件属同一诉讼；3）由被告证明此诉讼在韩国是否属于专属管辖；4）中韩两国无双边司法协助协定对平行诉讼没

① 《朴尚根等诉田林镇等民间借贷纠纷案》，载北大法宝网，https：//sslvpn. bnu. edu. cn/case/，DanaInfo = www. pkulaw. cn + pfnl _ 1970324836999347. html，2017年8月8日访问。

有作出规定，两国间也没有共同参加或签署的关于解决平行诉讼问题的国际公约或任何形式的互惠关系可以援引。

5. 丙部高科有限公司（DONGBUHITEKCO.，LTD.）等与南京丁洋化工运贸有限公司海事保函纠纷上诉案【（2012）鄂民四终字第00130号】①

其中，在裁定理由中这样阐述："《民诉法意见》第306条规定：'中华人民共和国人民法院和外国法院都有管辖权的案件，一方当事人向外国法院起诉，而另一方当事人向中华人民共和国人民法院起诉的，人民法院可予受理。'根据该规定，尽管本案双方当事人在韩国进行的平行诉讼已由韩国法院受理，并经韩国首尔高等法院作出终审判决，但是被上诉人扬洋公司在我国提起诉讼，我国法院可予受理。"

从此案可以看出，不仅在国外法院进行的诉讼不影响我国的管辖权，而且已是国外法院终审判决的状态也不影响我国的管辖权。

6. 华戊金融服务有限公司（China Chem. Financial Services Limited）与北京市已石律师事务所等委托合同纠纷上诉案【（2014）民四终字第29号】②

其中，在裁定理由中这样阐述："第三，关于北京市高级人民法院是否可以拒绝行使管辖权的问题。创投公司和华戊公司就

① 《湖北省高级人民法院（2012）鄂民四终字第00130号民事判决书》，载无讼网，https://www.itslaw.com/detail?judgementId=b8f7c7f8-4ef7-46a4-b651-5d63bf6ca0ae&area=1&index=1&sortType=1&count=1&conditions=searchWord，2017年8月8日访问。

② 《华懋金融服务有限公司与世纪创投有限公司、北京市地石律师事务所一般委托合同纠纷二审民事裁定书》，载中国裁判文书网，http://wenshu.court.gov.cn/content/content?DocID=2de9be05-4a99-428c-9e8c-c8234d1f4e6f，2017年8月8日访问。

《委托索偿债权协议》项下的争议分别向内地法院和香港法院提起诉讼，形成同一争议两地平行对抗诉讼的局面。香港作为我国的一个独立司法区域，其是否已经受理案件或作出判决，不影响内地法院依法享有的管辖权……故华戊公司以平行诉讼和不方便管辖为由主张北京市高级人民法院不应行使管辖权的上诉理由不能成立，本院不予支持。”

7. Tomas Tocek 与崔某某所有权纠纷二审民事判决书【（2014）渝一中法民终字第 01314 号】[①]

一审法院认为，本案为涉外案件，涉及国外法院已生效判决和尚在进行的诉讼对本案相关法律关系的影响，还包含在国外诉讼中已经达成的协议的认定等，一审法院分别评议认定如下：

一、关于平行诉讼问题。从审理查明的事实可以确认，2011 年 5 月 26 日，Tomas Tocek（托马斯·托塞克）就离婚后的财产分割向加拿大安大略省高等法院提起诉讼，现该案在安大略省高等法院并未进行实体处理，也未撤销该案，而 Tomas Tocek（托马斯·托塞克）基于同一崔某某和相似的诉讼标的起诉至一审法院，一审法院是否应对该案适用“一事不再理原则”，不作出实体处理。一审法院经分析后认为，本案应作出实体处理，理由如下：1. Tomas Tocek（托马斯·托塞克）基于同一个纠纷事实在两个国家针对同一个崔某某进行诉讼情形，属于平行诉讼中的重复诉讼。2. 我国目前相关法律对国际平行诉讼尚无明确规定，但在司法实践中，我国法院长期以来对涉外民事案件的诉讼管辖权视为国家主权象征之一，对外国法院的判决，并没有承认的义务，因而在处理涉外案件时，并不强调禁止一事两诉，而是允许

① 《Tomas Tocek 与崔某某所有权纠纷二审民事判决书》，载中国裁判文书网，http://wenshu.court.gov.cn/content/content? DocID = 65df23c0-eda7-4850-98c2-d3d73c368e90，2017 年 8 月 8 日访问。

平行诉讼的存在。在1985年《最高人民法院关于旅美华侨张雪芬先后向我国法院和美国法院起诉离婚，美国法院已判决离婚，我国法院是否再作判决的批复》中最高人民法院明确表示并不限制平行诉讼，在没有相关司法协助条约规定的情况下我国法院完全不受已作出的外国法院判决的干扰。而我国与加拿大之间并无关于民商事的司法协助条约。3. 最高人民法院在1989年涉外审判座谈会议纪要第三部分管辖问题第1条第4款中提出“凡是中国法院享有管辖权的涉外、涉港澳经济纠纷案件，外国法院或者港澳地区法院对该案的受理，并不影响当事人就同一案件在我国人民法院起诉，但是否受理，应当根据案件的具体情况决定”。《关于适用〈中华人民共和国民事诉讼法〉若干问题的意见》第306条规定：“中华人民共和国人民法院和外国法院都有管辖权的案件，一方当事人向外国法院起诉，而另一方当事人向中华人民共和国人民法院起诉的，人民法院可予受理。判决后，外国法院申请或者当事人请求人民法院承认和执行外国法院对本案作出的判决、裁定的，不予准许；但双方共同参加或者签订的国际条约另有规定的除外。”显然，我国并不强调根据案件的具体情况来决定我国法院是否受理，强化了在涉外民商事领域无条件的一律支持平行诉讼的司法理念。据此，可见我国法院对平行诉讼是持放任态度的。

8. 中国农产品交易有限公司与王某、武汉天甲工贸发展有限公司股权转让纠纷二审【（2015）民四终字第57号】[①]

最高人民法院在其裁定书中，给出了一审法院裁定的理由：

① 《中国农产品交易有限公司与王秀群、武汉天九工贸发展有限公司股权转让纠纷二审民事裁定书》，载中国裁判文书网，http://wenshu.court.gov.cn/content/content? DocID = a4d9115c - bcc2 - 4f72 - a103 - c6a7d68833bc，2017年8月8日访问。

“即使两者属于同一诉且构成平行诉讼，依上述司法解释第十五条、第五百三十三条之规定，在平行诉讼的情形下，人民法院对享有管辖权的案件可行使管辖权。”但最高人民法院在其自己的裁定理由中并未对此加以阐述。

9. 郭乙律师行诉厦门华丁彩印公司代理合同纠纷管辖权异议案①

厦门市中级人民法院在其一审裁定书中阐述：“平行诉讼，是指相同当事人之间就同一标的在两个或两个以上国家或地区的法院进行诉讼，也称‘一事两诉’。由于各国都奉行国家主权原则，而对民事诉讼行使司法管辖权，是国家主权在民事诉讼领域的体现，因此在国际民事诉讼中，平行诉讼是存在的，也是允许的。我国司法实践不排除平行诉讼。对同一案件，只要根据我国法律或者我国参加的国际条约规定，我国法院有管辖权，则不问该案是否在其他国家或者地区起诉，或者该案是否已由其他国家或者地区审理，或者其他国家或者地区是否已对该案作出判决，均不影响我国法院对该案的管辖。

原告郭乙律师行以华丁彩印公司为被告，在厦门市中级人民法院提起的代理合同纠纷诉讼，是涉港民事诉讼。香港是我国的一个独立司法区域，目前与内地尚未建立解决管辖权冲突和相互承认与执行法院裁决的司法协助关系。故香港法院是否受理同一诉讼，不是内地法院能否受理的前提。华丁彩印公司以郭乙律师行已经在香港法院提起诉讼，内地法院再受理就成为‘一事二诉’为由，主张将本案移交香港法院处理，理由不能成立。”

---

① 《最高人民法院公报案例》，载司法案例研究网，http://www.njucasereview.com/web/judicial/public/court/20120522/110815.shtml，2017年8月8日访问。

10. 丙祥贸易公司与李某荣、佛山市南海戊凌贸易有限公司买卖合同纠纷二审民事判决书【（2015）佛中法民二终字第662号】①

二审法院认为："关于本案是否应驳回起诉，移送美国加州洛杉矶最高法院受理的问题。李某荣上诉主张丙祥公司就同一损失同时在两个国家分别向两个法院提起诉讼没有法律依据应依法驳回起诉。平行诉讼是指相同当事人就同一争议基于相同事实以及相同目的在两个以上国家或法域的法院进行诉讼的现象。根据李某荣在上诉状中对两案的描述可知：本案的原告为丙祥公司，被告为戊凌公司、李某聪、李某荣、伍某健，案由为买卖合同纠纷；另案的原告为丙祥公司的法定代表人罗某森，被告为李某聪、李某斯，案由是欺诈、违反受信责任、转让、共同账目赔偿。即两案的当事人不同，案由不同，诉讼标的和诉讼理由不同，谈不上平行诉讼的问题。故原审法院依法对本案享有管辖权。同时李某荣主张的另案的情况，来源于伍某健提交的其声称系李某聪从美国发过来的诉讼材料。但该证据材料属于在域外形成的证据，未经公证认证，没有原件核对，没有相关证据印证，亦未经到庭的当事人认可，不足以证实其主张的两案之间的关系。即便美国法院对另案已作出处理，也须经过域外判决的相互承认机制，才有可能对本案产生影响。李某荣上诉主张本案应驳回起诉，理据不足，本院不予支持。"

① 《永祥贸易公司与李兆荣、佛山市南海赛凌贸易有限公司买卖合同纠纷二审民事判决书》，载中国裁判文书网，http://wenshu.court.gov.cn/content/content? DocID=edf14514-3e1d-4449-bbd9-0702a5fbb742，2017年8月8日访问。

11. 联合甲湾塑料制品有限公司与商船三井株式会社管辖裁定书【（2015）浙辖终字第23号】[①]

二审法院认为："各国法院受理案件的范围，应由本国的诉讼法规定……对于我国法院和外国法院都享有管辖权的涉外商事纠纷案件，除非外国法院判决已经被我国法院承认和执行，或者我国缔结或者参加的国际条约另有规定，否则一方当事人就同一争议分别向外国法院和我国法院提起诉讼，外国法院是否已经受理案件或者作出判决，不影响我国法院行使管辖权……综上所述，上诉人的上诉理由不能成立，其上诉请求本院不予支持。"

12. 侵害计算机软件著作权纠纷管辖民事裁定书【（2016）沪民辖终字第225号】[②]

对该案在韩国的诉讼，上海市高级人民法院这样认为："上诉人所主张的本案所涉游戏软件的知名度、玩家的关注度、上诉人系上市公司以及本案涉及韩国法院的平行诉讼等理由，均不足以使本案构成应由上海市高级人民法院管辖的在本辖区有重大影响的第一审民事案件。"

那么从以上几个案例可以分析：

首先，有过度扩大本国管辖权的倾向。从最高人民法院《民诉意见》到《民诉解释》都可以看出，除了中国缔结或参加的国际条约另有规定外，与中国有关的涉外民事案件，只要当事人向中国法院起诉，无论外国法院是否已受理或已作出判决，中

① 《联合海湾塑料制品有限公司与商船三井株式会社管辖裁定书》，载中国裁判文书网，http://wenshu.court.gov.cn/content/content? DocID = fd939225-4ee2-48bb-8a45-16e195c85fc4,2017年8月8日访问。

② 《侵害计算机软件著作权纠纷管辖民事裁定书》，载中国裁判文书网，http://wenshu.court.gov.cn/content/content? DocID = f8bfd405-34d6-403f-9907-d3a6cf569b8f，2017年8月8日访问。

国法院都可以行使管辖权。扩大中国法院管辖权的规定，表面上似乎有利于保护本国的利益，实际上当法院作出的判决需要得到外国法院的承认和执行时，能被承认和执行的可能性很小。尤其是案件在中国不是专属管辖而在其他国家规定为专属管辖时，中国法院作出的判决很难得到外国法院的承认和执行。

其次，未对解决平行诉讼的具体方法做出明确规定，如先受理法院原则、承认预期理论都没有在立法上有所体现。正如判决书里："显然，我国并不强调根据案件的具体情况来决定我国法院是否受理，强化了在涉外民商事领域无条件的一律支持平行诉讼的司法理念。据此，可见我国法院对平行诉讼是持放任态度的。"

再次，关于专属管辖，各国对专属管辖的规定，意在确定在专属管辖范围内，拒绝外国法院管辖的有效性，其真正的意义在承认与执行外国法院判决的阶段。因此在行使我国国际管辖权时，考察该纠纷是否属于相关国家法院的专属管辖，对我国法院最终判决在该国的承认与执行有着非常重大的意义。但问题是，是否应该由当事人证明，涉案当事人并非都是法律专家，不一定了解和掌握什么是专属管辖以及哪些领域属于外国法院的专属管辖范围，因此，由谁来证明和考察，是值得商榷的。

最后，在缔结或参加的有关国际条约中，解决平行诉讼问题的立场不统一。中国在缔结或参加的有关国际条约中，基本上肯定了国内判决优先原则。同时，"有的条约规定了国内诉讼优先原则，忽略了国内先诉优先原则；有的条约规定了国内先诉优先原则，忽略了国内诉讼优先原则"①。条约规定的不统一，不利于国际司法合作及国际民商事纠纷的解决。

---

① 徐卉：《国际民商事平行诉讼研究》，载《诉讼法论丛》（第1卷），法律出版社1997年版，第96页。

第六节　不方便法院原则

一、不方便法院原则基本概念

不方便法院原则（Forum Non Convenience Doctrine），又称非方便法院原则，是普通法系民商事诉讼司法管辖权的一项重要制度。从不同的角度出发，学者们对不方便法院原则有不同的表述。从不方便法院原则的适用标准着手，《布莱克法律词典》将不方便法院原则表述为，当法院认为某个案件在另一个法院审理对当事人更方便，更符合正义的要求时，拒绝行使管辖权的一种自由裁量权。而在《美国第二次冲突法重述（1971）》中，不方便法院原则被表述为，如果初审法院是一个极不方便的管辖地，同时又存在一个对原告更适宜的法院，则州法院有权拒绝行使管辖权。这两种表述的区别在于，前者体现了一种以“更适当法院”为标准的不方便法院原则，而后者体现的则是以“明显不适当法院”为标准的不方便法院原则。

从主体的角度出发，一种观点认为，不方便法院原则，是指在涉外民事诉讼中，当原告向某国法院对被告提起诉讼以后，被告认为，他在该国应诉得不到公正对待，于是他就以该国法院为不方便法院为理由，要求中止诉讼①。另一种观点认为，不方便法院原则，是指受诉法院认为其受理的某一涉外民事案件在外国法院进行诉讼，对当事人更为方便和公正时，可自由裁量，拒绝或放弃行使管辖权，从而促使当事人在另一个更为方便的法院进

① 林欣、李琼英著：《国际私法理论问题研究》，中国人民大学出版社 1996 年版，第 92 页。

行诉讼的制度。[①] 这两种表述的区别在于，前者是从当事人的角度出发，强调当事人以不方便法院为由要求法院中止诉讼；而后者是从法院角度出发，认为法院是提出适用不方便法院原则的主体。

1998 年 11 月在海牙召开的国际私法会议“国际民商事管辖权和判决的承认与执行”特委会第 3 次会议讨论的《国际民商事管辖权和外国判决的承认与执行公约》（草案）第 22 条，对不方便法院原则作出如下界定：如果受案法院显然不适于行使管辖权，而另一国家的法院有管辖权且显然更加适于解决争议，则该法院可以依据一方当事人的申请中止诉讼。

对于不方便法院原则的解释，中国的学者也给出了不同的内容。我国学者李双元教授认为，在国际民事诉讼中，“为了避免原告选择法院审理案件给当事人和司法带来的不便，保障争议的公正、迅速、有效解决，原告所选择的有管辖权的法院如果认为存在另一个可替代法院，则可依职权或根据被告请求拒绝行使管辖权”。[②] 还有学者认为：“指一国法院根据其国内法或有关国际条约的规定，对国际民事案件有管辖权，但从当事人与诉因的关系以及当事人、证人、律师或法院的便利或者花费等角度看，审理该案是极不方便的，而由外国法院审理更为适当，因而放弃管辖权的情况。”[③] 在涉外诉讼中，当原告向某国法院提起诉讼时，如被告认为他在该国应诉将得不到公正对待，可以该国法院为不

---

① 凌祁漫：《非方便法院原则及其适用》，载《人民司法》1996 年第 11 期。

② 李双元、谢石松著：《国际民事诉讼法概论》，武汉大学出版社 2001 年版，第 314 页。

③ 刘卫翔、郑自文：《国际民事诉讼中“不方便法院”原则论》，载《法学评论》1997 年第 4 期。

方便法院为由，要求中止诉讼。而受案法院依据当事人的申请，综合考虑其受理该案或者在其他国家（或者地区）进行诉讼，对当事人更为方便和公正，运用自由裁量权，决定拒绝当事人的申请或放弃行使管辖权。一般认为，不方便原则是为了解决挑选法院而带来的问题。[①] 但从实际运用的效果看，在一定程度上也起到了避免或消除管辖权冲突的作用。

二、不方便法院原则在我国

（一）中国对不方便法院原则的研究

来自英美法系的这一原则，也引起了中国学者的关注，并进行了大量的研究。杜新丽主编的《国际民事诉讼法和商事仲裁》、湖南省高级人民法院民事庭出版的《涉外民事诉讼管辖权问题研究》、李双元的《现行国际民商事诉讼程序研究》、宋建立的《国际民商事诉讼管辖权冲突的协调与解决》等专著中都不同程度地对不方便法院原则进行了研究。还有不少论文也就不方便法院原则进行了专题探讨，邬先江的《不方便法院原则在涉外海事审判中的应用》（《中国海商法年刊》2010 年第 3 期）、邱润根的《不方便法院原则实施条件比较与借鉴》（《法学论坛》2009 年第 1 期）、张淑钿的《论我国不方便法院原则适用的若干争议问题》（《行政与法》2009 年第 7 期）、叶轩宇的《我国采取方便法院原则的可行性》（《江西行政学院学报》2009 年第 1 期）、马明星的《论我国确立不方便法院原则的必要性——以内地处理涉港离婚为例》（《决策与信息》2008 年第 11 期）

① 参见湖南省高院民四庭著：《涉外民事诉讼管辖权》，武汉大学出版社 2008 年版，第 222 页；吴一鸣著：《国际民事诉讼中的拒绝管辖问题研究》，法律出版社 2010 年版，第 113 页；李晶著：《国际民事诉讼中的挑选法院》，北京大学出版社 2008 年版，第 171 页。

等从不同角度探讨了不方便法院原则以及在我国的可行性。这些为学界了解这一法律原则提供了必要的支持。为了扩大对外交往，中国需要对涉外民事诉讼制度进行进一步的修改和完善，其中，了解不方便法院理论是很有必要的。因为中国在一方面扩大本国管辖的同时，必然会与其他国家产生管辖权冲突，如果不能以理智的态度来对待，则将导致其他国家的对等报复。同时，不方便法院理论的正确运用，还可以使中国法院的司法任务简单化，不至于牵涉到与中国没有任何联系、案件的审理极为不便的诉讼活动中，节省司法资源，简化司法任务，有利于我国法院的判决在外国得到承认与执行。

（二）不方便法院原则在立法上的体现

不方便法院原则本质上与我国民事诉讼法有关管辖权规定上的“两便”原则的价值取向是一致的。“两便”是指便于公民进行诉讼和便于法院进行审理。如关于地域管辖的“原告就被告”原则和级别管辖的以基层人民法院行使原审管辖权规定，都充分考虑了使人民接近司法的便宜性和人民法院行使审判权的方便性。不方便法院原则充分考虑当事人的私人利益与法院地公共利益，使与案件联系不大、对被告明显不利、取证困难、证人出庭不方便、判决执行困难的法院放弃对案件的管辖，而让与案件有密切联系、更有利于保障诉讼当事人的合法权益、取证便捷的法院对案件进行审理，正是要求便于公民进行诉讼、便于法院进行审理我国民事诉讼法上“两便”原则的体现。《关于驻外使领馆处理华侨婚姻问题的若干规定》中蕴含着不方便法院原则的原理。1983 年 12 月 27 日外交部、最高人民法院、民政部、司法部、国务院侨务办公室颁布的《关于驻外使领馆处理华侨婚姻问题的若干规定》第 2 条第 3 款规定“夫妻双方均是居住在国外的华侨，他们要求离婚，原则上应向居所地有关机关申请离婚手续”。同条又规定，如“他们原是在外国婚姻登记机关办理登记或举行结婚仪式的，他们的离婚案件国内不受理”。该规定正是考虑到在国外婚姻登记机关办理登记或举行结婚仪式的离婚案件在国内法院审理极其不方便，才排除国内法院的管辖，通说认为这与不方便法院原则十分相似。

另外在立法建议以及草案中，也同样体现了这一原则：《中华人民共和国国际私法示范法》（以下简称《示范法》）第51条有关于不方便法院原则的明确规定。由中国国际私法学会草拟的《示范法》第51条规定："对本法规定中华人民共和国法院享有管辖权的诉讼。如中华人民共和国法院认为实际行使管辖权对当事人及案件的审理均极不方便，且有其他法院对该诉讼的审理更为方便时，经被告申请，可以决定不行使管辖权。"《示范法》虽然是由学术团体拟定，不具有法律上的约束力，但其对立法、司法机关或其他从事涉外事务的政府部门以及法学院校、法学科研单位都具有极大的参考使用价值。因此，《示范法》中对不方便法院原则的明确规定已表明不方便法院原则在我国已得到逐步的认可。

《中华人民共和国民事诉讼法》修改建议稿（第三稿）中有不方便法院原则的规定。《中华人民共和国民事诉讼法》修改建议稿（第三稿）第495条规定：当事人在中华人民共和国法院提起诉讼的，受诉人民法院认为本法院是显著不方便法院。并且存在对该诉讼更为方便的外国法院，可以裁定中止诉讼。人民法院认为审理该诉讼将违背中华人民共和国公共利益的，应当裁定中止诉讼。中华人民共和国法院根据当事人的申请，综合以下主要因素，确定是否是显著不方便法院：

（1）双方当事人的住所或惯常居住地；（2）证据所在地，以及获取此种证据的程序、时间和费用；（3）期间的长短；（4）诉讼文书送达的简繁；（5）中华人民共和国法院是否熟悉或者是否能够及时查明应适用的准据法；（6）判决被承认或执行的可能性。

中华人民共和国法院裁定中止诉讼后，当事人能够证明或者中华人民共和国法院能够确定，外国法院对该诉讼不合理迟延审理，或情势发生变更使中止诉讼变得不合理，应当恢复诉讼。中华人民共和国法院中止诉讼后，外国法院就该诉讼作出了判决，且能被中华人民共和国法院承认或执行的，中华人民共和国法院应当终结诉讼。

如果说以上这些还只是关于不方便原则的设想，那么以下由最高人民法院颁布的一系列规范性指导性文件具体地体现了这一原则：

2004 年 4 月 8 日，最高人民法院民事审判第四庭颁布了《涉外商事海事审判实务问题解答（一）》（以下简称 04《实务解答一》），其中，涉外商事程序部分中的管辖条款的第 7 条详细回答了"如何理解和掌握'不方便法院原则'"。"我国民事诉讼法没有规定'不方便法院原则'。在审判实践中，一方当事人就其争议向人民法院提起诉讼时，另一方当事人往往以我国法院为不方便法院为由要求我国法院不行使管辖权。如果人民法院依据我国法律规定对某涉外商事案件具有管辖权，但由于双方当事人均为外国当事人，主要案件事实与我国没有任何联系，人民法院在认定案件事实和适用法律方面存在重大困难且需要到外国执行的，人民法院不必一定行使管辖权，可适用'不方便法院原则'放弃行使司法管辖权。"这一问题，强调虽然中国《民事诉讼法》中并没有明确规定不方便法院原则，但是在符合条件的情况下，法院可以运用此原则放弃行使某些案件的管辖权。

2005 年 12 月 26 日，最高人民法院发布了关于印发《第二次全国涉外商事海事审判工作会议纪要》（以下简称 05《会议纪要》）的通知，在第一部分"关于案件管辖"中，第 11 条明确了"不方便法院原则"适用的 7 个条件，"我国法院在审理涉外商事纠纷案件过程中，如发现案件存在不方便管辖的因素，可以根据‘不方便法院原则’裁定驳回原告的起诉。‘不方便法院原则’的适用应符合下列条件：(1) 被告提出适用‘不方便法院原则’的请求，或者提出管辖异议而受诉法院认为可以考虑适用‘不方便法院原则’；(2) 受理案件的我国法院对案件享有管辖权；(3) 当事人之间不存在选择我国法院管辖的协议；(4) 案件不属于我国法院专属管辖；(5) 案件不涉及我国公民、法人或者其他组织的利益；(6) 案件争议发生的主要事实不在我国境内且不适用我国法律，我国法院若受理案件在认定事实和适用法律方面存在重大困难；(7) 外国法院对案件享有管辖权且审理该案件更加方便”。05《会议纪要》对该原则的具体适用设定了更加详细的条件，与《示范法》的某些要件不谋而合，也说明我国学术界和司法部门在适用不方便法院原则方面达成了共识，更加认可此原则。

2007 年 11 月 21 日至 22 日，最高人民法院召开了全国法院涉港澳商事审判工作座谈会，并于 2008 年 1 月 21 日发布了《全国法院涉港澳商事审判工作座谈会纪要》(以下简称 08《座谈纪要》)，更加严格限制不方便法院原则的适用。仍然在第一部分“关于案件管辖权”中，第 7 条规定：“人民法院受理的涉港澳商事案件，如果被告未到庭应诉，即使案件存在不方便管辖的因素，在被告未提出管辖权异议的情况下，人民法院不应依职权主动适用不方便法院原则放弃对案件的管辖权。”可见，我国对不方便法院原则的适用增加了更加严格的规定，对待此原则更加谨慎，以使此原则在没有明确立法的情况下得到更加规范的适用。

很遗憾 2012 年《民事诉讼法》中依然没有与不方便法院原则相关的规定，而是在 2015 年《民诉解释一》第 532 条则对“不方便法院原则”进行了明确的规定：

“涉外民事案件同时符合下列情形的，人民法院可以裁定驳回原告的起诉，告知其向更方便的外国法院提起诉讼：

（一）被告提出案件应由更方便外国法院管辖的请求，或者提出管辖异议；

（二）当事人之间不存在选择中华人民共和国法院管辖的协议；

（三）案件不属于中华人民共和国法院专属管辖；

（四）案件不涉及中华人民共和国国家、公民、法人或者其他组织的利益；

（五）案件争议的主要事实不是发生在中华人民共和国境内，且案件不适用中华人民共和国法律，人民法院审理案件在认定事实和适用法律方面存在重大困难；

（六）外国法院对案件享有管辖权，且审理该案件更加方便。”

（三）司法实践中对不方便法院原则的适用

在司法实践中，早已出现法院根据不方便法院原则的法律精神对相关涉外民商事案件作出处理的案例，比较典型的案例有以下几个：

1. 日本公民大仓大雄诉朱某离婚案

在本案中，日本公民大仓大雄与我国公民朱某结婚后，双方在日本共同生活，后发生纠纷，大仓大雄向上海市中级人民法院起诉离婚，目的是保护其在日本的财产不因离婚而受损失。由于双方婚后住所在日本，有关的夫妻财产也在日本，上海市中级人民法院经审理认为，如果诉讼在我国进行，既不便于双方当事人诉讼，也不利于查清夫妻关系的真实情况，更无法查明大仓大雄在日本的财产，难以保护当事人的合法权益。因此，上海市中级人民法院未行使司法管辖权，告知大仓大雄去日本法院起诉。

2. 赵某请求确认产权案

本案系一起涉外财产诈骗案，原告在我国，但涉诉财产位于日本，主要诈骗人也在日本。关于本案的管辖，我国法院经审理认为，从传讯证人、收集证据等方面看，日本法院受理对当事人更为方便，因而未予受理本案。

3. 甲友银行有限公司与乙华房地产有限公司贷款合同纠纷管辖权异议案【（1999）经终字第194号】①

关于该案的管辖权问题，最高人民法院在其裁定书里，这样论述："由于本案双方当事人均系在香港注册登记成立的法人，该融资贷款协议的签订地、履行地均在香港，当事人又选择香港法作为融资贷款协议的准据法，从方便诉讼的原则考虑，本案由香港特别行政区法院管辖更为适宜，广东省高级人民法院不宜受理本案。"

如果说早期的案例还只是对不方便法院原则的一种尝试，那么04《实务解答一》之后，司法案例中不乏出现运用不方便法院原则这一规定审理的案件：

4. Baron Motor cycles INC.（巴润摩托车有限公司）诉AWELLLOGISTICSGROUP，INC.（美顺国际货运有限公司）海上货物运输合同货损赔偿纠纷案【（2009）浙辖终字第81号】②

二审法院认为：

虽然宁波海事法院作为装货地法院对本案有管辖权，但是本

① 《住友银行有限公司与新华房地产有限公司贷款合同纠纷管辖权异议案》，载北大法宝网，https://sslvpn.bnu.edu.cn/case/，DanaInfo = www.pkulaw.cn+pfnl_1970324837022850.html？keywords，2017年8月8日访问。

② 载浙江法院公开网，http://www.zjsfgkw.cn/document/JudgmentDetail/2576230,2017年8月18日访问。

案双方当事人均系美国公司，争议的主要事实即无单放货并非发生在我国境内，双方当事人也未协议选择我国法院管辖，且案件不属于我国法院专属管辖范围，案件存在不方便管辖因素，原审法院依据不方便法院原则驳回原告的起诉并无不当。

从当事人的国籍、主要争议事实发生地、有无协议管辖、专属管辖以及不方便因素考察不方便法院原则的适用。

5. 巴润摩托车有限公司诉美顺国际货运有限公司海上货物运输合同货损赔偿纠纷案【（2008）甬海法商初字第 277 号】[①]

法院在其裁定书中这样写道：

不方便法院原则，虽然我国现行法律没有明确规定，但是在司法实践中，有的法院已经采用过，且得到了最高人民法院的肯定。本案中，双方当事人均为美国注册公司、涉案提单由美国的被告签发、是否无单放货事实的争议也发生在美国，认定案件关键事实的证据都要在美国收集，本院审理极不方便，应当适用不方便法院原则。参见最高人民法院关于印发《第二次全国涉外商事海事审判工作会议纪要》的通知（法发［2005］26 号）第 11 条规定：我国法院在审理涉外商事纠纷案件过程中，如发现案件存在不方便管辖的因素，可以根据“不方便法院原则”裁定驳回原告的起诉。“不方便法院原则”的适用应符合下列条件：(1) 被告提出适用“不方便法院原则”的请求，或者提出管辖异议而受诉法院认为可以考虑适用“不方便法院原则”；(2) 受理案件的我国法院对案件享有管辖权；(3) 当事人之间

---

① 《BaronMotorcyclesINC.（巴润摩托车有限公司）诉 AWELLLOGISTICSGROUP，INC.（美顺国际货运有限公司）海上货物运输合同货损赔偿纠纷案》，载无讼网，https://www.itslaw.com/detail? judgementId = a2e6e1a5－9814－4395－99a8－02f6f434e03f&area = 1&index = 10&sortType = 1&count = 11&conditions = searchWord，2017 年 8 月 18 日访问。

不存在选择我国法院管辖的协议；（4）案件不属于我国法院专属管辖；(5) 案件不涉及我国公民、法人或者其他组织的利益；(6) 案件争议发生的主要事实不在我国境内且不适用我国法律，我国法院若受理案件在认定事实和适用法律方面存在重大困难；（7）外国法院对案件享有管辖权且审理该案件更加方便。

……本院对该案件具有管辖权，但是主审人认为，本院系不方便法院，理由有：一是原、被告双方均系美国注册的公司，案件的审理不涉及我国公民、法人或者其他组织的利益；二是原、被告没有约定选择本院管辖的协议，且本案争议不属于我国法院专属管辖；三是案件争议的主要事实，即被告是否在目的港无单放货，不在我国境内发生，本院受理非常不便利，如证据的公证、认证和证明程序，对可能适用的美国法律的熟悉程度及其查明，裁判等法律文书的承认和执行，以及案件审理的效率和法院财政开支等；四是涉案货物交付地及无单放货争议事实的发生地在美国，美国当地法院对本案享有管辖权，且审理该案件更加方便，如原、被告参加庭审，证人出庭，证据收集和出示等。

法院主要从法人注册地、有无协议管辖、争议的主要事实发生地及不方便因素出发考察不方便法院原则的适用。

6. 丙腾电子有限公司与丁毅电子有限公司买卖合同纠纷一案二审民事裁定书【（2009）沪高民四（商）终字第59号】[①]

其中，一审法院认为：

原审法院对本案依法享有管辖权，但综合考虑本案实际情

① 载上海市高级人民法院网-裁判文书，http://www.hshfy.sh.cn/shfy/gweb/flws_view.jsp? pa=adGFoPaOoMjAwOaOpu6a438Pxy8Qoycwp1tXX1rXaNTm6xSZ3c3hoPTEPdcssz&jdfwkey=g73ut1，2017年8月18日访问。

况，本案存在原审法院不方便管辖的因素。首先，本案货物买卖的交货、付款等主要履行事实均发生在香港特别行政区，且纠纷应适用香港特别行政区法律，原审法院如继续审理将在认定事实和适用法律方面存在重大困难。其次，双方均为香港特别行政区企业，香港特别行政区法院对双方争议有管辖权，且审理更加方便，尽管丙腾公司提出产品最终用户在深圳，但这仅涉及丁毅公司收货后转卖的问题，并不影响案件在香港特别行政区审理更为方便的客观情况。最后，双方在订单中没有约定纠纷由我国内地法院进行管辖的条款，且丁毅公司在本案中已经提出适用“不方便法院原则”的请求。因此，原审法院对于审理双方间的买卖合同纠纷为不方便法院，丙腾公司起诉不符合《中华人民共和国民事诉讼法》第二条规定的便于当事人进行诉讼和便于人民法院行使审判权的两便原则，丙腾公司的起诉应予驳回。据此，裁定：驳回丙腾公司的起诉。

二审法院：原审法院对本案依法享有管辖权。但由于丙腾公司、丁毅公司均系在香港特别行政区登记成立的企业，且本案货物买卖的交货、付款等主要案件事实均发生在香港特别行政区，故我国内地法院在认定案件事实和适用法律等方面存在重大困难。在丁毅公司申请适用不方便法院原则的情况下，原审法院适用该原则驳回丙腾公司的起诉并无不当。

7. Sam 乙与 Sam 甲一案二审民事裁定书【（2010）浙辖终字第 135 号】[①]

原审法院审查认为，本案系涉外案件，应根据《中华人民共和国民事诉讼法》第二十四章的规定确定管辖。本案当事人并未用书面协议选择与争议有实际联系的地点的法院管辖，故应

① 载浙江法院公开网，http://www.zjsfgkw.cn/document/JudgmentDetail/2579573,2017 年 8 月 18 日访问。

依照《中华人民共和国民事诉讼法》第二百四十一条规定来确定本院是否有权管辖本案。由于被告三星重工在某地有可供扣押的财产，本院受理本案，符合法律规定。至于被告三星重工在某地可供扣押财产的多寡，并不影响本案管辖权的确定。被告三星物产作为原告诉称的连带责任人，在共同诉讼中，理应接受本院管辖。我国香港特别行政区虽为1952年《船舶碰撞中民事管辖权方面某些规定的国际公约》签约地区，但我国和大韩民国均不是该公约的缔约国，因此，本院并无对本案适用该公约的义务。其次，本案审理虽有一定难度，但尚未达到重大困难的程度，且原告为我国香港特别行政区的法人，故本案不适用“不方便法院原则”。此外，原告诉请赔偿的损失是否已经实际发生，被告三星重工可供扣押的财产是否被扣押，本院审理本案是否会导致同一事实和法律问题与韩国法院得出不同结论，以及证据调查方面的难易和案件审理时间的长短，均不影响本案管辖权的确定。裁定驳回两被告对本案管辖权提出的异议。

关于本案是否适用“不方便法院原则”。最高人民法院《第二次全国涉外商事海事审判工作会议纪要》（法发［2005］26号）规定：我国法院在审理涉外商事纠纷案件过程中，如发现案件存在不方便管辖的因素，可以根据“不方便法院原则”裁定驳回原告的起诉。“不方便法院原则”的适用应符合下列条件：(1) 被告提出适用“不方便法院原则”的请求，或者提出管辖异议而受诉法院认为可以考虑适用“不方便法院原则”；(2) 受理案件的我国法院对案件享有管辖权；(3) 当事人之间不存在选择我国法院管辖的协议；(4) 案件不属于我国法院专属管辖；(5) 案件不涉及我国公民、法人或者其他组织的利益；(6) 案件争议发生的主要事实不在我国境内且不适用我国法律，我国法院若受理案件在认定事实和适用法律方面存在重大困难；(7) 外国法院对案件享有管辖权且审理该案件更加方便。就本案而言，船舶碰撞和油污损害的主要事实发生在韩国，案件所涉及的证据材料基本以韩语记载，根据我国《海商法》第二百七十三条规定，本案有关碰撞之损害赔偿应当适用韩国法，某地法院受理本案在认定事实和适用法律上将存在重大不方便因素。事故发生后，韩国主管机关已经对碰撞事故和油污损害事故进行了调查、证据采集以及事故认定，有关事故的刑事案件和民事案件也已经在韩国当地法院进行审理或已经作出了判决，三星重工和河北××业已在韩国申请设立了海事赔偿责任限制基金以及油污损害赔偿责任限制基金，因此，无论从案件审理还是当事人应诉的便利性来说，本案由韩国法院审理更加方便是毋庸置疑的。另外，本案争议不属于我国法院专属管辖，当事人之间也没有达成选择我国法院管辖的协议，本案原告河北××虽系香港公司，但内地和香港地区分属不同法域，也没有证据证明由韩国法院审理本案会损害原告河北××的利益。综上，本案符合适用“不方便法院原则”各项条件，某地法院受理本案不利于事实的查清和纠纷的解决。上诉人的上诉理由成立，本院予以支持。

二审法院比较笼统地说明该案符合05《会议纪要》第11条关于不方便法院原则所列的条件。

8. 某某某与原告北京翔宏旭兴技术开发有限公司借款合同纠纷一案二审民事裁定书【（2012）高民终字第01771号】①

一审法院认为，不符合不方便法院原则适用的条件。

二审法院：

---

① 《某某某与原告北京翔宏旭兴技术开发有限公司借款合同纠纷一案二审民事裁定书》，载无讼网，https://www.itslaw.com/detail?judgementId=9c82a7c6-50e9-460c-9711-86840f520e30&area=1&index=1&sortType=1&count=1&conditions=searchWord，2017年8月18日访问。

先锋钢铁公司援引“不方便法院原则”，所依据的是最高人民法院2005年12月26日印发的《第二次全国涉外商事海事审判工作会议纪要》第11条的规定，内容为“我国法院在审理涉外商事纠纷案件过程中，如发现案件存在不方便管辖的因素，可以根据‘不方便法院原则’裁定驳回原告的起诉”。但该条还明确规定：“‘不方便法院原则’的适用应符合下列条件：(1) 被告提出适用‘不方便法院原则’的请求，或者提出管辖异议而受诉法院认为可以考虑适用‘不方便法院原则’；(2) 受理案件的我国法院对案件享有管辖权；(3) 当事人之间不存在选择我国法院管辖的协议；(4) 案件不属于我国法院专属管辖；(5) 案件不涉及我国公民、法人或者其他组织的利益；(6) 案件争议发生的主要事实不在我国境内且不适用我国法律，我国法院若受理案件在认定事实和适用法律方面存在重大困难；(7) 外国法院对案件享有管辖权且审理该案件更加方便。”以上规定表明，如果不符合以上规定所确定的条件，是不能适用“不方便法院原则”的。本案中，不仅双方当事人约定了选择我国法院管辖和适用我国法律，而且案件争议发生的主要事实均在我国境内，案件的审理结果涉及我国法人的利益。先锋钢铁公司提出的其注册地、清盘地在英属维尔京群岛，英属维尔京群岛法院对本案具有管辖权，审理更为方便。但本院认为，英属维尔京群岛法院对本案具有管辖权，也不影响一审法院作为中华人民共和国法院对本案行使管辖权，故本案不适用“不方便法院原则”。

二审法院以协议管辖的存在而拒绝适用不方便法院原则。

9. 张某、山东甲凯不锈钢有限公司、淄博甲凯再生资源有限公司、山东甲铭铜业有限公司、山东甲普铜业有限公司、山东乙盈新材料科技有限公司与丙盛有限公司保证合同纠纷二审民事裁定书【（2014）民四终字第27号】①

一审山东省高级人民法院认为：

该院对本案具有管辖权。

张某等七上诉人称本案应适用“不方便法院原则”，但最高人民法院《第二次全国涉外商事海事审判工作会议纪要》第十一条明确载明，“不方便法院原则”的适用应符合下列条件：(1) 被告提出适用“不方便法院原则”的请求，或者提出管辖异议而受诉法院认为可以考虑适用“不方便法院原则”；(2) 受理案件的我国法院对案件享有管辖权；(3) 当事人之间不存在选择我国法院管辖的协议；(4) 案件不属于我国法院专属管辖；(5) 案件不涉及我国公民、法人或者其他组织的利益；(6) 案件争议发生的主要事实不在我国境内且不适用我国法律，我国法院若受理案件在认定事实和适用法律方面存在重大困难；(7) 外国法院对案件享有管辖权且审理该案件更加方便。该条规定的条件之一是“受理案件的我国法院对案件享有管辖权”，申请人要求适用上述原则，与其对山东高院管辖权提出异议的观点相悖，且“案件不涉及我国公民、法人或者其他组织的利益”的条件亦与本案情形不符。故张某等七上诉人的管辖权异议不能成立，对其请求不应支持。该院依照《中华人民共和国民事诉讼法》第二

---

① 《张凯钧、山东中凯不锈钢有限公司、淄博中凯再生资源有限公司、山东中铭铜业有限公司、山东中普铜业有限公司、山东汇盈新材料科技有限公司与立盛有限公司保证合同纠纷二审民事裁定书》，载中国裁判文书网 http://wenshu.court.gov.cn/content/content? DocID=db22c8be-0629-4857-a138-5b4dfcb04f6d，2017年8月18日访问。

十三条、第一百二十七条第一款、第一百五十四条第一款第二项之规定，裁定：驳回张某等七上诉人对该案管辖权提出的异议。

二审最高人民法院认为：

张某等七上诉人没有证据证明本案应适用“不方便法院原则”。故其管辖权异议理由不能成立。

山东高院从与当事人提出管辖权异议的观点相悖以及从涉及我国公民、法人或者其他组织的利益出发；最高人民法院则以当事人没有证据证明本案应适用“不方便法院原则”为由拒绝适用不方便法院原则。

2015 年《民诉法解释》之后，法院在运用不方便法院原则时，并没有大的实质上的区别。

10. 中国农产品交易有限公司与王某、武汉天乙工贸发展有限公司股权转让纠纷二审民事裁定书【（2015）民四终字第 57 号】①

最高人民法院认为：

上诉人还提出协议的签订地及被上诉人的实际住所地均为香港，争议适用的准据法为香港法，由内地法院管辖“不方便”。但从本案实际情况看，由内地人民法院审理本案才方便判决的执行，而判决能否执行也是人民法院在适用“不方便法院”规则时需要考量的一个重要因素。本案原告的一审诉讼请求是：判令王某、天乙公司协助白沙洲公司向中华人民共和国商务部办理协议报送手续。如果由香港特别行政区法院审理该请求，有关判决将无法执行。由内地人民法院审理，则不存在执行上的困难。

在该案中最高人民法院把“判决能否执行”作为不方便法

① 《中国农产品交易有限公司与王秀群、武汉天九工贸发展有限公司股权转让纠纷二审民事裁定书》，载中国裁判文书网，http://wenshu. court. gov. cn/content/content? DocID = a4d9115c - bcc2 - 4f72 - a103 - c6a7d68833bc，2017 年 8 月 18 日访问。

院原则的考察因素，而且是“重要因素”。

11. 企业借贷纠纷二审民事裁定书【(2015) 沪高民二（商）终字第 S7 号】①

一审法院在审理过程中，丙德投资公司在答辩期内对本案管辖权提出异议，认为一审法院对本案无管辖权或不方便管辖，要求驳回丙德控股公司的起诉。

一审法院认为：

丙德投资公司在上海市闵行区设立有全资子公司，即丙德投资公司在上海市闵行区有可供扣押的财产，且属该院辖区，故依照《中华人民共和国民事诉讼法》第二百六十五条之规定，该院对本案依法享有管辖权。但综合考虑本案实际情况，本案存在不方便管辖的因素。首先，根据丙德控股公司目前提交的证据材料显示，系争借款从丙德控股公司在美林证券公司香港办事处的账户汇至丙德投资公司在荷兰银行新加坡分行的账户内，即系争借款关系的主要履行事实均发生在中国境外，且双方就本案准据法的确定无法达成一致意见，本案纠纷将适用香港法律或新加坡法律，如继续审理将在认定事实和适用法律方面存在重大困难。丙德控股公司仅凭借款指令在中国境内发出即认为借款主要事实发生在中国境内的观点不能成立，不予采纳。其次，双方均为外国企业，根据系争借款的汇付情况，香港法院或新加坡法院对双方争议有管辖权，且审理更加方便，尽管丙德控股公司提出系争借款由丙德投资公司投资于扬州丙德公司，但这仅涉及借款的具体用途，并不改变借款法律关系的履行均在中国境外的客观情况。最后，双方未约定纠纷由中国法院管辖，且丙德投资公司在本案中已经提出适用“不方便法院原则”的请求。因此，该院

① 载上海法院网，http://shfy.chinacourt.org/paper/detail/2016/06/id/1673095.shtml,2017 年 8 月 18 日访问。

对于审理本案借款纠纷为不方便法院，丙德控股公司起诉不符合《中华人民共和国民事诉讼法》第二条规定的便于当事人进行诉讼和便于人民法院行使审判权的两便原则，据此裁定驳回丙德控股公司的起诉。

本院认为：

本案为涉外借款合同纠纷。一审法院作为丙德投资公司可供扣押财产所在地法院对本案享有管辖权。根据《民诉法解释》第五百三十二条的规定，涉外民事案件同时符合下列情形的，法院可以适用“不方便法院原则”驳回原告的起诉：（一）被告提出案件应由更方便外国法院管辖的请求，或者提出管辖异议；（二）当事人之间不存在选择中国法院管辖的协议；（三）案件不属于中国法院专属管辖；（四）案件不涉及中国国家、公民、法人或者其他组织的利益；（五）案件争议的主要事实不是发生在中国境内，且案件不适用中国法律，中国法院审理案件在认定事实和适用法律方面存在重大困难；（六）外国法院对案件享有管辖权，且审理该案件更加方便。鉴于本案系企业借贷纠纷，不属中国法院专属管辖，当事人之间也不存在选择中国法院管辖的协议，且丙德投资公司已经提出适用“不方便法院原则”的请求，故本案的主要争议在于案件是否存在《民诉法解释》第五百三十二条第（四）项、第（五）项、第（六）项所列的情形。对此，本院具体分析如下：

一、关于本案是否涉及中国国家、公民、法人或其他组织的利益

本案双方当事人虽然均为注册于境外的外国企业，但本院注意到：1. 丙德控股公司提交的其注册登记材料显示，其系依据《开曼公司法》注册成立的公司（俗称离岸公司），根据该法，丙德控股公司不得在其注册地开展经营活动。2. 丙德投资公司系依据新加坡公司法注册成立，其董事柏某在双方另案诉讼中出

具给新加坡高等法院的誓词中陈述，丙德投资公司不在其注册地经营业务，该地址只是公司委托的企业秘书服务公司的地址。3. 丙德控股公司提交的其与银行之间的汇付款通知等材料显示，丙德控股公司与丙德投资公司的实际经营地均位于中国无锡新区长江南路×××-×××号，丙德控股公司财务经理的办公室位于无锡。4. 丙德控股公司在美国纽约证券交易所上市招股说明书及大量的公司公告均载明，其主要办公机构位于中国无锡长江南路×××-×××号，公司的所有商业运营均在中国开展，且公司的所有财产都位于中国。5. 当事人提交的公司注册登记材料显示，丙德控股公司和丙德投资公司均有多名中国籍董事，且均在中国境内有住所。6. 验资报告显示，2008 年 8 月 12 日，丙德投资公司将系争款项作为增资款汇入扬州丙德公司。7. 丙德投资公司在上海和江苏扬州分别设有全资子公司上海丙德公司和扬州丙德公司，注册资金分别为 8756 万美元和 9000 万美元。综上，本院认为，本案双方当事人虽然为境外注册公司，但双方的实际经营活动和办公场所均位于中国境内，双方的多名董事和工作人员也居住于境内，系争借款也是用于中国境内子公司的增资，且丙德投资公司可供执行的财产亦在中国境内，因此本案争议并非与中国国家、公民、法人或其他组织的利益无涉，一审法院将本案当事人作为普通的外国企业对待，而未能充分考虑其作为离岸公司注册地和实际经营地相分离的特点，本院不予赞同。

二、关于中国法院审理本案是否在认定事实和适用法律方面存在重大困难

《民诉法解释》第五百三十二条第（五）项所列的“在认定事实和适用法律方面存在重大困难”，有其适用的前提条件，即“案件争议的主要事实不是发生在中国境内，且案件不适用中国法律”。就本案而言，双方的实际经营地和办事机构均位于中国无锡，丙德控股公司的付款指令是在无锡作出，银行完成划款后

是向双方在无锡的办公地进行通知，借款也是用于丙德投资公司在境内的增资，因此，本案争议的主要事实并非与中国无涉，一审法院仅凭系争借款通过境外银行汇付即认定本案的主要履行事实均发生在境外，有失偏颇，本院不予支持。如上所述，本案系争合同与中国有着十分密切的联系，故在当事人未对合同争议适用法律作出选择的情况下，应根据中国涉外民事关系法律适用法的相关规定确定本案准据法。一审法院认为本案应适用外国法并认定本案在认定事实和适用法律方面存在重大困难，依据不足，本院不予认可。

三、关于外国法院审理本案是否更加方便

丙德投资公司主张本案由新加坡法院审理更为方便，其主要理由是其住所地在新加坡，且新加坡法院已经受理了双方另一关联案件。对此本院认为，对于是否“更方便外国法院”，应当根据案件的具体情况，从及时、有效和最大限度保护当事人合法权益出发，综合考量各种因素予以确定。本案中，双方当事人的实际经营地均位于中国境内，双方多名董事和有关的业务经办人员也居住于中国境内，中国法院审理案件在文书送达、证据获取、证人出庭作证等方面并不存在“非便利性”因素。需特别指出的是，“判决能否得到执行”是适用“不方便法院原则”的重要考虑因素。本案中，丙德投资公司可供执行财产在中国境内并被采取保全措施，由中国法院审理案件最有利于判决的执行。相反，若由新加坡法院审理本案，由于中国与新加坡签订的双边司法协助条约并不包括判决的相互承认和执行，即使丙德控股公司获得胜诉判决，其合法权益也难以得到有效维护，因此，新加坡法院并非审理本案的“更方便法院”。一审法院以自身是不方便法院为由拒绝对本案纠纷行使管辖权依据不足，本院不予支持。

一审法院以当事人提出适用不方便法院原则的请求、无协议管辖、外国法院有管辖权并审理更加方便、当事人均为外国企业、法律适用困难、争议事实主要发生在境外为由，适用不方便法院原则，拒绝行使管辖权。

二审法院则从《民诉法解释》第532条出发，详细分析了每一项，这是在涉及不方便法院原则的裁定书里最为全面的分析适用了《民诉法解释》第532条。

12. 珠海甲乐电力母线槽有限公司与茂名市茂南建乙集团有限公司买卖合同纠纷二审民事裁定书【（2015）珠中法立民终字第283号】[①]

原审法院认为，适用上述法条的前提必须是我国法院对案件本身享有管辖权，同时，该法条规定的六种条件必须同时满足具备，本案珠海甲乐公司、茂南乙安公司双方均为国内法人，合同履行期间也在我国境内，双方的合同权利义务均应适用我国法律，因此，茂南乙安公司主张本案由澳门特别行政区法院管辖更为便利，缺乏事实与法律依据，原审法院不予采纳。

关于上诉人提出的本案由横琴法院进行审理，将无法在境外从事调查取证司法活动，对本案事实的审查认定客观上存在障碍，由澳门特别行政区法院管辖较为便利的问题。根据《最高人民法院关于适用〈中华人民共和国民事诉讼法〉的解释》第五百三十二条规定，必须在该条规定的六种条件同时满足的情况下，人民法院才能适用“不方便法院原则”放弃管辖权。本案双方当事人均为国内法人，合同履行期间也在我国大陆境内，适用我国法律处理双方的权利义务不存在重大困难情形。因此，上诉人认为澳门特别行政区法院管辖较为便利的上诉主张没有事实

① 《珠海光乐电力母线槽有限公司与茂名市茂南建安集团有限公司买卖合同纠纷二审民事裁定书》，载中国裁判文书网，http://wenshu.court.gov.cn/content/content? DocID = 7d73070f-2c05-4a89-b40d-93dc0049e806，2017年8月18日访问。

和法律依据，本院不予支持。

法院以“国内法人”排除了不方便法院原则的适用。

13. 廖某与珠海横琴甲策投资控股有限公司、澳门甲投置地有限公司商品房预售合同纠纷二审民事裁定书【（2016）粤民辖终150号】①

二审法院认为：

因本案涉及国内法人利益，故本案不属于《最高人民法院关于适用〈中华人民共和国民事诉讼法〉的解释》第五百三十二条规定的不方便法院原则适用的范围。

法院以涉及“国内法人利益”为由，拒绝适用不方便法院原则。

可以看出，根据不同纠纷的具体情况，在具体案件中运用不方便法院原则，应该从不同的角度分析。不方便法院原则的确立能够有效地避免平行诉讼，减少平行诉讼出现的可能性。不过，一旦受理涉外案件，我国法院大多数时候更倾向于由本国法院管辖案件，而不是将管辖权拱手让给外国法院，因此在笔者看来，不方便法院原则在我国的适用更多地体现了对我国司法主权的保护。第一，从以上表格可以看出，无论在2015年《民诉法解释》颁布前后，我国法院在大部分情况下都不会适用不方便法院原则，而《民诉法解释》事实上还进一步压缩了此原则的适用空间。不方便法院原则要在我国得到适用，必须同时满足若干条件，包括被告提出请求或异议、没有协议管辖、不属于我国专属管辖、不涉及我国民事主体的利益、主要争议事实发生在境外、不适用我

① 《廖僖芸与珠海横琴华策投资控股有限公司、澳门华投置地有限公司商品房预售合同纠纷二审民事裁定书》，中国裁判文书网，http://wenshu.court.gov.cn/content/content? DocID = 5da2a041 - 18d9 - 46bf - a28f - be48f05e25fc，2017年8月18日访问。

国法律、外国法院对案件有管辖权等。根据笔者的统计，《民诉法解释》第532条第4项（“案件不涉及中华人民共和国国家、公民、法人或者其他组织的利益”）和第5项（“案件争议的主要事实不是发生在中华人民共和国境内，且案件不适用中华人民共和国法律，人民法院审理案件在认定事实和适用法律方面存在重大困难”）便足以排除大部分起诉至我国法院的涉外民事案件适用不方便法院原则的可能。第二，因为法条用语较为模糊，法官在解释公共利益、私人利益、认定事实和适用法律存在重大困难、外国法院审理案件更加方便等语句时尚留有较大的自由裁量权。从文中可以看出，在将不方便法院原则正式纳入我国民诉法体系后，不明确指出裁判法律依据或仅依靠法律裁判的相关案件显著减少，但仍存在法官根本不会详细展开论述的情况，甚至还不乏直接忽略被告或上诉人相关主张的案件。第三，从法条用语来看，即使某案件同时符合了上述几个条件，法院也不过是“可以”而非“应当”适用不方便法院原则，这进一步导致了该原则适用空间的狭窄。第四，我国法院一旦认为某案件可以适用不方便法院原则，其后果是“裁定驳回原告的起诉，告知其向更方便的外国法院提起诉讼”，而英国法院会中止诉讼，美国法院会中止诉讼或附条件拒绝管辖，可见在根据不方便法院原则确定管辖权后，并非只可以存在继续审理、驳回起诉两条道路。

实践中还有许多法院运用不方便法院原则的案例，理论来源于实践，理论的探讨又会促进立法的发展，相辅相成。《民诉法解释》第532条为解决纠纷提供了审判依据，同时也为学者搭起了一个研究的平台，为学者提供了许多研究的空间，诸如：是否必须经当事人的申请方能启动不方便法院原则的考察，法院能否自行启动？当事人之间不存在协议管辖是否包括协议管辖无效？外国法院的管辖权如何确定？不方便审理的因素可以包括哪些？如何界定涉及国家、公民法人或其他组织的利益？等等。这些都需要我们通过大量的司法案例分析考察，以求得合理的答案。

第七节　禁诉令[①]

一、禁诉令的内涵

（一）禁诉令的理解

对禁诉令的理解是在国际范畴下的，在牛津大辞典中禁诉令

---

① 有关禁诉令在学界有不少研究成果，除了欧福永的专著《国际民事诉讼中的禁诉令》（北京大学出版社 2007 年版），还有不少论文。赵畅：《浅析禁诉令制度在我国国际私法中的适用》，载《法制博览》2016 年第 36 期；赵景顺、周兢：《对英国禁诉令制度的思考》，载《人民司法》2015 年第 17 期；杨梦平：《从“‘JSC’v‘AES’案”析英国禁诉令制度》，载《法制博览》2015 年第 31 期；赵可：《论当代英国禁诉令的发展》，载《法制博览》2015 年第 24 期；李晓枫：《论以我国行为保全制度实现禁诉令功能》，载《法学杂志》2015 年第 7 期；何静静：《国际商事仲裁中的禁诉令：司法保护还是司法干预?》，载《湖北广播大学学报》2014 年第 4 期；蒋圣力：《我国海事诉讼中引入禁诉令制度的思考》，载《山西省政法干部管理学校学报》2014 年第 1 期；余硕：《浅析国际平行诉讼中的禁诉令制度》，载《法制与经济（中旬刊）》2013 年第 12 期；屈雨欣：《简析英国禁诉令制度》，载《学理论》2013 年第 32 期；彭奕：《我国内地适用禁诉令制度探析》，载《武汉大学学报（哲学社会科学版）》2012 年第 5 期；张丽英、尚迪：《从“尼亚加拉海运公司诉天津钢铁集团”案析英国禁诉令》，载《世界海运》2012 年第 3 期；张丽英：《“最先受诉法院原则”与禁诉令的博弈》，载《中国海商法研究》2012 年第 1 期；姚建军：《英美法系国家（地区）的禁诉令制度及对我国的借鉴》，载《人民司法》2011 年第 1 期；王娟：《关于我国引入禁诉令制度的思考》，载《法学评论》2009 年第 6 期；杨良宜：《论英国法院的止诉禁令》，载《中国海商法年刊》2009 年第 3 期；彭先伟：《禁诉令的终结？——评欧盟法院就 the“FRONT COMOR”案的裁决》，载《中国海商法年刊》2009 年第 4 期；张利民：《国际民诉中禁诉令的运用及我国禁诉令制度的构建》，载《法学》2007 年第 3 期。

被定义为裁判者做出要求当事人为或者不为某种行为的命令。[①] 而我国，有诉前禁令的规定，诉前禁令主要是在知识产权相关法律中设立禁止令制度（责令停止侵权行为）。例如，《中华人民共和国专利法》第66条规定："专利权人或者利害关系人有证据证明他人正在实施或者即将实施侵犯专利权的行为，如不及时制止将会使其合法权益受到难以弥补的损害的，可以在起诉前向人民法院申请采取责令停止有关行为的措施。"可见，诉前禁令发生于诉讼开始前，经当事人申请，由法院发出禁止被申请人实施某种行为或者强迫被申请人停止实施某种行为，其目的是防止给申请人造成不可弥补的损害或者避免申请人遭遇证据被销毁的危险，保护申请人的合法权利，因此，在这里，诉前禁令是一种内国法院针对侵权行为的预防性救济规定，如前所述，本节所阐述的禁诉令是指在涉外民商事案件管辖权中所产生的一国法院针对特定当事人在外国法院诉讼所发布的有法律效力的禁止命令。

禁令制度源于14世纪和15世纪的英国，形成于18世纪和19世纪，在早期的英格兰，王室法院与教会法院并存，从而导致了管辖权的重叠和冲突。禁诉令则是大法官依据良知正义和罗马自然法发展起来的、增强和辅助普通法的衡平法的重要救济方法之一，最初是作为解决国内诉讼竞合的一种手段出现的。而现在的意义则是指法院做出的要求当事人为或者不为特定行为的命令，是禁止当事人在他国法院提起诉讼或继续诉讼的命令。[②] 为

① 参见牛津法律大辞典编译组：《牛津法律大辞典》，光明日报出版社1988年版，第453页，原文为：禁止令，也称禁令、强制令，是指在诉讼过程中，侵权表面成立，根据权利人或利害关系人的申请，在对争议事项进行全面审理之前，裁判者作出要求侵权当事人实施某种行为或禁止一定行为的命令。

② 张利民：《国际民诉中禁诉令的运用及我国禁诉令制度的构建》，载《比较法研究》2007年第3期。

了抑制教会法院管辖权的扩张，王室法院便以禁诉令状的形式对教会法院的管辖权范围加以限制。该令状是一种由大法官以国王的名义发布的、因案件被告人就教会法院对争讼事件的裁判权能提出质疑，且认为此救济是有必要的，而禁止教会法院继续审理此案、或禁止执行判决的禁令。[①] 进入 14 世纪以后，在英国一直占据主导地位的普通法院出现了僵化、法官保守、过渡形式化以及司法不公等问题，为了应对普通法院的这些问题，衡平法以及衡平法院应运而生，衡平法是建立在公平正义的基础之上的，衡平法院的主要目的在于既保证法律的稳定统一同时也实现特殊个案的公正。为此，衡平法院创设了多种救济手段，如信托制、衡平法上的赎回权、特别履行和禁制令等，禁诉令就是其中一种，包括临时性禁诉令和永久性禁诉令，其主要是被衡平法院用作为特定情况下阻止当事人在普通法院提起诉讼的手段，以免出现严重违反良知的情形，由此也逐渐在英国确立了衡平法优于普通法的原则。可以说，禁诉令对衡平法的发展起到了重要作用。

现代禁诉令是一国法院发布的终止当事人在本国法院或者仲裁庭以外法院进行诉讼的命令，目的在于禁止本国对其具有管辖权的一方当事人在他国法院提起诉讼或者参加预期的或未决的诉讼，违背禁诉令，将会因藐视法庭而被处罚，如对当事人采取财产冻结等措施。发布禁诉令时，不得违反国际条约的义务，不得违背实际联系原则。一般情况下，发布禁诉令时要满足以下条件：申请发布禁诉令的主体是案件当事人而不能是法院或者法官主动依据职权发布[②]；对象是诉讼当事人而非外国法院；前提是

① 罗辉：《中世纪西欧教会的司法管辖权》，载《社会科学辑刊》2010 年第 4 期。

② 参见徐卉著：《涉外民商事诉讼管辖权冲突研究》，中国政法大学出版社 2001 年版，第 179~185 页。

法院认为其拥有被申请人的属人管辖权或被申请人需要在本国有财产尤其是不动产；[①] 禁诉令所针对的案件需要是在另一国法院被提起的同一争议并且是未决诉讼或者是预期诉讼，不能是已决诉讼等。[②] 在具体案件中，发布禁诉令时要考虑当事人取得证据的难易、当事人的诉讼成本高低等私人利益和与案件相关的公共利益两方面的因素。

（二）禁诉令的特征及意义

1. 禁诉令的特征

在涉外民商事案件管辖权制度中，禁诉令是一种解决管辖权冲突的有效机制，因为禁诉令主要有以下几个特征：[③] 第一，禁诉令签发的依据是被申请法院对于诉讼当事人具有属人管辖权。第二，禁诉令所针对的对象是诉讼当事人，而并非外国法院，禁诉令是颁发给诉讼当事人并约束其行为的。第三，禁诉令的目的在于限制诉讼当事人在外国法院提起或者参加诉讼的行为。这包含两个方面，一是禁止被申请人继续进行在外国法院提起的诉讼；二是禁止被申请人在外国法院提起针对申请人的活动。第四，禁诉令是带有一定惩罚性的。通常情况下，违反禁诉令的当事人将会被认为是藐视法庭而被传讯以及处罚，并且这种处罚将会一直持续直到当事人遵守禁诉令的规定为止。

2. 禁诉令的意义

因此，在司法实践中具有了以下意义：首先，禁诉令有利于

---

① 参见李旺著：《涉外民商事案件管辖权制度研究》，知识产权出版社 2004 年版，第 41 页。

② 参见刘力著：《国际民事诉讼管辖权研究》，中国法制出版社 2004 年版，第 242 页。

③ 《英国的禁诉令制度》，载中国法院网，http://www.chinacourt.org/article/detail/2016/09/id/2257802.shtml，2017 年 8 月 20 日访问。

保护申请禁诉令一方诉讼当事人的利益。禁诉令是法院应案件一方当事人的申请对不遵守合同约定的另一方当事人发布的禁止其在他国法院进行诉讼或者其他仲裁庭进行仲裁的命令。由于各国关于涉外民商事案件管辖权制度规定的不同，对同一案件，一国法院没有拒绝受理案件的义务，同时很多国家法院依据内国法律规定都可以找到案件与之有关的连结点，进而主张管辖权，这就导致更多的情况是各国竞相争夺管辖权，同时当事人在解决争议时有自由选择管辖法院的权利，在当事人已经约定了争议解决的管辖法院或者仲裁庭的情况下，另一方当事人仍然恣意向他国法院提起诉讼，这种行为会给遵守合同规定的一方当事人造成更大程度的利益损害，禁诉令为此类情形提供了解决的可能性，在这种情况下，当事人可以依据法律规定向法院申请发布禁诉令以达到用公权力禁止另一方当事人进行的不利诉讼，这种措施可以直接高效地保护当事人的利益，避免当事人可能遭遇的诉累，能够推动诉讼程序的顺利进行，尤其是内国诉讼当事人已经将案件在合同中约定的本国法院提起诉讼或者在约定的内国仲裁机构提起仲裁，此时若另一方当事人出于拖延时间或者其他恶意目的向他国法院提起诉讼，外国法院可能还要求内国诉讼当事人前往法院应诉，面对这种情况，诉讼当事人是不能有其他更好的解决方法的，法院发布禁诉令是唯一有效经济的解决方法，禁诉令发布保护了该诉讼当事人的利益。其次，禁诉令有利于间接限制外国法院过度行使管辖权，表明本国在国际民商事管辖权中的司法态度。[①] 随着经济和政治发展，各国之间的交往也越来越频繁，各国法院基于经济及司法主权的原因，通常不会自我约束，而是无条件地接受当事人提起的诉讼，甚至有些国家的法律有很明显的

① 参见张利民：《国际民诉中禁诉令的运用及我国禁诉令制度的构建》，载《比较法研究》2007 年第 3 期。

扩大管辖范围的倾向，各个国家的独立性和整体性使这一趋势愈演愈烈，在国际范围内没有形成统一的有权威的机构也导致这一现象不能得到根本解决，各国政治主权和司法主权的独立性决定了一国法院不可能直接命令另一国法院停止诉讼或拒绝诉讼，所以通过法院对当事人发布禁诉令并规定违反禁诉令的惩罚措施，对当事人产生一定的震慑力，可以产生实际上的另一国法院没法进行判决的效果，这种方法既避免了国家之间司法主权的冲突，减少了直接矛盾，又达到了限制别国过度管辖的目的，发布禁诉令也可以表明一国的司法态度和对司法主权的维护。正因如此，禁诉令也往往被认为是干涉了他国的司法主权。最后，禁诉令是缓解国际民商事管辖权冲突的一种有效手段，有利于国际范围内司法资源的节约。各国对特定案件都主张管辖权，判决的执行往往也涉及在多国范围内的财产，如果各个国家兀自对案件进行判决，不管他国对案件的管辖和判决结果，势必造成判决结果不能很好地执行，各国的判决也得不到外国法院的承认和协助执行，对当事人的利益不能给予很好的保护，在世界范围造成司法资源的浪费，不利于世界经济交往。禁诉令的发布在效果上阻止了另一国的诉讼，减少了当事人的诉累，减少了别国法院无意义的裁判，一般也能得到别国的理解和支持，所作出的判决结果也能得到别国的承认和执行，这样有利于案件的顺利进行，有利于案件得到较快较经济的解决，对于解决国际民商事管辖权冲突和节约司法资源也是一种有效手段。

二、中国当事人涉及禁诉令的司法实践

目前，我国没有关于禁诉令的立法，只在 2000 年建立了临

时禁止令制度①，但没有签发禁诉令的实践。但是，中国当事人曾多次试图利用外国的禁诉令制度，如在美国法院审理的 China Trade & Dev. Corp. v. M. V Choong Yong 案中，中国当事人曾向美国纽约南区联邦地区法院成功申请了禁诉令。在 Gau Shan Co. Ltd. v. BankersTrust Co. 案中，法院为中国香港地区当事人签发了禁诉令。

同时，中国当事人也收到过外国法院签发的禁诉令，如在青岛海事法院审理深圳市粮食集团有限公司诉美景伊恩伊公司（Future E. N. E）【（2004）青海法海商初字第 245 号】②提单运输货物损害纠纷案期间，英国高等法院对中国当事人签发了禁止在中国法院进行诉讼，并只能根据仲裁条款向约定的英国仲裁机构提起仲裁的禁诉令。First Laser Ltd. 案成为中国当事人应对外国法院禁诉令的成功案例。这些案例都是我们在教科书或论文中经常读到的有代表性的经典案例。随着全球经济的大融合，如常州新瑞范罗士办公设备有限公司与 Fellowes Inc、承揽合同纠纷案、重庆红蜻蜓油脂有限责任公司与白长春花船务公司海上、通海水域货物运输合同纠纷案等，都表明我们必须对禁诉令要有个回应措施。

---

① 张利民：《国际民诉中禁诉令的运用及我国禁诉令制度的构建》，载《法学》2007 年第 3 期。

② 《深圳市粮食集团有限公司诉美景伊恩伊公司（FUTURE E. N. E）提单运输货物损害纠纷案》，载无讼网，https://www.itslaw.com/detail?judgementId = b22cd8db - c0fb - 47e4 - 9686 - 94b0de61705e&area = 1&index = 1&sortType = 1&count = 1&conditions = searchWord，2017 年 8 月 28 日访问。

(一) China Trade & Dev. Corp. 案①

中国贸易发展公司、中华贸易发展公司以及中国大豆进口联合委员会(以下简称中贸)于1984年从美国进口两万五千公吨大豆。韩国双龙公司同意以重泳号轮船承运这批大豆。后来,该船在航行途中搁浅,中贸公司认为这批大豆受到海水浸泡,实际已毫无价值。经过双方协商,中贸公司在纽约南区联邦地区法院对双龙公司提起损害赔偿诉讼。但在证据开示期间,双龙公司在韩国釜山地方法院提起诉讼,请求法院宣告双龙公司对中贸公司的损失不负任何责任。两个月后,双龙公司将诉状递交中贸公司。中贸公司申请纽约南区联邦地区法院发命令,禁止双龙公司在韩国法院进一步诉讼。纽约南区联邦地区法院批准了中贸公司的申请,对双龙公司签发了禁诉令。主审法官在作出此项裁决时,采用了该法院1984年在American Home Assurance Corp. v. Insurance Corp. of Ireland Ltd.(美国家庭保险公司诉爱尔兰保险公司案)案中确立的标准。法院认为:(1)在韩国提起的诉讼竞合使得原告感到困扰;(2)引起费用的负担和出现对判决的争夺。双龙公司不服,向联邦第二巡回上诉法院提起上诉。法院经过审理后,推翻了纽约南区联邦地区法院的裁决,并撤销了针对双龙公司的禁令。该法院认为既然允许国际诉讼竞合存在,就不应该仅以同一当事人就相同的诉讼为由而禁止当事人在外国法院进行诉讼。尽管美国联邦法院有权禁止受其管辖者在外国法院进行诉讼,但由于禁诉令在实质上限制了外国法院的管辖权,所以美国在行使这一权力时必须遵守国际礼让原则,而且只能根据个案情况并按保守主义路径签发此类命令。作为原则一般允许国

① See China Trade & Dec. Crop. v. M. V. Chong Yong 837 F. 2d 33 (2d Cir., 1987). 另见张茂著:《美国国际民事诉讼法》,中国政法大学出版社1999年版,第122~123页。

际诉讼竞合的存在，并不能因为相同当事人的相同案件在外国审理，就以此为依据限制当事人在外国进行诉讼。判断是否应该签发禁诉令时考虑的决定性因素为：（1）外国法院诉讼是否对美国法院的管辖权造成威胁；（2）外国法院诉讼是否对美国法院所在地的重大公共政策造成威胁。在该案中，韩国法院诉讼并没有对美国法院的管辖权造成威胁，韩国法院以及双龙公司都没有试图阻止美国法院行使管辖权。虽然从实体法及程序法角度来看，美国的判决可能得不到韩国的承认和执行，但并不能因此就认为双龙公司有规避美国法院的企图。

（二）Gau Shan Co. Ltd. 案①

本案是因香港商人 Gan Shan Co. Ltd. 与中国内地进行棉丝交易而交付给美国 Bankers Trust Co. 面额为 2000 万美元的期票而发生的纠纷。美国银行向港商发出信件，要求港商进行支付，否则将在香港法院提起诉讼。港商并没有理会银行的要求，而是向美国联邦法院提起诉讼，主张期票是受银行职员的欺诈而发出的，要求取消该期票。同时，主张被告阻碍了棉丝交易而要求损害赔偿。联邦法院在诉讼提起之日就向被告发出了禁止在香港采取任何法律措施的紧急禁止令，之后又发出了临时禁止令。对此，银行一方向联邦第六巡回上诉法院提起上诉。联邦第六巡回上诉法院分析了联邦第二巡回上诉法院以及哥伦比亚特区联邦上诉法院持有的对禁诉令进行严格限制的观点，认为在各国经济相互依存的今天，应该对禁诉令采取限制的态度。只有在外国法院诉讼对美国法院的管辖权造成威胁或外国法院诉讼对美国法院所在地的重大公共政策造成威胁时才可以签发禁诉令。本案中，即

---

① See Shan Co. , Ltd. v. Banker Trust Co. 956 F. 2d 1349 (6th Cir. , 1992). 另见李旺著：《国际诉讼竞合》，中国政法大学出版社 2002 年版，第 57~58 页。

使银行在香港提起诉讼也不会对联邦法院的管辖权造成威胁，并且没有违背美国的公共政策。因此，最后法院判决撤销地区法院的禁诉令。

（三）海升果汁起诉摩根士丹利对冲合约一案[①]

该案是在金融危机背景下发生的有关金融衍生资产的案件。中国海升果汁控股有限公司是一家位于陕西省西安市的民营企业，摩根士丹利亚洲有限公司是一家著名的国际金融投资公司。案情如下：海升果汁分别于2008年7月及8月与摩根士丹利国际公司签订外汇掉期合约，这一外汇掉期合约是由摩根士丹利亚洲有限公司向海升果汁推荐的，目的是降低人民币兑美元的外汇波动的风险，可作为以美元计价入账的应收账款的对冲。2008年10月17日，海升果汁根据摩根士丹利亚洲有限公司的建议订立了新的合约。

2008年9月19日摩根士丹利亚洲有限公司通知海升果汁，要求其支付保证金，并以现金形式。支付保证金的标准是，按评级顾问计算的这一合约的市值减去给海升果汁的信用额度，当时给海升果汁的信用额度为1000万美元。这样，合约的市值及评级顾问所要求的保证金将取决于即期及远期的外汇汇率，而外汇汇率将根据当时的市况不时出现变动。海升果汁拒绝支付保证金，并在2009年4月2日根据中国《民法通则》就有关争议向西安市中级人民法院提起法律诉讼，海升果汁称摩根士丹利不当销售相关对冲合约，对手方及评级顾问均列为被告。

2009年4月20日，摩根士丹利向海升果汁发出通知，要求赔偿金额约1.8亿元人民币，原因是外汇掉期合约已经于2009年4月14日终止，海升果汁拒绝支付。

① 王卫国、李化强主编：《商业银行中间业务的法律风险及对策研究》，中国政法大学出版社2012年版，第311~314页。

摩根士丹利国际公司向英格兰商事法院提起针对海升果汁的法律诉讼，并通知海升果汁，诉求是：要求海升果汁支付索偿款项及其他费用，原因是海升果汁未能交出与对冲相关的担保物并欠下其2600万美元，此外，摩根士丹利根据合约中专属管辖权的条款还向英格兰商事法院申请发布禁止海升果汁在中国及英格兰以外任何法院的诉讼的强制令。

英格兰商事法院在10月5日作出裁定：专属管辖权条款适用于合约一方摩根士丹利国际公司，并颁布禁止本公司于中国陕西省西安市中级人民法院向对手方提出申请索赔的禁诉令。

虽然本案最终的结果是摩根士丹利与海升果汁就有争议的对冲合约达成庭外和解协议（按照和解协议，海升果汁将向摩根士丹利支付700万美元，远低于后者在海升果汁停止支付对冲合约后、在伦敦高等法院提出的2600万美元索赔），从而结束了对峙，但是这个案件所暴露的中国在禁诉令问题上的不成熟却是应当引起深刻反省的。金融危机导致衍生品交易发生严重亏损，从外国投行与中国内地公司就亏损的衍生品交易发生的众多纠纷中可以看出，在管辖权方面我国当事人处于非常被动的地位，随着世界经济的快速发展，各种金融产品也会相继在中国市场建立起来，在同外国当事人签订合约过程中，如何能够在管辖权问题上充分考虑外国法院发布禁诉令的情形及我国法院和当事人如何应对是很重要的问题。

（四）First Laser Ltd. v. FuJian Enterprises（Holdings）Co. Ltd. & Jian an Investment Limited 案[①]

本案原告是First Laser Ltd. 公司，在中国澳门成立，第一被

① See First Laser Ltd. v. Fujian Enterprise(Holdings) Co. Ltd. & Jian an Investment Limited 2003 WL 17400（CFI），[2003] HKEC 7. 12 December 2002, Court of First Instance Action No. 4414 of 2001, CFI, HCA 4414/2001.

告是 Fu Jian Enterprises（Holdings）Co. Ltd，是福建省政府在香港设立的公司，第二被告是 Jian an Investment Limited，是在香港成立的，福建省政府收益并全资拥有的公司。因原告和被告之间的合同纠纷，原告在香港法院对被告提起诉讼。被告于 2001 年 10 月 16 日向香港法院提起中止原告在香港法院诉讼的申请（基于不方便法院原则），因此被告没有对原告在香港法院的诉讼请求提出答辩。之后，被告向福建省高级人民法院对原告提起诉讼。原告于 2002 年 2 月 7 日向香港法院申请禁诉令，请求限制被告在福建省高级人民法院对原告提起的诉讼，原告也曾向福建省高级人民法院提起过中止被告在该院诉讼的请求，但是并没有成功，并且中国最高人民法院于 2002 年 7 月 22 日裁决被告在福建省高级人民法院提起的诉讼是适当的，该案属于福建省高级人民法院管辖，尽管在中国香港法院存在未决诉讼，但是不应当因此中止被告在福建省高级人民法院的诉讼。之后，2002 年 9 月 25 日，福建省高级人民法院对案件进行了审理，双方当事人的律师均参加了审理。被告的中止诉讼请求和原告的禁诉令请求在香港法官接受处理案件时仍然没有得到审理，此时，福建省高级人民法院已经对本案审理完毕，等待判决。

原告律师曾经提出："第一被告开始和继续福建省高级人民法院的诉讼是不公平的，指出福建省高级人民法院的诉讼是在原告开始了香港法院的诉讼并且被告请求中止香港诉讼之后才开始这一事实。"原告律师援引澳大利亚高等法院一个案件中作出的裁决："为了阻止另一方当事人提出在另一国法院可以获得而在一国法院不可能获得的救济，而在后一国法院提起的诉讼是严重的和不公正的……会引起偏见和损害。因此，该诉讼是欺压性的……"原告律师声称原告在本案中如果在中国内地被诉，会遇到中国内地法律中信托概念方面的困难，也提及在授权问题和福建省政府批准方面香港法律和中国内地法律之间的差异，所以，原告律师得出结论：被告向福建省高级人民法院提起的诉讼是为了剥夺原告根据香港法所拥有的诉求，该诉讼是欺压性的。香港法院在考虑了原告律师的诉求之后，指出原告提出的诉求必须基于以下两个前提：（1）原告根据信托提出的诉求应当适用香港法；（2）福建省高级人民法院的诉讼将阻碍原告在香港提起的诉讼。法院认为，根据目前的资料不能认为原告的主要诉求肯定由香港法支配，相反，法院更倾向于认为至少应当由中国内地的法律支配一些争议。同时，法院认为福建省高级人民法院的诉讼审理范围明显比香港法院的诉讼审理范围窄，尽管福建省高级人民法院和香港法院必须在两个诉讼中裁决一些相同的问题。基于福建省高级人民法院的诉讼已经开始进行，而香港法院的诉讼仅仅处于初期阶段的事实，并且法院没有发现在这种情况下签发禁诉令的案例的情形，香港法院认为证明福建省高级人民法院的诉讼是欺压性的证据不足。最终，香港法院认为“第一被告认为福建省高级人民法院是适当的管辖地的观点，以及努力使在该院提出的争议由该院审理的行为”是十分合理的。同时，香港法院认为原告并没有充足的证据表明“第一被告开始和继续福建省高级人民法院的诉讼是欺压性的”。因此，香港法院驳回原告的禁诉令申请。从案件审理过程中可以看出香港法院在考虑是否签发禁诉令时，通常会将英美法国家的重要案例作为判决的依据，这对我国建立禁诉令很有借鉴意义，虽然我国是大陆法系国家，但是由于禁诉令在英美法系国家运用得比较成熟，我们可以通过研究典型判例来考虑在中国签发禁诉令应具备的条件。

（五）常州新瑞范罗士办公设备有限公司与 Fellowes Inc 承揽合同纠纷案【（2014）苏商外辖终字第 0008 号】【（2015）民申字第 978 号】①

常州新瑞范罗士办公设备有限公司（以下简称新瑞公司）因与被申请人 Fellowes，Inc.（以下简称范罗士公司）承揽合同纠纷管辖权异议，经一审二审都认定协议条款有效，均认定中国法院没有管辖权，因此驳回起诉及上诉。上诉人依然不服，提起再审程序。再审法院调查，再审申请人认为：范罗士公司在一审过程中提供的禁止新瑞公司在中国法院就同一事实进行诉讼的美国法院裁定已被该法院的上诉法院撤销并发回重审，并指示不能批准主题管辖权要求。因此，范罗士公司提供的“标准条款”按照美国法律也未能产生范罗士公司所期待的法律效力。再审被申请人在答辩中的第二条、第三条和第四条称：“《范罗士标准条款》关于管辖法院的约定符合我国法律规定，合法有效，且该约定为排他性管辖条款，明确排除了我国法院对本案的管辖权；案涉管辖法院选择条款是双方当事人的真实意思表示，并未限制新瑞公司主要权利或者免除范罗士公司的主要责任，范罗士公司未对该条款作出说明不会导致该条款无效或者被撤销；目前新瑞公司与范罗士公司之间的合同纠纷正在由协议约定的美国伊利诺伊州库克郡巡回法院审理。美国联邦法院发出的禁诉令被撤销并不影响美国法院按照当事人的约定对本案行使管辖权。”

最高人民法院再审认为：“范罗士公司标准条款约定：本采购订单条款和条件的解释、效力及履行应适用伊利诺伊州本州法

① 《常州新瑞范罗士办公设备有限公司与 Fellowes Inc、承揽合同纠纷申请再审民事裁定书》，载无讼网，https://www.itslaw.com/detail? judgementId=5481241f-fa53-4795-a48f-10c3ece6a0a2&area=1&index=1&sortType=1&count=2&conditions=searchWord，2017 年 8 月 28 日访问。

律。买方和供应商同意任何基于本协议或本协议项下的交易所引起的法律诉讼应当（shall）在美国伊利诺伊州北区联邦法院东部分院或伊利诺伊州库克郡巡回法院起诉，并同意上述法院在任何此类诉讼中对他们享有属人管辖权。买方和供应商放弃在任何按照规定在上述法院提起的诉讼或法律程序中提出不方便管辖的抗辩等。上述约定系当事人的真实意思表示，且不违反相关法律的规定，一、二审法院认定该条款合法有效是正确的。该选择管辖法院的条款排除了我国人民法院的管辖权。一、二审法院认定江苏省常州市中级人民法院对本案不具有管辖权并无不当。”而对禁诉令的回应是：“新瑞公司称美国法院已经撤销对范罗士公司的禁诉令，范罗士公司提供的标准条款按照美国法律也未能产生范罗士公司所期待的法律效力。而根据范罗士公司的抗辩意见，美国联邦第七巡回法院认定联邦法院对本案不具有‘对事管辖权’，本案应当交由州法院审理。此后，范罗士公司已就案涉合同纠纷在伊利诺伊州库克郡巡回法院重新起诉。有关被选择的美国法院是否受理本案的问题不属于本案再审审查范围”。

在裁定书最后虽然提到了美国对在美国提起的诉讼的当事人发出了禁诉令，但未做实质上的回应，既没有就美国发出的禁诉令的效力作用做出分析，也没有解释分析该禁诉令对中国法院管辖权的影响。

（六）重庆甲油脂有限责任公司与乙船务公司海上、通海水域货物运输合同纠纷【（2015）鄂民四终字第00194号】[①]

乙船务公司（以下简称乙公司）因与被上诉人重庆甲油脂

① 《重庆红蜻蜓油脂有限责任公司与白长春花船务公司海上、通海水域货物运输合同纠纷二审民事裁定书》，载无讼网，https://www.itslaw.com/detail?judgementId=fdeadaa3-b2b5-45af-bb95-6b6501db93c5&area=1&index=2&sortType=1&count=2&conditions=searchWord，2017年8月28日访问。

有限责任公司（以下简称甲公司）海上货物运输合同纠纷管辖权异议，一审法院认为：第一，涉案提单为租船合同项下提单，提单载明“与租约合并使用”，但在提单正面并没有关于并入提单的租约的任何记载。由于并入提单的租约不明确，乙公司主张的 PRIMINDSSHIPPING（HKC）O. LIMITED 与 CITICSHIPMANAGEMENTLIMITED 订立的租约不能当然并入涉案提单，租约的仲裁条款对提单法律关系当事人不具有约束力。第二，乙公司声称的租约双方主体是 PRIMINDSSHIPPING（HK）CO. LIMITED 和 CITICSHIPMANAGEMENTLIMITED。该租约双方当事人均不是本案提单法律关系的当事人，案外人所签订的租约约束本案当事人缺乏法律依据。因此认定一审法院有管辖权。被告不服提出上诉，并提出理由：因甲公司忽略双方之间的仲裁协议提起本案诉讼，乙公司已向英国高等法院申请禁诉令，英国高等法院 Cooke 法官于 2012 年 12 月 18 日下达禁诉令，并于 2013 年 3 月 8 日做出继续禁诉令，明确所有与涉案提单所证明的运输合同相关的争议应在伦敦通过仲裁解决。2015 年 4 月 22 日，由乙公司选定的独任仲裁员 Simon Gault 根据伦敦海事仲裁协会条款作出宣告式仲裁裁决。

二审法院提单虽在正面抬头注明“与租约合并使用”，在背面第一条载明“提单正面所示日期的租船合同中仲裁条款并入本提单”，但提单正面并未载明被并入提单的租约的编号、日期等事项，也并未注明租约有仲裁条款并入提单，故不能认定乙公司所主张的租船合同中的仲裁条款当然并入涉案提单，因此认定原审法院有管辖权，驳回上诉。但问题是，该二审裁定书里，并未对上诉人提出的“禁诉令”做出回应，这不能不说是二审法院在审理该案时出现的瑕疵。

三、中国是否需要构建自己的禁诉令制度

扩张的管辖权根据赋予了当事人挑选法院更高的自由度，在这种情况下，要禁止当事人参加外国诉讼并不现实，而如不禁止的话，法院在立案后又会陷入尴尬的境地。禁诉令既是解决管辖权积极冲突的一种方式，同时又能保护内国的管辖权，保证内国的法律特别是设计公共政策的法律能得到适用。相应的学者提出了在我国涉外民商事审判中引入禁诉令制度的建议，主张在不违反条约义务、纠纷与中国法院有实质性联系、在外国法院诉讼缺乏合理依据、不损害国家间关系、中国对被禁止人有控制权时，中国法院可以签发禁诉令。无论我国现行规定是否合理，只要法律未作修改，我国法院都应当遵守，不能行使自由裁量权进行变通，这超出了我国法官的权限范围，因此目前不宜采取禁诉令制度。[①] 但这也不是说，我国法院就可以对外国法院做出的禁诉令不闻不问，束之高阁，也就是说，如果普通法系国家法院针对我国法院诉讼签发禁诉令，干预我国司法管辖权，我国却没有相应的对抗措施，可能会使我国在国际民商事管辖权争夺中居于不利的地位。我们必须用现有的立法规则来分析解释外国发出的禁诉令的效力和对我国管辖权的影响，做到有理有据地确定中国的国际管辖权。

---

① 参见欧福永著：《国际民事诉讼中的禁诉令》，北京大学出版社2007年版，第249~259页。

第四章　涉外离婚管辖权研究

在婚姻家庭领域中的所谓跨国婚姻（涉外及涉港澳台的婚姻）随着对外开放以及对外交往的进一步深化，也得到进一步发展。1979 年全国的涉外婚姻登记的总数大约为 8000 对，到 2001 年增长到 7.87 万对，但到 2010 年，又回落到了 4.9 万对[①]。从数据可以看到，我们的跨国婚姻从无到狂热再到理智的过程，而有关涉外婚姻家庭的纠纷也从单一到复杂。婚姻家庭因与一个国家的文化传统、风俗习惯紧密相连，因此在涉及涉外婚姻家庭方面的国际管辖权，一般都属于一个国家的法定管辖权范围，法院依据法律规定的管辖条件行使国际管辖权。涉外婚姻家庭领域特别是以涉外离婚为典型代表的管辖权的研究也进一步深化，加之涉外离婚关系的管辖权一般都为国家法律规定，除了少数国家在这一领域里实行意思自治原则外，一般都是以法律管辖的面目出现的，因此，对涉外离婚领域里管辖权的研究就显得十分重要。这也是本书把涉外离婚管辖权作为专章论述的原因。

① 参见中华人民共和国国家统计局官网，http://www.stats.gov.cn/tjsj/ndsj/2011/html/V2133c.htm，2012 年 8 月 11 日访问。

第一节　涉外离婚管辖权依据

一、涉外离婚管辖权的概念

涉外离婚是含有涉外因素的离婚，涉外离婚管辖权是一个国家国际民商事管辖权在婚姻家庭里的体现，是一个主权国家对婚姻家庭中的人和物进行管理控制的权力，是一国依照国际条约和国内立法规定审理具有涉外因素的离婚案件的资格和权限范围。

涉外离婚管辖权与国际民事诉讼管辖权的一般原则有共性也有区别，说它有共性是指涉外离婚管辖权符合国际民事诉讼管辖权的一般原则，而其区别则是因为涉外离婚案件都是与人身关系紧密相关的，其处理结果与本国公民的切身利益息息相关，如果管辖权不当，就会对当事人产生十分不利的影响。因此，对涉外离婚管辖权的确定就显得特别重要。涉外离婚管辖权的确认基本以法定管辖为主，而这种法定管辖又往往体现了一国管辖制度的原则。

二、涉外离婚管辖权的基础

由于各国国际民事诉讼理论和司法实践不同，在涉外离婚管辖权方面目前主要采用的是属人管辖、属地管辖、专属管辖以及协议管辖，下面分别是这四种不同涉及涉外离婚领域的管辖情况。

（一）属人管辖①

属人管辖原则是国际民事诉讼管辖权的一项基本原则，主张以有关国际民商事案件中的双方当事人与有关国家的法律联系作

① 详见本书第二章第二节“国籍管辖”。

为确定法院国际管辖权的决定性标准，强调一国法院对本国国民具有管辖权。具体到涉外离婚案件中，是以涉外离婚案件当事人的国籍作为确定管辖权的根据。根据这一标准，当事人，包括原告或被告，不论其居住何处，当事人国籍国法院对案件均享有管辖权。

由于属人管辖是以当事人的国籍为依据的管辖，基于这一特点，主要适用于人身关系领域，特别是离婚、监护、亲子关系、继承等案件。如《瑞士联邦国际私法法典》第 59 条 b 项规定："在离婚案件中，如原告是本国公民，即使其住所不在本国，也可由瑞士法院管辖。"在以被告人的住所作为确定内国法院对案件是否有管辖权为原则的德国、日本等国，在婚姻案件和其他涉及身份地位的案件里，放弃了属地管辖原则而以属人管辖来确认管辖权。

属人管辖原则的合理性及其弊端参见本书第二章第二节中的论述，此处不再赘述。正是由于属人管辖原则的种种弊端，很多国家在其立法和司法实践中，改变了原本单纯依据属人管辖原则确定管辖权的做法，与其他管辖原则相结合。例如，法国关于离婚诉讼管辖权的依据，根据 1804 年《法国民法典》第 14 条、第 15 条规定，法国法院根据夫妻双方或一方的法国国籍来确定管辖权，但是 1975 年 12 月 5 日法国通过新的法令，该法令第 5 条、第 6 条规定存在下列情况者，法国法院也享有管辖权：夫妻的居所都在法国；夫妻一方的居所在外国，另一方的居所在法国，且未成年子女与其同居在法国；作为被告的夫妻一方在法国有居所；如夫妻双方共同提起离婚诉讼，至少夫妻一方在法国有居所，且双方都选择了法国法院。由此可见，开创属人管辖原则先河的法国也开始重视当事人住所或居所这样的联系因素。可见，由于全球化的加速和人口跨国流动的增加，国籍这一连结因素正在受到住所地、惯常居所地等因素的挑战，单纯依据属人管辖原则确定管辖权的做法已经不能适应时代发展的需要。

（二）属地管辖[①]

属地管辖原则，也称地域管辖原则，是指“以有关国际民事案件中的案件事实和当事人双方与有关国家的地域联系作为确定法院国际管辖权的标准”。[②] 属地管辖原则又具体分为，以被告住所、居所、惯常居所为根据确定管辖权，英国、美国、德国、奥地利以及北欧各国主要以属地管辖原则作为确定国际民事案件诉讼管辖权的基本原则，只有在有关当事人身份地位和能力的案件中适用属人管辖原则，考虑国籍因素。通常认为，属地管辖原则适用的领域非常广泛，除在婚姻家庭中涉及当事人身份地位和能力的案件中适用属人管辖原则，属地管辖原则适用于除此之外其他众多领域中。

（三）专属管辖[③]

基于专属管辖独占性及强制性的特点，在涉外离婚领域里确定本国专属管辖权的并不多见，但也有国家把涉外离婚的管辖权设定为本国专属管辖的。例如，《俄罗斯联邦民事诉讼法典》，在第403条规定以下案件归俄罗斯联邦法院专属管辖：1）关于俄罗斯联邦境内的不动产权利的案件；2）因运送合同而发生的争议，如果承运人在俄罗斯联邦境内；3）俄罗斯联邦公民与外国公民或无国籍人的离婚案件，如果夫妻双方均居住在俄罗斯联邦境内；4）有关公共法律关系的案件；5）一些适用特别程序审理的案件。

---

① 详见本书第二章第二节“地域管辖”。

② 韩德培主编：《国际私法》，高等教育出版社、北京大学出版社2007年版，第470页。

③ 详见本书第二章第二节“专属管辖”。

（四）协议管辖①

婚姻、继承、扶养等人身方面的争议是否允许当事人订立管辖协议呢？一直以来，传统的观点认为，协议管辖仍然只能调整财产上的争议，而不能调整身份方面的争议。而且，这一观点已为大多数国家的立法以及国际公约所肯定。例如，英美法系国家仅允许当事人就对人诉讼选择管辖，其实也是将身份上的诉讼排除在协议管辖之外。但是，最近某些国家的立法实践已经对这一传统观念提出了挑战，如韩国法规定：当事人协议选择的范围包括了家庭案件在内的所有民事案件。1984 年《秘鲁民法典》第 2058 条和第 2062 条规定，协议管辖适用于“世袭财产案件（合同之债、侵权之债、财产物权）以及诉因与秘鲁有实际联系的当事人明示或默示接受秘鲁法院管辖的自然人的身份和能力或家庭问题的案件”②。又如 1998 年《委内瑞拉国际私法》第 42 条规定：“1. 对于有关民事地位或家庭关系的诉讼，委内瑞拉法院享有裁判管辖权；2. 各方当事人均明示或默示接受委内瑞拉法院的管辖，只要该争讼与共和国有实际联系。”③ 这种发展趋势，是倾向于对“财产争议”进行扩大解释，以增加协议管辖的适用范围。协议管辖已经开始将其势力范围渗透到身份、婚姻家庭、继承等领域，这些领域在传统民法上都不属于财产法调整的范围，而是属于亲属法的范畴。这种现象并非偶然，由于从“身份到契约”的社会转变，致使人身法领域的财产彩色越来越浓厚，现代的人格、身份等法律关系越来越多地受到了财产利益

---

① 详见本书第二章第二节“协议管辖”。

② 李双元等编：《国际私法教学参考资料选编》（上册），北京大学出版社 2001 年版，第 509 页。

③ 李双元等编：《国际私法教学参考资料选编》（上册），北京大学出版社 2001 年版，第 537 页。

的影响，纯粹的身份法主宰的范围呈现出缩小的趋势，比如亲子关系、婚姻关系、继承关系等，在这些领域里产生的纠纷，除非不发生财产的争议，才属于纯粹的身份关系纠纷，但事实上没有财产争议的婚姻家庭纠纷是很少见的，绝大多数都带有财产争议，而且也往往是因为财产的不同意义而使案件复杂化。因此，与其说是纯粹的身份法上的关系，还不如说是以身份关系为前提的财产关系。对于人身领域的诉讼一般有以下两种：一是确认身份的诉讼，二是由此引起的财产争议。对于财产争议而言，允许当事人协议选择法院，那么，对于身份纠纷应如何处理呢？事实上，人身领域的这两个方面是紧密联系的，不可能截然分开。以婚姻为例，许多学者认为婚姻事实上仍是一纸契约，无论是结婚还是离婚以及婚姻关系中子女的抚养问题，本质上都离不开财产权益的参与。如果只允许当事人对财产方面的争议协议管辖，势必造成同一问题分开起诉的现象。这在实践中几乎是行不通的。试想一下，离婚纠纷中结束夫妻关系之诉在一国进行，而夫妻间的财产分割在另一国进行，这是不可想象之事。因此允许当事人在人身领域协议选择法院，也将随着财产纠纷管辖权的选择权的进一步确定而趋于肯定。抛开传统的偏见，我们就会发现，允许当事人在身份领域协议管辖有诸多的优越之处，最为直观的好处就是可以使当事人预见其行为的后果，缓解人身法领域诉讼竞合等管辖冲突严重的问题。因此，协议管辖制度可以突破财产法的瓶颈，在人身法领域发挥其重要作用，但在肯定前也一定要对其进行较为严格的限制。比如，在立法中规定：涉及人身方面的协议管辖，当事人应当选择与案件有实际联系的法院。同时，利用保护弱者原则、不方便法院原则、禁止法律规避制度以及公共秩序保留制度，以保证形成安全阀。因此，尽量扩大当事人协议选择法院的案件范围，是利大于弊的举措，也会是国际社会的立法趋势。

三、涉外离婚管辖权冲突的表现

(一) 积极冲突

涉外离婚管辖权的积极冲突，是指在涉外离婚诉讼发生时，相关的两个或两个以上的国家都有管辖权，从而就会发生管辖权积极冲突。从不同的角度讨论，管辖权的积极冲突就有不同的体现。如果从正在进行的程序的角度分析，两个或两个以上国家同时审理同一纠纷，即发生所谓的诉讼竞合或称为平行诉讼的现象；如果从承认和执行阶段分析，由于外国法院的离婚判决不被内国承认，而导致在内国的二次诉讼，即所谓的再次诉讼现象。

1. 诉讼竞合（平行诉讼）[①]

诉讼竞合是涉外离婚管辖权积极冲突的最重要的表现。涉外离婚诉讼中的诉讼竞合是指离婚双方当事人就同一事实，在两个或者两个以上不同国家的法院提起诉讼。诉讼竞合主要分为重复诉讼和对抗诉讼。重复诉讼是指当事人在一国法院起诉后，又针对同一被告就同一请求向另一国有管辖权的法院再次起诉；对抗诉讼是指第一个诉讼中的被告依据同一请求以第一个诉讼的原告为被告向另一国有管辖权的法院提起的诉讼。诉讼竞合不可否认的是给诉讼当事人带来了便利，当事人可以选择对自己有利的法院进行诉讼，这样不仅可以保护当事人的合法利益，达到最大限度实现当事人的利益，而且还可以节约当事人的诉讼成本，以最小的投入获得最大的利益。但是，诉讼竞合也同样存在弊端，因为在不同国家进行同一诉讼，浪费各国的司法资源，增加各国司法机关的负担，同时当事人选择有利于自己利益的法院所作出的判决也会以诉讼竞合的存在而不被另一个国家承认和执行。

---

① 详见本文下第四部分。

2. 再次诉讼

再次诉讼是当事人被动启动的诉讼程序，是指当事人在他国已获得的判决，因内国法律规定的不能承认的情况出现而未被内国承认，从而不得不在内国再次提起相同的诉讼。一国法院的生效的判决，其效力只能覆盖该国，在其判决未被内国承认之前，在内国没有当然的效力，这是国家司法主权所决定的。而一国的判决要想得到另一国的承认，必须要符合这个国家所规定的关于承认和执行外国判决的条件。每个国家都会根据自己国家的情况规定不尽相同的条件，一般来讲，都会包括：1）原判决国法院对该案件有管辖权；2）所进行的诉讼程序应是合法和公正的；3）在内国不存在诉讼竞合；4）两国有互惠关系；5）不违背内国公共秩序等。[①] 因此，一国法院的判决要想得到另一国的承认，必须经过被申请国多项考察，如果被申请国认为不符合内国承认的条件，该国的判决就得不到承认，其效力就无法延伸到被申请国，而申请者为了实现自己在被申请国的利益，就不得不就同一事项或纠纷再一次向被申请国提起诉讼。可以看出，再次诉讼不仅给当事人带来累诉的困惑，从另一个角度讲同时也给被申请国造成了司法浪费，因此，国际社会一方面为了减轻当事人累诉的困扰，维持已形成的新的法律关系，稳定国际司法秩序；另一方面为了节省一国国内的司法成本而做了大量的努力，如1996年10月19日订立的《关于父母责任和保护儿童措施的管辖权、法律适用、承认、执行和合作公约》、1973年10月2日订于海牙的《海牙扶养义务判决的承认和执行公约》、1971年2

① 参见韩德培主编：《国际私法》，高等教育出版社、北京大学出版社2007年版，第509~512页；［德］马丁·沃尔夫著：《国际私法》，李浩培、汤宗舜译，法律出版社1988年版，第372~393页。

月 1 日订于海牙的《海牙民商事案件外国判决的承认和执行公约》等。[①]

（二）消极冲突

消极冲突，即相关国家对同一涉外案件都不予管辖的现象。具体来讲，它是指在涉外离婚诉讼中相关国家都拒绝行使涉外离婚管辖权，这样当事人就无法找到管辖法院，其合法利益也得不到保护和救济，而从当事人的角度来看，就是所谓的诉讼无门的现象。现实中，消极冲突较少发生，这是因为各国都有扩张本国涉外管辖权的倾向，因此积极冲突一直是涉外民事管辖权冲突的突出问题。

消极冲突主要分为两种情形：

1. 由立法缘故造成的典型消极冲突

相关国家对某一涉外离婚诉讼都采取排除或拒绝管辖的态度，就会导致管辖权消极冲突的产生（当事人诉讼无门）。被排除的管辖权，是指根据国内法或国际条约的相关规定，内国法院拒绝行使对某些涉外离婚案件的管辖权。一般而言，各国对某一涉外离婚案件均无管辖权的情况比较少见，总的来说，是根据国际条约的规定，判断出某些与内国法院无关的案件或与内国国家的领土、公民或其实体法不存在属地联系或属人联系的案件，这些案件都被视为内国法院对其无管辖权。

2. 由积极冲突转化为消极冲突

除了由于立法缘故造成的典型的消极冲突之外，司法实践中还存在一种表面上可以认定冲突双方所属国家或所属法域均有管辖权，甚至有可能产生积极冲突，最后却因为某种情况的出现转化为消极冲突的案件。比如，两个或两个以上的国家对某一涉外

① 条约内容详见北大法宝网，“外国与国际法律”，http://vip.chinalawinfo.com/。

离婚案件按各国相关法律规定均有管辖权，但由于政治、经济利益，甚至以不方便法院为由不愿意行使管辖权，就造成了该涉外离婚案件管辖权的消极冲突。因此积极冲突与消极冲突在一定情况下是会相互转化的，所以往往较多的积极冲突因素会转化为消极冲突。当今，世界各国都用不同的连结点来确定本国的民事管辖权，按照自己的利益需求，通过扩大或者缩小解释连结点的方法来获得或放弃管辖，确定管辖权的连结点的非统一性法律规则，在某种程度上促进了国际民事案件管辖权的积极冲突转化为消极冲突，涉外离婚案件自然也不例外。

第二节　中国涉外离婚管辖权立法

一、中国国内法有关涉外离婚管辖权的规定

我国在涉外离婚管辖权方面的规定比较杂乱，首先是 2012 年的《民事诉讼法》，其次是 2015 年最高人民法院关于适用《民诉法解释》及一系列的司法解释，最后还有最高人民法院的批复回复。

《民事诉讼法》没有专门针对涉外离婚管辖权的规定，仅在第 22 条规定："对不在中华人民共和国领域内居住的人提起的有关身份关系的诉讼，由原告住所地人民法院管辖；原告住所地与经常居住地不一致的，由原告经常居住地人民法院管辖。"第 127 条第 2 款规定："当事人未提出管辖异议，并应诉答辩的，视为受诉人民法院有管辖权，但违反级别管辖和专属管辖规定的除外。"第 259 条规定："在中华人民共和国领域内进行涉外民事诉讼，适用本编规定。本编没有规定的，适用本法其他有关规定。"

在《民诉法解释》中有具体的规定：

"第 13 条　在国内结婚并定居国外的华侨，如定居国法院

以离婚诉讼须由婚姻缔结地法院管辖为由不予受理，当事人向人民法院提出离婚诉讼的，由婚姻缔结地或者一方在国内的最后居住地人民法院管辖。

第 14 条　在国外结婚并定居国外的华侨，如定居国法院以离婚诉讼须由国籍所属国法院管辖为由不予受理，当事人向人民法院提出离婚诉讼的，由一方原住所地或者在国内的最后居住地人民法院管辖。

第 15 条　中国公民一方居住在国外，一方居住在国内，不论哪一方向人民法院提起离婚诉讼，国内一方住所地人民法院都有权管辖。国外一方在居住国法院起诉，国内一方向人民法院起诉的，受诉人民法院有权管辖。

第 16 条　中国公民双方在国外但未定居，一方向人民法院起诉离婚的，应由原告或者被告原住所地人民法院管辖。

第 17 条　已经离婚的中国公民，双方均定居国外，仅就国内财产分割提起诉讼的，由主要财产所在地人民法院管辖。

第 533 条　中华人民共和国法院和外国法院都有管辖权的案件，一方当事人向外国法院起诉，而另一方当事人向中华人民共和国法院起诉的，人民法院可予受理。判决后，外国法院申请或者当事人请求人民法院承认和执行外国法院对本案作出的判决、裁定的，不予准许；但双方共同缔结或者参加的国际条约另有规定的除外。”

2012 年 10 月 1 日起施行的民政部的《中国边民与毗邻国边民婚姻登记办法》就“中国边民与毗邻国边民”这一特殊人群婚姻登记以及协议离婚做了专门规定。

除上述外，在更早些时期，最高人民法院也与民政部等部门联合做过一些规定以及对个案的批复，如 1983 年的《外交部、最高人民法院、民政部、司法部、国务院侨务办公室关于驻外使领馆处理华侨婚姻问题的若干规定》，对华侨离婚作出的较为具体的规定。涉及管辖权的内容如下：我驻外使领馆原则上不受理华侨申请离婚的案件；夫妻一方居住在国外，另一方居住在国内，如一方不能到婚姻登记机关申请离婚或双方对离婚有争议，不论哪一方提起诉讼，均应向国内一方户籍所在地或居所地的人民法院起诉。也默认居住在国外的一方向居住国法院提起离婚起诉；夫妻双方均是居住在国外的华侨，夫妻双方现均系外籍华人，一方系华侨另一方现系外籍华人，他们要求离婚，原则上应向居所地有关机关申请办理离婚手续。如他们原先是在国内办理结婚登记的，现因某种原因，居所地有关机关不受理时，双方可以回国向原结婚登记机关或结婚登记地人民法院申办离婚。如他们原是在外国婚姻登记机关办理结婚登记或举行结婚仪式的，他们的离婚案件国内不受理。如他们已回国定居而要求离婚，应向其户籍所在地的婚姻登记机关或人民法院提出。

1981 年 3 月 2 日《最高人民法院关于旅荷华侨离婚问题的复函》中这样指出：“……（二）夫妻一方侨居荷兰，一方仍在国内，如双方同意离婚，对子女、财产也无争议的，可按我国婚姻法第 24 条的规定，在国内一方户籍所在地或居住地负责婚姻登记的机关办理离婚手续。提起诉讼的，如系国内一方提出离婚，应向本人所在地或居住地人民法院起诉；侨居荷兰一方要求离婚，也应向国内一方的户籍所在地或居住地人民法院起诉。”

1985 年 12 月 30 日《最高人民法院对我国留学生夫妻双方要求离婚如何办理离婚手续的通知》中指出：“如果你们双方对离婚及财产分割、子女抚养等问题没有任何争议，可以回国向原结婚登记机关申请办理离婚手续；如果对以上问题存有争议，则需回国向原结婚登记地人民法院提起离婚诉讼。”

民政部、外交部在 1997 年 5 月 8 日发布的《出国人员婚姻登记管理办法》中规定：一方为出国人员，一方在国内，双方自愿离婚，并对子女抚养、财产处理达成协议的，双方须共同到国内一方户籍所在地或出国人员出国前的户籍所在地的婚姻登记管理机关申请离婚登记。当事人双方有争议的，可以向国内一方住所地人民法院起诉。双方均为出国人员，且在我驻外使、领馆办理结婚登记的，自愿离婚，并对子女抚养、财产处理达成协议的，双方须共同到原结婚登记的我驻外使、领馆申请离婚登记。居住国不承认外国使、领馆办理的离婚登记并允许当事人在该国离婚的，可以在居住国办理离婚或回国内办理离婚。双方有争议的，可以向出国前一方住所地人民法院提起诉讼。

《最高人民法院关于叶莉莉与委内瑞拉籍华人梁文锐离婚问题的批复》确定结婚登记地为涉外离婚案件管辖地："委内瑞拉籍华人梁文锐和我国公民叶莉莉于1982年3月在广东省广州市登记结婚。叶在梁回委内瑞拉后，获准回委内瑞拉定居，但她在出境后却去了台湾，并且不与梁联系。梁在长期不能得知叶去向的情况下，认为已无夫妻感情可言，决意离婚。同意你院关于本案可由当事人结婚登记地的人民法院受理的意见。"

1958年6月4日《最高人民法院关于我国公民与苏联公民离婚诉讼应由我国法院受理问题的复函》中指出：居住在中国的中国公民与居住在苏联的苏联公民离婚，中国法院应当受理。

从以上这些法律法规、司法解释以及部门规定可以看出，在涉外离婚这一法定管辖典型领域里，我国的立法内容相对比较杂乱。

二、双边司法协助条约及国际公约

上面是国内有关婚姻家庭领域的管辖权的规定，另外，我们还有与一些国家签订的双边的司法协助条约，里面也涉及两国婚姻家庭领域的管辖权问题。例如，2009年的《中华人民共和国和秘鲁共和国关于民事和商事司法协助的条约》第25条关于管辖权是这样规定的："一、为本条约的目的，符合下列情况之一的，作出裁判文书一方的法院即被视为有管辖权……（七）在扶养义务案件中，债权人在提起诉讼时在该方境内有住所或者居所……（九）在身份案件中，诉讼当事人在该方境内有住所。”1991 年《中华人民共和国和意大利共和国关于民事司法协助的条约》第 22 条的管辖：“一、为实施本条约，符合下列情况之一的，作出裁决的法院即被视为对案件有管辖权……（七）在身份关系诉讼中，在提起诉讼时，身份关系人在作出裁决的缔约一方境内有住所或居所；（八）在扶养责任案件中，债权人在提起诉讼时在该缔约一方境内有住所或居所；（九）在继承案件中，被继承人死亡时住所地或主要遗产所在地在作出裁决的缔约一方境内……”1992 年《中华人民共和国和西班牙王国关于民事、商事司法协助的条约》第 21 条的管辖：“一、为实施本条约，符合下列情况之一的，作出裁决的法院即被视为对案件有管辖权：（一）在提起诉讼时，被告在该缔约一方境内有住所或居所……（七）在身份关系诉讼中，在提起诉讼时，身份关系人在作出裁决的缔约一方境内有住所或居所，可不适用本款第（一）项的规定；（八）在扶养责任案件中，债权人在提起诉讼时在该缔约一方境内有住所或居所，可不适用本款第（一）项的规定；（九）在继承案件中，被继承人死亡时住所地或主要遗产所在地在作出裁决的缔约一方境内……”可以看出，这些双边司法协助条约主要是解决管辖权在承认与执行阶段中的冲突问题。

在婚姻家庭管辖权领域还有一些国际条约和公约。例如 1996 年《关于父母责任和保护儿童措施的管辖权、法律适用、承认、执行和合作公约》第二章的规定以及前章的区域性欧盟的相关公约。遗憾的是，我国目前还没有加入有关婚姻家庭方面管辖权的公约，在这个领域里还存在很大的空缺，有待我国的立法者从国际交往日趋紧密，特别是在婚姻家庭领域越来越多的跨国婚姻中出现的纠纷这一现实需要出发，尽快考虑用条约的形式来解决这一领域里管辖权冲突问题。

第三节　中国涉外离婚管辖权的司法实践

一、属人管辖的缺失

（一）双方取得国外永久居住权且定居在国外的中国公民的离婚案件不予受理①

原告欧阳先生与被告杨女士于1996年11月在上海市虹口区婚姻登记机关办理结婚登记，夫妻双方婚后去加拿大定居，并取得加拿大的永久居住权，但未加入加拿大国籍。2002年1月回国小住，同月双方前往上海市某人民法院要求离婚，法院以其没有出具定居国法院以离婚诉讼须由婚姻缔结地法院管辖为由不予受理的证明，不予受理。

与上述案例相类似的是，在国外结婚并定居国外的华侨要求在中国法院离婚，法院也会要求其提供定居国法院以离婚诉讼须由国籍所属国法院管辖为由不予受理的证明，否则也不予受理。

（二）一方是取得外国永久居住权的中国公民，另一方是外国人的涉外离婚不予受理②

Y女士在1997年留学德国时与一法国留学生办理结婚登记手续，2001年双方取得博士学位后，男方回法国工作，女方则去了美国工作，并取得了美国的永久居住权，属华侨身份。2003

① 参见中央财经大学形势与政策教育网，http：//xjsc. cufe. edu. cn/ReadNews. asp？NewsID=4745，2012年8月5日访问。

② 参见中央财经大学形势与政策教育网，http：//xjsc. cufe. edu. cn/ReadNews. asp？NewsID=4745，2012年8月5日访问。

年上半年，女方考虑到将来回中国工作和在中国再婚的方便，向其在中国的原户口所在地的人民法院提起离婚诉讼，法院认为被告不在中国居住，他们的婚姻缔结地也不在中国，Y 女士应在被告住所地法国起诉，在中国起诉缺乏法律依据，裁定不予受理。

（三）一方是中国人另一方是外国人的离婚诉讼，且外方在华工作，中方在国内无住所地①

被告柳女士具有中国国籍，其丈夫是日本人，双方于 1995 年在日本国登记结婚。柳女士在日本生活了近 10 年时间，男方因为工作的关系在中国北京海淀区工作。2003 年 8 月，男方为了规避对其在日本不动产的分割与扶养费的支付，向其本人的暂住地北京市海淀区人民法院提起离婚诉讼，被告委托中国律师提起管辖异议，北京市海淀区裁定该案移送到被告原户籍所在地重庆市某区人民法院审理。而被告的户籍因为出国已经取消将近 10 年时间，被告再次提起管辖异议，认为中国法院没有管辖权。

（四）一方是中国人另一方是外国人的离婚诉讼，且外方在国外下落不明②

2000 年，武汉男子小军在网上结识了年仅 20 岁的美国女生琳达，两人很快坠入情网。一年后，琳达来到武汉与小军见面，7 天后，双方于 2001 年 9 月 10 日在武汉闪电登记结婚。可一周后，两人还没来得及举办婚礼，琳达却突然回国，从此杳无音信。小军并没有就此放弃这段来之不易的婚姻，多方打听新婚妻子的消息，却一无所获。7 年过去了，年过 30 的小军依然没有妻子的任何消息。直至 2009 年初，小军终于通过其他渠道间接

---

① 参见中央财经大学形势与政策教育网，http：//xjsc. cufe. edu. cn/ReadNews. asp？ NewsID = 4745，2012 年 8 月 5 日访问。

② 载新浪网，http://news. sina. com. cn/c/2010 - 05 - 28/012517573778s. shtml，2017 年 4 月 2 日访问。

获知了琳达在美国的住址，这让失望的小军又重拾希望。可当小军通过住址找到电话联系对方时，却被告知琳达已搬离了此地，去向不明。此时，万念俱灰的小军开始反思，自己与琳达的婚姻确实比较草率；且婚后两人长期两地分居，以致现在夫妻关系名存实亡。为开始新的生活，小军想结束这段跨国婚姻，但琳达却不见踪影。无奈，小军诉至江岸区法院，要求解除婚姻关系。法院受案后，多方联系琳达未果，遂公告送达。公告期满后，2010 年 4 月 13 日，法院对此案依法缺席审理后，作出缺席判决，准许小军与琳达离婚。

从上述的案例来看，我国对涉外离婚管辖采用的原则，不是完全的属人管辖，是一种没有原则性的且极不完整地兼采了当事人的国籍与当事人居所和住所为依据，并又有婚姻缔结地为补充的涉外离婚管辖制度，而且通过条文表现出来的是一个个具体的情况，缺乏明确的具体原则性规定，既缺乏可操作性，也缺乏普遍适用性。

二、属地管辖的尴尬

（一）内地结婚香港定居，离婚两地受理引发管辖权争议[①]

（二）法院受理重庆首例外国人离婚案[②]

2005 年 3 月 1 日发布的消息：

2001 年 2 月 15 日，比尔先生带着两个孩子来到重庆。凭借自己在美国取得的英语教师资格证书，比尔在川外任教。他带着孩子住在川外专家楼，既当爹又当妈。有时孩子的学校不上课，

---

① 参见本书第三章第五节中“我国涉及平行诉讼的案例”2。

② 参见《内地结婚香港定居，离婚两地受理引发管辖权争议》，载法律快车，http://www.lawtime.cn/info/hunyin/article/2010083040792.html，2017 年 4 月 2 日访问。

又遇上自己有课，他就将孩子带到学校，让同事们看管，或者将他们放在教室外。

后来，比尔辗转到求精中学。在和重庆人打了几年的交道后，他心中有个梦越来越强烈——加入中国国籍成为重庆人。由于夫妻感情破裂，在渝生活3年的美国男子比尔欲与美国老婆离婚，2004年5月向渝中区法院起诉，并由此引发重庆市首例外国人离婚案。

2004年5月26日，此案一审法院渝中区法院经审查后认为，比尔夫妻的国籍都是美利坚合众国，其妻至今仍居住在美国俄勒冈州。由于两人的结婚登记是在土耳其伊斯坦布尔市，此案不属于该院管辖范围。为此裁定，不予受理此案。

比尔上诉到市一中院。市一中院于日前裁定：该美国男子的长期居住地在本地，渝中区法院应当受理其离婚案。

上述两个案件，法院的涉外离婚案件管辖权的依据出现了"经常居住地"或"居住地"，但综观我国涉外离婚诉讼管辖权的法律规定，无法找到属地管辖或以"经常居住地"为管辖权依据的管辖。这是一个十分明显的法律空白，危及我国涉外离婚诉讼管辖权的合法性。

三、推定管辖的适用

法国籍夫妇英国结婚上海开打离婚官司①

2011年3月22日发布的消息：

2006年9月28日，上海静安区人民法院经过立案审查，受理了法国人吉瑞德诉索菲亚的离婚案件。

---

① 参见《【涉外离婚】法国籍夫妇英国结婚上海开打离婚官司》，载法帮网，http://www.fabang.com/a/20110322/282541.html，2017年8月30日访问。

据吉瑞德介绍，他与妻子索菲亚均系法国国籍，1998 年 9 月 18 日双方在英国伦敦肯辛顿与切尔西结婚，缔结婚姻关系约定实行完全分产制。双方婚后育有一女，现年 5 岁。2000 年 10 月，吉瑞德到上海工作，妻子索菲亚及女儿一起移居上海，一直居住至今。婚后双方因性格等方面因素，时有争执并引发冷战。至上海居住后，夫妻关系越加冷漠，感情已完全破裂。吉瑞德提出，鉴于女儿尚在幼年，以随母亲生活为宜，他愿意承担抚养费并享有探望权，同时在妻子没有工作的情况下，他也愿意给予一定的生活补助。

在吉瑞德提供的相关材料中，有中国驻法国大使馆的认证书，法国驻伦敦总领馆的对吉瑞德夫妇婚约的见证书（其中收费为 450 法郎），吉瑞德女儿出生在圣艾蒂市政府行政部长的证明书及相关人员的护照复印件。二人都书面同意通过静安法院离婚。

据一位长期在法院工作的资深法官介绍，尽管每年都有几十起涉外婚姻在该法院起诉离婚，但往往其中有一方是中国公民，而这对法国籍夫妇既没有选择在自己的国家办理离婚，也没有选择在婚姻缔结地英国办理离婚，而是选择在中国上海办理离婚，这是该法院 20 多年来所遇见的第一起正宗涉外离婚案件。吉瑞德聘请的中国律师，为使案件让静安法院受理，还提供了一份当年 5 月某中级法院判决的类似的涉外离婚案件佐证。

如果说在涉外离婚管辖方面，我们找不到属地管辖的法律依据，但在双方当事人都在场的情况下，根据原《民事诉讼法》第 243 条的规定，依据推定管辖这项万能的条款，还至少能保障我国法院对该案件的管辖权。但这种情况，在新《民事诉讼法》之后又发生了逆转，原规定在“涉外民事诉讼程序的特别规定”的第 243 条，合并到国内规定“审理前的准备”第 127 条的第 2 款，这就使得底气原本就不是太足的“推定管辖”在涉外离婚案件里变得更加没有力度。

四、诉讼竞合的放任

王某诉付某案①

2015年《民诉法解释》第533条延续了原《民诉法意见》第306条的精神，坚持“中华人民共和国法院和外国法院都有管辖权的案件，一方当事人向外国法院起诉，而另一方当事人向中华人民共和国法院起诉的，人民法院可予受理”。坚持平行诉讼，维护我国法院对案件纠纷的绝对管辖权，一方面可以维护我国的司法主权，同时也为当事人提供了诉讼的便利，但另一方面也是导致累诉及司法资源浪费的导因，在当今国际社会普遍努力避免和消除平行诉讼的大环境下，我们依然坚持态度也值得我们三思。

五、不方便原则涉外离婚案件的运用

在司法实践中，已有法院根据不方便法院原则的法律精神对相关涉外民商事案件作出了处理，比较典型的案例有以下几个：

（一）日本公民大仓大雄诉朱某离婚案②

（二）香港居民蔡某诉王某离婚诉讼管辖权异议案③

2015年6月9日发布的消息：

原告：蔡某，男，40岁，籍贯福建晋江市，香港居民，现

---

① 参见本书第三章第五节中“我国涉及平行诉讼案例”1。

② 参见本书第三章第六节“司法实践中对不方便法院原则的适用”案例1。

③ 《香港居民蔡文祥诉王丽心离婚诉讼管辖权异议案》成功案例 | 华律网（66Law.cn），http：//www.66law.cn/goodcase/33094.aspx，2017年8月30日访问。

住香港北角和富道。

被告：王某，女，38 岁，籍贯福建晋江市，香港居民，现住香港九龙土瓜湾。

原告蔡某为香港居民，与被告王某经人介绍于 1980 年 11 月按民俗举行婚礼，于 1981 年在福建省晋江市补办结婚登记手续。婚后感情尚好，生育一男一女，两子女随被告在晋江舍井生活。1992 年 6 月 18 日，被告王某以会夫为由获准携两子女往香港定居。原、被告在共同生活期间，未能正确处理夫妻关系而产生纠纷，造成双方于 1994 年 10 月分居生活，原告蔡某据此于 1994 年 12 月 6 日向晋江市人民法院提起离婚诉讼。1995 年 12 月 25 日，晋江市人民法院以原、被告实际分居时间短，夫妻感情尚未破裂为理由，判决不准原告蔡某与被告王某离婚。1997 年 1 月 14 日，原告蔡某再次向晋江市人民法院提起离婚诉讼，诉称：与被告王某婚后感情一般，经常产生纠纷，并于 1994 年 10 月分居生活。1994 年 12 月 6 日向晋江市人民法院提起离婚诉讼，被判决不准离婚。判决之后，双方仍分居至今，夫妻已无和好可能，感情确已破裂，故再次提起诉讼，请求判决准予离婚，子女由原告抚养。

被告王某在答辩中提出管辖权异议，称：导致夫妻感情破裂的原因是原告的重婚行为。本诉讼案并非一般普通离婚案，它涉及在港的重婚问题，在香港可一并审理。离婚案的双方当事人及其子女户籍、生活均在香港，应由被告所在地法院受理，以香港法例解决较为实际；双方婚姻关系存续期间拥有的共有房屋、物业等大部分在港、澳，在香港诉讼较为方便；现已向香港法援处申请离婚，且被接受交法院进行排期。请求将该案交由香港法院受理。

人民法院对王某的管辖权异议，经审查认为：原告蔡某与被告王某的婚姻缔结地在福建省晋江市，本院对该案具有管辖权。

该院于1997年8月12日作出裁定：驳回被告王某对本案管辖权提出的异议。

被告王某不服一审裁定，向泉州市中级人民法院提出上诉，诉称：虽然双方婚姻缔结地在福建晋江，但双方及婚生子女长期居住在香港，双方在婚姻关系存续期间的财产大部分在港、澳，同时香港法院已接受上诉人的离婚申请。请求中级人民法院撤销晋江市人民法院民事裁定，由香港法院对本案行使管辖权。

泉州市中级人民法院审查认为：上诉人与被上诉人的婚姻缔结地虽然在晋江市，但双方及其子女均居住在香港，且部分夫妻共同财产也在香港，为便利当事人诉讼和今后执行，本案应由当地法院管辖为宜，上诉人王某上诉的理由可以成立，原审裁定驳回王某对本案管辖权提出的异议不当。依照《中华人民共和国民事诉讼法》第一百五十四条的规定，该院于1997年11月4日作出裁定：

撤销晋江市人民法院民事裁定，本案由当事人直接向香港法院起诉。

《民事诉讼法》中没有规定婚姻缔结地可作为离婚案件行使管辖权的依据，但根据最高人民法院的司法解释，作为一种例外，承认在一定条件下婚姻缔结地法院对该类离婚案件可以行使管辖权。这种例外，指离婚案件的双方当事人均为港澳居民，但婚姻缔结地在内地，现双方在港澳离婚确有困难，双方回内地请求内地人民法院处理其离婚问题的，婚姻缔结地所在的内地人民法院可以受理。根据这一司法解释，内地法院受理此种案件，必须符合司法解释规定的全部条件，只要有一项条件不具备，内地法院就没有管辖权，不应受理此种案件。本离婚案件双方当事人均为香港居民，并在内地结婚，但其中一方不同意内地法院处理他们之间的离婚问题，并据此提出管辖权异议，这说明本件离婚案件不具备由内地法院按特例管辖的全部条件，内地法院不应管辖此案。

六、承认与执行阶段的间接管辖权

(一) 中国公民王某申请承认美国法院离婚判决案①

申请人王某与中国公民彭某于1986年4月16日在中国广州登记结婚。双方婚后没有生育子女，没有购置财产，也没有共同享有的债权和共同承担的债务。1986年5月，彭某经申请自费去美国留学。1989年2月6日，彭某向美国纽约州最高法院提起要求与王某离婚的起诉，并将起诉书副本和该法院的出庭传票寄给其弟转交给王某。王某收到起诉讼书副本和出庭传票后，没有向美国纽约州最高法院应诉，但回信给彭某表示同意离婚。1989年2月28日，美国纽约州最高法院依据彭某的请求，缺席判决解除彭某与王某的婚姻关系。判决书副本经彭某的弟弟转王某收。1991年1月21日，王某持该离婚判决书副本及美国纽约州最高法院秘书签章证明其与原件相符的证明，向本人住所地广东省广州市中级人民法院申请承认该判决。

广州市中级人民法院受理了该申请。经审查认为：申请人申请承认外国法院离婚判决的，应当向人民法院提交外国法院离婚判决书正本。本案申请人王某所提交的美国纽约州最高法院离婚判决书虽然是副本，但该副本经美国纽约州最高法院秘书签章证明与原件相同无异，该判决书的真实性可予认定。该判决的内容与中华人民共和国法律无抵触。根据《中华人民共和国民事诉讼法（试行）》第122条的规定，广州市中级人民法院于1991年4月5日裁定如下：

---

① 参见法律教育网，http://www.chinalawedu.com/news/21604/3500/39/2003/12/li39811027341212130022812O_88514.htm，2012年8月5日访问。

承认美国纽约州最高法院判决解除彭某与王某婚姻关系的拘束力。该判决的拘束力从申请人收到本裁定书之日起算。

此离婚案例是发生在1991年8月13日最高人民法院颁布《关于中国公民申请承认外国法院离婚判决程序问题的规定》（以下简称1991年《承认离婚判决规定》）之前，案件陈述中显示，法院主要认证了离婚判决书副本的效力问题，没有就美国法院对该离婚案是否有管辖权进行考察，也就是没有提及“间接管辖权”问题，因此也无法得知如何判断间接管辖权问题。

（二）李某、丁某申请承认日本国法院作出的离婚调解协议案①

2008年6月26日发布消息：

申请人李某与丁某于1974年11月结婚，婚后感情尚好，1975年2月生一女孩李某落。1980年11月，李某赴日本留学，从此之后，双方感情逐渐淡漠。1988年1月，丁某赴日本留学，双方在日本共同生活了一段时间之后，于同年底开始分居。1989年春，丁某向日本国大阪府地方法院提起离婚诉讼，因手续不全，大阪府地方法院未受理。1990年12月，丁某再次提起离婚诉讼，日本国大阪府地方法院受理并进行了调解，于1991年2月27日调解解除李某、丁某的婚姻关系；丁某在中国、日本国的财产归丁某所有；李某给付丁某生活费200万日元；李某在日本国的财产归李某所有；女儿李落落由丁某抚养，李某给付抚养费200万日元。按照日本国法律规定，双方还到大阪府丰中市市长处领取了“离婚申请受理证明书”。事后，丁某准备回中国，向日本国大阪府地方法院要求提取李某已交付于法院的生活费、

---

① 参见《李庚、丁映秋申请承认日本国法院作出的离婚调解协议案》，载110法律咨询网，http：//www.110.com/ziliao/article-44982.html，2017年8月30日访问。

抚养费。大孤府地方法院提出，李、丁双方解除婚姻关系的证明书得到中国法律的认可后，才能将上述费用交给丁某。因此，李某、丁某分别向我国北京市中级人民法院申请承认日本国大阪府地方法院解除双方婚姻关系的调解协议。

北京市中级人民法院受理申请后，经审查认为，日本国大阪府地方法院对李某、丁某离婚一案作出的解除双方婚姻关系的协议书，与我国法律规定的承认外国法院判决、裁定的条件不抵触，于1991年5月28日作出裁定：日本国大阪府地方法院关于申请人李某、丁某离婚的1990年第273号调解协议书，在中华人民共和国领域内具有法律效力。

该案同前一个案例一样，也是发生在1991年《承认离婚判决规定》之前，法院只是简单地以“解除双方婚姻关系的协议书，与我国法律规定的承认外国法院判决、裁定的条件不抵触”为判断标准，承认了协议书的效力，并没有就日本对该离婚案的管辖权进行考察。

（三）中国公民申请承认美国法院离婚判决案①

2011年2月25日发布的消息：

两美籍华人经美国法院判决离婚，美国法院认定双方在中国的财产均归女方所有。近日，上海市静安区人民法院对美国法院的判决不予认可，并遵循《中华人民共和国物权法》的法律条文规定，一审判决夫妻双方原由上海静安法院代管的79.3万余元钱款，分别由夫妻双方均等享有。

1978年10月，美籍华人Judy女士和同为美籍华人的Michael先生在美国拉斯维加斯的内华达州结婚。结婚后，双方

① 参见《美法院判离婚涉在中国财产归属 中国法院不予认可》，载找法网，http://china.findlaw.cn/info/hy/shewaihunyin/lihun/198752.html，2017年8月30日访问。

陆续以个人或双方名义购买了上海市静安区三套住房及一个地下车位。2006 年 6 月，夫妇俩身陷债务诉讼，被上海静安法院判处应共同偿还 30 万美元的债务。上海静安法院执行该案过程中，将夫妻双方名下的三套房屋予以拍卖抵偿债务，另有执行剩余款项 79.3 万余元尚留静安法院代管。后因夫妇俩对该笔预留款项的归属意见不一，故钱款一直留由静安法院代管。

2007 年 6 月，双方经美国纽约州高级法院判决离婚，法院判决所有在中国托管账户内夫妇双方共同拥有的钱款均归 Judy 女士所有。同年 10 月，Judy 女士将美国法院离婚判决文书交上海静安法院，要求单方获取被静安法院拍卖后剩余代管的房款 79.3 万余元。

Judy 女士称，她与丈夫均系美国人，其婚姻关系已经美国法院判决解除，且这笔钱款此前已经美国法院判决“归她所有”，该判决对双方均有约束力。她还认为，虽然外国法院的离婚判决不能在中国直接具有执行效力，但该判决可作为有效证据，在不违反中国法律的基本准则或中国社会利益的前提下，应可被法院作为证据采用，有证据显示丈夫 Michael 是双方婚姻破裂的过错方，按理不应获得上述财产。

法庭上，丈夫 Michael 辩称双方已在美国离婚，而对于在中国的财产应按照国际司法惯例适用财产所在地法律处理。美国法院对中国财产的处理是超越司法权行为。因各国对婚姻及其财产的处理均受各国文化、政治和经济影响，所体现在法律内容上亦有不同。他还认为，美国判决对自己完全是缺乏公正性的，要求在中国法律框架下均等分割上述财产。

上海静安法院经审理认为，本案中，涉案财产系 Judy 女士和丈夫 Michael 在我国购置不动产转换而来，由中国法院代管的人民币 79.3 万余元属夫妻双方共同共有财产。在我国，共同共有财产在共有人中的具体分配，应依据我国法律规定各享有

50%，Judy 女士提供的美国法院相关判决无域外效力，提供的证据尚不足证明她的主张。遂上海静安法院依据《中华人民共和国物权法》第九十三条、第一百零三条的规定，作出了一审判决。

此案主要涉及的是 1991 年《承认离婚判决规定》第 2 条："外国法院离婚判决中的夫妻财产分割、生活费负担、子女抚养方面判决的承认执行，不适用本规定。"1991 年《承认离婚判决规定》适用的范围限制在离婚的身份关系的判决，不涉及财产的分割。除此之外，此案依旧没有针对 1991 年《承认离婚判决规定》第 12 条规定中的五个不予承认的情况进行分析，即"（一）判决尚未发生法律效力；（二）作出判决的外国法院对案件没有管辖权；（三）判决是在被告缺席且未得到合法传唤情况下作出的；（四）该当事人之间的离婚案件，我国法院正在审理或已作出判决，或者第三国法院对该当事人之间作出的离婚案件判决已为我国法院所承认；（五）判决违反我国法律的基本原则或者危害我国国家主权、安全和社会公共利益。"特别是这里探讨的"间接管辖权"问题。

（四）中国公民申请承认新西兰解除婚约决议书的效力案①

2010 年 10 月 16 日发布的消息：

1985 年 10 月 2 日，申请人中国籍蒋某（住中国西安市）与中国籍人陈某在中国西安市登记结婚。双方婚后没有生育子女，亦没有产生对外的共同债权债务。1989 年初，陈某自费前往新西兰留学，后在该国克赖斯特彻奇市长期居住。蒋某仍在国内居住工作。1992 年 9 月 9 日，陈某向新西兰克赖斯特彻奇地区法

---

① 参见《筱敏申请承认新西兰国法院解除婚约的决议书效力案》，载法律快车网，http://www.lawtime.cn/info/hunyin/hunyinfaanli/2010101664517.html，2017 年 8 月 30 日访问。

庭起诉，要求与在中国境内的蒋某离婚，并放弃对在蒋某处的夫妻共同财产的任何要求。该法庭将陈某的离婚起诉状副本通过陈某之父转送给蒋某，并同时附上诉讼通知书，告知蒋某对陈某的离婚起诉应提出答辩并通知本法庭，同时应向陈某提交答辩状副本；告知蒋某应直接或通过一名中国境内的律师用航空信件委托一名新西兰律师作为其诉讼代理人。但蒋某没有应诉答辩，对此诉讼未予理睬。

1992 年 10 月 14 日，新西兰克赖斯特彻奇地区法庭依据陈某的诉讼请求和新西兰国 1980 年《家庭诉讼条例》第 39 条，作出第 1219 号决议书，决议解除蒋某与陈某于 1985 年 10 月 2 日在中国西安市达成的婚约。

1994 年 5 月 2 日，蒋某持新西兰国克赖斯特彻奇地区法庭的上述第 1219 号解除婚约决议书、该法庭的诉讼通知书和陈某的离婚起诉状副本的英文本和中文译本，向西安市中级人民法院申请承认该解除婚约决议书的效力。

本案中，蒋某申请承认的新西兰克赖斯特彻奇地区法庭的解除其与陈某的婚约关系的第 1219 号决议书，内容与我国法律不相抵触，符合我国法律规定的承认外国法院判决效力的条件。根据《中华人民共和国民事诉讼法》第 268 条的规定，我国法院对该离婚决议书的法律效力应予以承认。

此案同前两个案例情况相似，只不过发生在 1991 年《承认离婚判决规定》之后，法院同样简单地以解除“婚约关系的第 1219 号决议书，内容与我国法律不相抵触，符合我国法律规定的承认外国法院判决效力的条件”为由，承认解除婚约的决议书的效力，并没有就新西兰对该离婚案的管辖权进行考察。

（五）美国的离婚判决不予承认[①]

2011年2月25日发布的消息：

翟先生和娄女士是一同在青岛某大学任教的同事，两人于2000年登记结婚。为了发展，娄女士为翟先生争取到了去美国工作的机会，2003年翟先生到了美国某州发展，并将女儿接去上学。后来娄女士得知翟先生又结婚了，马上打电话证实，翟先生却说："判决书应该给你寄过去了。"原来该州规定，凡在本州住满90天的就可以起诉离婚。该州法院依据翟先生的申请，开庭审理了此案，但娄女士未收到开庭传唤通知，未到庭参加庭审，因此法院就进行了缺席判决。娄女士想办法拿到判决书后，到青岛市中级人民法院申请认定判决无效。

从文中可以看出，对美国离婚判决不予承认的理由是根据1991年《承认离婚判决规定》第12条第3项："判决是在被告缺席且未得到合法传唤情况下作出的"，即违背了程序公证，因此对该离婚判决的效力不予承认。

从上面5个案例可以看出，不管是外国法院的离婚判决书还是外国法院的离婚调解协议书，都是在中国申请承认的范围，其依据外国法产生的效力，都有延伸到中国境内的可能性。但所有的案例分析都忽略了一个重要的问题，就是对承认与执行的条件之一：作出判决的外国法院对案件的管辖权的考察，即所谓的"间接管辖权"的确认。上面提到，1991年《承认离婚判决规定》第12条第2项就是：作出判决的外国法院对案件没有管辖权，这是1991年《承认离婚判决规定》中所罗列出的五种不予

---

① 参见《外国法院作出的离婚判决 法律效力可否认定》，载找法网，http://china.findlaw.cn/info/hy/shewaihunyin/lihun/198753.html，2017年8月30日访问。

承认的情况。如果在做出承认外国法院的离婚判决效力之前，不对该项进行分析，那么中国法院做出承认外国法院判决效力的决定，就失去了法律的严肃性。有关间接管辖权的讨论，将在下章做进一步的探讨。

第五章　间接管辖权

一、间接管辖权概述

(一) 间接管辖权概念

各国在通过立法或判例方式确定管辖权的同时，也通过审查管辖权是否适当来决定是否承认和执行外国法院判决。学者们将前者称为直接管辖权，后者称为间接管辖权。间接管辖权，又被称为间接的一般管辖权、间接国际裁判管辖权、间接管辖权、间接国际民商事裁判管辖权、执行管辖权①等。国内对于间接管辖权的定义见诸文字的并不多。李培浩先生在其《国际民事程序法概论》中对间接管辖权的定义为：间接管辖权是指一国法院在承认与执行他国判决时根据该国究竟是否有权裁判该案的那种裁判管辖权。② 从李培浩先生对间接管辖权下的定义可以看出，间接管辖权与其字面表达的意思还是符合的，其就是审查判决作出法院直接管辖权的规则。

间接管辖权的实质是一国法院在承认与执行外国法院的判决时，审查外国法院的管辖权是否适当的规则。通常认为，此处的

① 何其生著：《电子商务的国际私法问题》，法律出版社 2004 年版，第 283 页。

② 李培浩著：《国际民事诉讼法概论》，法律出版社 1996 年版，第 120 页。

外国法院判决应作广义理解，不仅包括外国法院民商事案件中作出的判决、裁定、决定和调解书，还包括外国法院刑事附带民事案件中所作的判决等。1971 年海牙《民商事案件外国判决的承认和执行公约》第 2 条第 1 款规定：本公约适用于缔约国法院作出的全部裁决，不论请求国在诉讼程序上或在决定中称为判决、裁定还是执行令。各国在承认或执行外国法院判决时，一般只审查原判决国法院对该案有无管辖权，而不审查原判决国的某一特定法院对该案有无管辖权。

与间接管辖权相对应的概念是直接管辖权。所谓直接管辖权，是指一国法院依内国的程序法决定自己能否直接审理涉外民商事案件。[①] 直接管辖权和间接管辖权的区别是，前者确定本国法院有无管辖权，后者决定外国法院有无管辖权，间接管辖权的目的在于决定是否承认或执行外国法院的判决。因此，在确定有无管辖权的方法上存在明显差异。直接管辖权的确定依据各国基于主权原则制定的本国法，而间接管辖权的确定情况则较为复杂，由于审查的对象是外国法院作出的判决，因此最重要的问题就是，适用哪一国的法律来判断该外国法院管辖权的适当与否。从此意义上讲，间接管辖权问题的关键就是法律适用问题，即依据何种规则来判断外国法院的管辖权是否适当，是本国法、外国法还是它们之间的双边协议。

（二）间接管辖权的特征

从间接管辖权与直接管辖权的区别上可以看出，间接管辖权具有以下特征：

（1）间接管辖权的适用对象是外国法院。当然这是从一般情况下考虑，因为在区际私法中也会涉及判决的承认与执行，区

① 李双元主编：《国际私法》，北京大学出版社 2012 年版，第 350 页。

际私法中的间接管辖权的适用对象便是一国内存在不同法律制度的区际法院。因此，国际私法上的间接管辖权的适用对象是外国法院，区际私法中的间接管辖权的适用对象是区际法院。

（2）间接管辖权在适用上具有被动性。与直接管辖权不同的是，直接管辖权是由内国法院直接、主动地加以适用，而间接管辖权是在外国法院作出判决后，并且要在内国申请承认或执行时，内国法院才会采用的审查外国法院有无管辖权的规则。之所以说间接管辖权在适用上具有被动性，是因为即使外国法院作出判决，若不申请某国内国法院对此判决进行承认或执行，内国法院不能也不会主动审查外国法院有无管辖权，即内国法院没有行使间接管辖权的必要。

（3）间接管辖权在本质上是一种程序法规则。内国法院对外国法院申请承认或执行的判决所涉及的具体国际民商事纠纷其实并没有行使管辖权，内国法院审查的只是判决作出法院是否享有管辖权。而内国法院在审查请求承认或执行的外国法院判决时，只会根据本国的管辖利益与公共利益，在自身可接受的管辖根据范围内审查外国法院是否有管辖权。

（4）间接管辖权多存在于国际民商事领域。由于世界上绝大多数国家在私法领域中都注重意思自治，因此私法性判决的域外效力大多能得到国际社会的承认。虽然在公法性判决中也会涉及间接管辖权问题，如刑法判决的承认或执行，但是由于公法对国家的特殊重要性，公法性判决的域外效力一般难以得到国际社会的承认。正是由于各国对私法性判决与公法性判决域外效力所抱的态度不同，承认私法性判决，拒绝公法性判决，因此间接管辖权多存在于国际民商事领域。

（5）间接管辖权存在的目的在于确定外国法院所作判决能否在内国得到承认或执行。内国法院的间接管辖权是决定外国法院判决在内国能否得到承认或执行的关键性因素。外国法院所作的判决要想在内国得到承认或执行，必须经过内国法院的审查，即审查外国法院对其所作出的判决是否有管辖权。

（6）在立法方式上，间接管辖权大多规定在国内民事诉讼法关于外国法院判决和执行的章节部分，而直接管辖权一般会在民事诉讼法中单独成章或成节。这主要是由于间接管辖权存在的意义就是为了审查判决作出法院是否享有适格的管辖权，因此大部分的国内立法以及国际条约都不会对间接管辖权作出直接单独的规定。

对于间接管辖权的研究，无论是在理论层面还是在实践层面都具有重要的意义。在传统的英美国际私法理论中，国际私法包括三个部分，即管辖权、法律适用和外国判决的承认或执行。这三个部分在国际私法中的功能及作用都是不可或缺和不可取代的，但是外国法院判决的承认或执行所具有的实际意义更加重大。一方面，外国法院的判决在作出后并不能实际地发生解决国际民商纠纷的作用，只有在得到有关国家的承认或执行时，外国法院判决所涉及的具体国际民商事纠纷才能得到实际地解决。另一方面，国际私法案件的判决大多需要考虑其域外效力，这是由国际私法案件本身的涉外性或其本质决定的。而在外国判决的承认和执行问题中，尽管承认外国的特别原则源于每个特定国家的国内法、法理学和惯例，但是有一项原则是固定不变贯穿始终的，即在每个案件中，作出判决的外国法院必须享有国际管辖权。① 事实上，可以将承认外国判决看作是本国法院据此判断外国法院判决是否依据有效的法律适用原则和管辖权原则作

① ［加］威廉·泰特雷著：《国际冲突法：普通法、大陆法即海事法》，刘兴莉译，法律出版社 2003 年版，第 552 页。

出的。①

二、间接管辖权的确定方式

间接管辖权是一国法院在承认或执行外国民商事裁判中，依内国的程序法决定的该外国法院的裁判管辖权。外国法院的管辖权只有在被请求国内国法承认的前提下，其判决才能得到内国承认或执行。那么，被请求国确定外国法院是否享有管辖权的依据是什么？通常认为，间接管辖权的确定方式主要有三种：以作出判决法院所在国的法律为标准，以被申请国法律为标准，以双边协议为标准。

（一）以作出判决法院所在国的法律为标准

依据作出判决法院所在国的法律审查该外国法院对案件是否有管辖权。以作出判决法院所在国的法律作为确定间接管辖权的依据时，被请求承认或执行国的法院在审查作出判决的外国法院是否有管辖权时，所依据的法律就是作出判决的外国法院所在国的法律。如果依据作出判决的外国法院所在国的法律，作出判决的外国法院拥有管辖权，则被请求承认或执行国的法院就要对外国法院的判决予以承认或执行；如果依据作出判决法院所在国的法律，作出判决的外国法院明显不拥有管辖权，则被请求承认或执行国的法院可拒绝承认或执行该外国法院所作出的判决。

这种方法的弊端是，一国法院的法官不可能对所有外国的法律都熟悉，而该方式要求法官用外国法来审查管辖权的适当与否，使法官随时面临来自许多不同的国家的判决，对本国法官的能力提出了相当高的要求，也极大地增加了法官的工作量。也就是说，被请求承认和执行外国法院判决的内国法院的法官，不仅

① ［加］威廉·泰特雷著：《国际冲突法：普通法、大陆法即海事法》，刘兴莉译，法律出版社 2003 年版，第 550 页。

要掌握大量的本国法律方面的知识，而且要熟练地掌握大量的外国法律知识，这对法官来说无疑是不可能做到的事情。但是，依据作出判决法院所在国的法律审查外国法院的判决就是对被请求承认与执行国法院法官有如此硬性的要求。被请求承认与执行的外国法院判决不仅在数量上会给被请求承认与执行国的法院法官造成压力，而且外国判决的“外国”方面也会给被请求承认与执行国的法院法官造成重大压力。因为被请求承认和执行国的法院法官根本无法预见自己会审查哪国法院作出的判决，所以其不可能系统完整地学习该作出判决法院所在国的有关法律，这就逼迫着被请求承认和执行国的法院法官学习各个国家有关方面的法律，但这是一个难以实现的事情。在如此情形下，被请求承认和执行国的法院法官势必会寻求别的方法来规避适用作出判决法院所在国法院来审查该外国法院对其作出的判决是否有管辖权。

另外，按常理讲，一国法官对外国法律的熟悉与理解程度，是不可能强于该外国的法官的。不仅是因为所掌握的法律知识不同，其所处的社会环境的差异也会造成法官对法律运用的差异。若被请求承认和执行国的法院法官根据作出判决法院所在国法律确定管辖权，对于被请求承认和执行国的法院法官而言相当于要重新学习法律知识，并且此法律知识和他原有的法律知识可能会存在差异，这会造成被请求承认和执行国法院法官的判断混乱。并且作出判决的法院所在国的法律对被请求承认和执行国的法院法官而言是生疏的，在运用上肯定不如被请求承认和执行国的内国法熟练好用，这就容易造成法官在运用判决作出法院所在国的法律确定间接管辖权时出现错误。如依照此方法，即类似于让外行人来审查某一行业的业内专业人士作出的决定。由于以上弊端的存在，依照此种方法审查时，法官很难发现外国法院的管辖权存在的实质性问题，进而使该种方法不具有实质性意义。

(二) 以被申请国法律为标准

以被申请国法律为标准审查原判决国法院管辖权的适当与否，是大多数国家在没有双边协议或条约时的通常做法。

但是仅以被请求承认和执行国的法律作为确定间接管辖权的依据时，在实践中存在的困难较多。因为作出判决的法院对将会成为被请求承认和执行国法律中关于管辖权的规定并不了解，其作出判决时很难预料到其作出的判决是否能得到外国法院的承认和执行，这样会导致国际民事诉讼活动的结果缺乏必要的明确性和可预见性。并且，当被请求承认和执行国的法律与原判决作出国法律在规定管辖权上存在较大差异时，将管辖权问题完全交给被请求承认和执行国的法院作出判断，在承认和执行外国法院的判决时会造成不必要的障碍。如果国家之间在承认和执行外国法院判决方面普遍存在障碍，则会不利于国际民事诉讼活动的顺利展开和国际社会的民商事交流与合作。因此，一些国家如日本、匈牙利、西班牙等，虽然也要求依被请求国法律确定间接管辖权，但他们只要求依被请求国法律并不排除外国法院的管辖权即可，而并不要求外国法院必须依被请求国法律享有管辖权。①

被请求国法律对间接管辖权的规定可以分为以下三种类型：

一是概括规定，根据司法承认中被请求国的法律，原判决作出地法院享有管辖权时才能承认或执行该判决。也就是说，被请求国的法院法官在审查外国法院对其所作的判决是否享有管辖权时，要根据被请求国关于管辖权的法律规定审查作出判决的外国法院是否享有管辖权。此时，作出判决的外国法院依照本国法律对判决所确定的管辖权就显得毫无意义，因为作出判决的外国法院的管辖权还要经过被请求国的法院法官的审查，并且被请求的

① 李双元主编：《国际私法》，北京大学出版社 2012 年版，第 408 页。

法院法官在审查作出判决的外国法院是否享有管辖权时，依据的是被请求国的法律。《德国民事诉讼法》第 328 条第 1 款第 1 项规定，排除承认外国法院判决的情况之一是，有关外国法院依德国法无管辖权，即将内国的直接国际管辖权规则双边化，而用以确定该外国法院是否具有间接国际管辖权。德国学者将此称为镜像原则①。采取这种做法的还有 1940 年《意大利民事诉讼法》第 797 条。

二是在法律中明确规定不同于内国法院管辖权的外国法院享有管辖权和无管辖权的情况，即具体规定国际间接管辖权。国家以这种方式确定间接管辖权时，会在内国法中建立特别的规则，专门用于判断外国法院的管辖权在内国的可接受性。在内国法中具体规定间接管辖权对国际民事诉讼的顺利展开和国际民商事的交流合作也是非常有利的。一国法院在作出有关的判决后，若要申请他国的承认或执行，其只要看该国关于间接管辖权的专门法律规定即可，不用考虑大量的其他因素，为法官节省了大量的时间与精力，并且有效地避免了判决得不到承认或执行的风险。《瑞士联邦国际私法法规》中规定了不同于直接管辖权规则的间接管辖权规则。为利于外国法院判决在内国得到承认与执行，对某些事件瑞士法规定的间接管辖权根据比直接管辖权根据宽广。如对离婚与别居，《瑞士联邦国际私法法规》第 59 条、第 60 条规定的直接管辖权根据只有住所和国籍，而第 65 条规定的间接管辖权根据有住所地、习惯居所地、国籍②。

三是只要外国法院的管辖权不违反本国法院专属管辖权或本

---

① 李浩培著：《国际民事程序法概论》，法律出版社 1996 年版，第 120~121 页。

② 韩德培、李双元主编：《国际私法教学参考资料选编》（上），武汉大学出版社 1991 年版，第 337~340 页。

国法不排除外国法院的管辖权，就承认或执行外国法院的判决。这体现的是一种消极的间接管辖权立法模式，即只要根据承认或执行地国家的内国法并不排除有关外国法院的管辖权，则外国法院的判决就可以在内国得到承认或执行，而不要求外国法院根据判决承认与执行地国家的内国法必须具有管辖权。根据这种方式确定间接管辖权时，被请求国的法院法官只要审查作出判决的外国法院的管辖权是否违反本国法院的专属管辖，或者审查作出判决的外国法院的管辖权是否被本国法排除，如果这两种情况均不存在，则被请求承认和执行国就应该在内国承认和执行外国法院的判决。[①] 如《日本民事诉讼法》第200条规定："〔外国判决的承认〕外国法院确定判决以具备下列条件的为有效：一、法律或条约不否认外国法院管辖权的……"[②]

（三）以多边或双边条约为标准

从根本上看，国内法中关于间接管辖权的规定还存在明显的不足，主要是由于国内法对于管辖权的规定主要是从一国国内法的角度出发，其只是从主权的狭隘的眼光看待和解决问题，往往最后的结果也就是以本国法的规定来判断外国管辖权的冲突，这一冲突导致的一个最严重后果就是外国判决在内国得不到承认和执行。[③] 而间接管辖权以内国法审查外国法院是否具有管辖权的做法，使各国在确定管辖权方面的法律冲突无处可避，法律冲突对国际民商事关系的杀伤力被人为地强化，从审理一项案件所追

---

① 何其生著：《电子商务的国际私法问题》，法律出版社2004年版，第284页。

② 王国征：《外国法院判决承认与执行中的管辖权》，载《中国人民大学学报》1998年第5期。

③ 沈娟：《存异以求同，它石可攻玉—海牙〈民商事管辖权和外国判决公约〉（草案）与中国相关法律之比较》，载《中国国际私法与比较法年刊》（2001年第四卷），法律出版社2001年版，第241页。

求的结果看，判决得不到承认和执行，纠纷便未能解决，法律关系也未得到调整，法律的适用效力和司法行为的功能都化为乌有，法律关系仍不能稳定和顺畅。[①] 理论和实践证明，消除法律冲突的最佳方法是制定和适用在国际社会具有普遍效力的统一公法。[②] 这一结论同样适用于国际私法领域，因此，一方面要放弃“狭隘”的司法主权观念，尊重外国关于管辖权的立法；另一方面要制定和适用确定管辖权的统一条约。

国家之间通过签署相关条约，就相互之间承认或执行对方法院判决的条件作出明确规定，这是实践中常用的一种方式。只要原判决国法院依有关国际条约的规定具有管辖权，条约的其他缔约国便应承认其具有管辖权。这些条约可分为以下两类：

一类是直接条约，是指将缔约国法院在确定国际民商事管辖权方面的直接管辖权规范与缔约国之间相互承认与执行对方法院的间接管辖权规范合为一体的条约形式。[③] 这类条约不仅对承认或执行外国判决作出规定，也对原判决作出国法院的直接管辖权作出规定，即在条约中详细列举各缔约国必须共同遵守的管辖权规则，不论一国法院所作判决是否需要在其他国家境内承认与执行。这类管辖权规则构成法院对国际民商事案件行使直接管辖权的依据。如1968年欧洲共同体订立于布鲁塞尔的《民商事管辖权及判决承认与执行公约》（以下简称《布鲁塞尔公约》）、

① 沈娟：《存异以求同，它石可攻玉—海牙〈民商事管辖权和外国判决公约〉（草案）与中国相关法律之比较》，载《中国国际私法与比较法年刊》（2001年第四卷），法律出版社2001年版，第241页。

② 沈娟：《存异以求同，它石可攻玉—海牙〈民商事管辖权和外国判决公约〉（草案）与中国相关法律之比较》，载《中国国际私法与比较法年刊》（2001年第四卷），法律出版社2001年版，第241页。

③ 罗剑雯著：《欧盟民商事管辖权研究》，法律出版社2003年版，第94页。

1988 年欧共体与欧洲自由贸易联盟订立于洛迦诺的《民商事管辖权及判决承认与执行公约》（以下简称《洛迦诺公约》）以及2000 年欧盟理事会通过的《民商事管辖权及判决承认和执行条例》（以下简称《布鲁塞尔条例》）。1968 年的《布鲁塞尔公约》是由欧共体最初的六个成员国即法国、联邦德国、意大利、比利时、荷兰和卢森堡，为了建立共同市场和推行自由贸易而签订的。《布鲁塞尔公约》共分为八编，其中第二编对直接管辖权问题作了专门的规定。1988 年的《洛迦诺公约》是由欧洲共同体和欧洲自由贸易联盟在洛迦诺签订的。《洛迦诺公约》的实质性条文与《布鲁塞尔公约》的规定非常相似。《洛迦诺公约》也分为八编，其第二编也对直接管辖权作了专门的规定，其中关于管辖权的分类与行使依据也与《布鲁塞尔公约》的大多数规定相同。只是第四节与《布鲁塞尔公约》相比较有较大不同。《布鲁塞尔公约》第二编第四节是有关赊卖和租购的管辖权规定，而《洛迦诺公约》相应的该节是有关消费者合同案件管辖权的规定。[①]《洛迦诺公约》第三编的规定与《布鲁塞尔公约》的规定相同，也是关于判决的承认和执行问题。但是因为《洛迦诺公约》涉及与《布鲁塞尔公约》间的关系以及与缔约国其他调整司法管辖权和判决的承认与执行条约之间的关系，在有关规定上要比《布鲁塞尔公约》更加复杂。

另一类是间接条约，一般是指只规定判决的承认和执行，而不规定直接管辖权的条约。这类条约仅对承认或执行外国判决作出规定，即不对各缔约国须遵守的直接管辖权规范作出规定，仅规定间接管辖权的基本标准以判断原判决作出地的外国法院是否具有管辖权，条约中规定的管辖权标准只在承认与执行外国判决

① 中华人民共和国司法部司法协助局编译：《国际司法协助条约集》，法律出版社 1990 年版，第 122 页。

时适用。其中，最为典型的间接条约便是1971年2月1日订立于海牙的《关于外国民商事判决承认与执行的公约》及其《附加议定书》，大部分国家之间订立的双边司法协助条约等便是间接条约的表现形式。虽然到目前为止，该公约的参加国数量奇少，但是其许多规定都具有原创性和合理性，因此成为后来众多公约的参考范本。该公约和其附加议定书对缔约国共同认可的间接管辖权根据作了明确规定，即公约的第10、11条的“白色一览表”。[①] 公约第10条规定了七项原判决作出国法院被认为有管辖权的情形，第11条则是对反诉请求已作出判决的原审国法院应视为有管辖权的两种情形。[②] 除缔约国沟通认可的间接管辖权根据外，公约《附加议定书》还列举了原判决作出国法院如以之为依据行使管辖权，则被请求国法院将不予承认与执行的管辖权依据，即所谓的“黑色一览表”。[③] 公约《附加议定书》第4条规定了六项依据议定书第2条第1款应拒绝承认与执行的关系的依据，如原告的国籍、被告在原审国境内短暂逗留期间被传讯，等等。[④] 从1971年订立的《关于外国民商事判决承认与执行的公约》的规定看，其关于间接管辖权的规定不是全面列举，有些问题没有规定，如合同案件的间接管辖权。也就是说，公约及其附加议定书在“白色一览表”和“黑色一览表”之间缺乏一个过渡性的规定，即都没有对二者未包含的事项应如何处理加

---

① 李培浩著:《国际民事程序法概论》，法律出版社1996年版，第144~147页。

② 余先予主编:《冲突法资料选集》，法律出版社1990年版，第702~703页。

③ 李培浩著:《国际民事程序法概论》，法律出版社1996年版，第147~151页。

④ 余先予主编:《冲突法资料选集》，法律出版社1990年版，第712页。

以规定。

三、间接管辖权的法律规定

(一) 中国国内法的规定

我国《民事诉讼法》第268条规定，“人民法院对申请或者请求承认和执行的外国法院作出的发生法律效力的判决、裁定，依照中华人民共和国缔结或者参加的国际条约，或者按照互惠原则进行审查后，认为不违反中华人民共和国法律的基本原则或者国家主权、安全、社会公共利益的，裁定承认其效力，需要执行的，发出执行令，依照本法的有关规定执行。违反中华人民共和国法律的基本原则或者国家主权、安全、社会公共利益的，不予承认和执行”。由此可见，我国《民事诉讼法》中关于外国法院判决的承认与执行条件的规定中，没有将作出判决国法院具有管辖权作为予以承认与执行的条件。1991年7月5日《最高人民法院关于中国公民申请承认外国法院离婚判决程序问题的规定》第12条规定了不予承认外国法院离婚判决的5种情形，其中之一是作出判决的外国法院对案件没有管辖权，但是这一规定并没有确定判断原判决国法院有无管辖权的明确标准。

(二) 中国区际私法中关于间接管辖权的规定

对于台湾问题，我国政府创设性地提出了“一国两制”的政治构想，并且在“一国两制”的政治蓝图指引下，香港和澳门分别于1997年和1999年顺利回归祖国。回归后的香港和澳门将继续保持其原有的社会制度五十年不变，并且其法律传统也将保持不变。我国内地实行社会主义法律制度，香港随英国属于传统的英美法系，澳门则随葡萄牙属于大陆法系，加上采用大陆法系法律制度的台湾地区，我国完全形成了我国大陆、香港、澳门、台湾地区四种法律制度的复杂复合法域的格局。随着民商事交往的频繁发生，为有效保障人民的权益，我国大陆、香港、澳门、台湾地区都对区际判决承认或执行问题进行了立法尝试。

1. 大陆与台湾地区有关间接管辖权的规定

台湾地区早在1992年7月31日就制定公布了“台湾地区与大陆地区人民关系条例”（以下简称“条例”），并颁布了配套的“台湾地区与大陆地区人民关系条例实施细则”（以下简称“细则”）。二者之后都进行过多次修订。修订于2015年“条例”第74条规定：“在大陆地区作成之民事确定判决、民事仲裁判断，不违背台湾地区公共秩序或善良风俗者，得申请法院裁定认可。前项经法院裁定认可之裁判或判断，以给付为内容者，得为执行名义。前两项规定，以在台湾地区作成之民事确定裁判、民事仲裁判断，得声请大陆地区法院裁定认可或为执行名义者，始用之。”修订于2013年“细则”第68条规定：“依本条例第七十四条规定声请法院裁定之民事确定裁判、民事仲裁判断，应经行政院设立或指定之机构或委托之民间团体验证。”从上述规定看，大陆法院的判决要得到台湾地区法院的承认和执行，必须要满足四个条件：（1）大陆法院之判决应为确定之判决；（2）不得违背台湾地区之公共秩序和善良风俗；（3）对等原则，即只有在大陆法院认可或执行台湾地区之判决时，大陆判决才可在台湾得以认可或执行；（4）必须经过有关机构之验证。[①] 但是对于验证的内容是否包括大陆法院的管辖权并没有作出规定。实践中台湾地区法院曾对“条例”第74条作出过几点解释，其中一条是：依台湾地区有关规定，大陆法院之判决违反专属管辖者，因与公益有关，不予认可。[②] 由此可以看出，台湾

① 宋锡祥：《海峡两岸司法协助新探》，载《政治与法律》2006年第2期，第88页。

② 陈力：《海峡两岸民事判决的相互承认与执行：困境与出路》，载《法治论丛》2002年第17卷第5期，第65页。

地区对间接管辖权没有进行直接的规定，因此只要大陆法院裁决的案件不属于台湾地区法院专属管辖的案件，则大陆法院对其作出的判决就享有管辖权。

1998年《最高人民法院关于人民法院认可台湾地区有关法院民事判决的规定》（以下简称《规定》）对台湾地区法院判决在大陆的承认和执行作了规定。关于承认和执行台湾地区法院判决的条件，《规定》第9条列举了六种人民法院可以不予承认或执行的情形："（1）申请认可的民事判决的效力未确定；（2）申请认可的民事判决，是在被告缺席又未经合法传唤或者在被告无诉讼行为能力又未得到适当代理的情况下作出的；（3）案件系人民法院专属管辖的；（4）案件的双方当事人订有仲裁协议的；（5）案件系人民法院已作出判决，或者外国、境外地区法院作出判决或境外仲裁机构作出仲裁裁决已为人民法院所承认的；（6）申请认可的民事判决具有违反国家法律的基本原则，或者损害社会公共利益情形的。"其中第（4）项规定的是"案件的双方当事人订有仲裁协议的"，但是按照我国《民事诉讼法》和《仲裁法》的有关规定，当事人订有有效仲裁协议的，人民法院不得行使管辖权。因此，《规定》第9条第（3）、（4）项两项实际上都是有关法院管辖权的规定。从《规定》第9条第（3）、（4）项中可以看出，《规定》也未直接对间接管辖权进行规定。

虽然台湾地区和大陆都没有对间接管辖权进行直接的规定，但是本质上台湾地区与大陆关于间接管辖权的规定是排除专属管辖模式的，即只要大陆所作判决涉及的案件不是台湾地区法院专属管辖的案件，台湾地区就应当承认或执行大陆法院作出的判决；台湾地区法院所作判决涉及的案件不属于大陆人民法院专属管辖的案件，大陆就应当承认或执行台湾地区法院作出的判决。

2. 内地与澳门特别行政区之间关于间接管辖权的规定

在澳门回归之前，澳门作为葡萄牙的附属地，其有关法律都是葡萄牙法律在澳门的延伸适用，因此澳门关于涉外民事案件的管辖权的规定也是延伸适用葡萄牙在1961年颁布的《民事诉讼法典》。但在澳门回归之后，澳门作为一个不拥有独立主权的地区，在其《民事诉讼法典》中就不适合规定涉外民事诉讼管辖权。但是为了方便内地和澳门地区判决的相互承认或执行，最高人民法院与澳门特别行政区根据《中华人民共和国澳门特别行政区基本法》第93条的规定，在协商的基础上达成《内地与澳门特别行政区关于相互承认和执行民商事判决的安排》（以下简称《安排》）。

《安排》适用于内地和澳门特别行政区之间民商事案件判决的相互承认和执行，但是在适用的民商事案件的内容上有所区别，内地的民商事案件包括劳动争议案件，澳门特别行政区的民商事案件包括劳动民事案件。另外《安排》也适用于刑事案件中有关民事损害赔偿的判决、裁定，但不适合于行政案件。《安排》所称的判决内涵比较宽泛，在内地包括判决、裁定、决定、调解书、支付令；在澳门特别行政区包括裁判、判决、确认和解的裁定、法官的决定或者审批等。①

《安排》第11条规定，“被请求方法院经审查核实存在下列情形之一的，裁定不予认可：（一）根据被请求方的法律，判决所确认的事项属于被请求方法院专属管辖；（二）在被请求方法院已存在相同诉讼，该诉讼先于待认可判决的诉讼提起，且被请求方法院具有管辖权；（三）被请求方法院已认可或者执行被请求方法院以外的法院或仲裁机构就相同诉讼作出的判决或仲裁裁

① 《内地与澳门特别行政区关于相互认可和执行民商事判决的安排》第2条。

决；（四）依据判决作出地的法律规定，败诉的当事人未得到合法传唤，或者无诉讼能力人未依法得到代理；（五）根据判决作出地的法律规定，申请认可和执行的判决未发生法律效力，或者因再审被裁定中止执行；（六）在内地认可和执行判决将违反内地法律的基本原则或者社会公共利益；在澳门特别行政区认可和执行判决将违反澳门特别行政区法律的基本原则或者公共秩序”。其中，《安排》第 11 条第（1）项是关于间接管辖权的规定。从《安排》的第 11 条第（1）项的规定可以看出，大陆与澳门特别行政区对判决管辖权进行审查所依据的是被请求方的法律，即内地人民法院作出的判决在申请澳门特别行政区法院承认或执行时，内地人民法院是否享有管辖权应依据澳门特别行政区的法律；而澳门特别行政区法院作出的判决在内地申请承认或执行时，澳门特别行政区法院是否享有管辖权应依据内地的法律。另外，《安排》对间接管辖权的规定是，除被请求方的专属管辖权事项之外的管辖权均为适当。

3. 内地与香港特别行政区之间关于间接管辖权的规定

香港在回归之前，其有关涉外管辖权的法律规定适用的是英国法，即英国法中有关管辖权的规定延伸适用于香港地区。香港回归后其原有的关于对外国法院的民商事判决承认与执行的普通法和成文法仍然继续适用。这就导致内地法院所作的涉及金钱的判决，在香港只可根据普通法的规定，通过提出债务诉讼从而得到承认和执行，这种诉讼程序在香港往往要经过很长时间才能完成并且要花费高昂的费用。同时，香港法院的判决也不能得到内地法院的承认和执行。由于香港回归后，其与大陆的经济活动越来越频繁，因此最高人民法院与香港特别行政区政府在 2002 年 7 月 14 日就签署了《关于内地与香港特别行政区法院相互认可和执行当事人协议管辖的民商事案件判决的安排》（以下简称《安排》），《安排》于 2008 年 8 月 1 日生效。

《安排》对申请承认和执行的判决进行了限定，其第1条规定："内地人民法院和香港特别行政区法院在具有书面管辖协议的民商事案件中作出的须支付款项的具有执行力的终审判决，当事人可以根据本安排向内地人民法院或者香港特别行政区法院申请认可和执行。"并且，《安排》第2条对"终审判决"进行了规定，"本安排所称'具有执行力的终审判决：（一）在内地是指：1. 最高人民法院的判决；2. 最高人民法院、中级人民法院以及经授权管辖第一审涉外、涉港澳台民商事案件的基层人民法院（名单附后）依法不准上诉或者已经超过法定期限没有上诉的第一审判决，第二审判决依照审判监督程序由上一级人民法院提审后作出的生效判决。（二）在香港特别行政区是指终审法院、高等法院上诉法庭及原诉讼庭和区域法院作出的生效判决。本安排所称判决，在内地包括判决书、裁定书、调解书、支付令；在香港特别行政区包括判决书、命令和诉讼费评定证明书"。

对于判决的承认和执行，《安排》第9条规定，"对申请认可和执行的判决，原审判决中的债务人提供证据证明有下列情形之一的，受理申请的法院经审理核实，应当裁定不予认可和执行：（一）根据当事人协议选择的原审法院地的法律，管辖协议属于无效。但是选择法院已经判定该管辖协议为有效的除外；（二）判决已获完全履行；（三）根据执行地的法律，执行地法院对该案享有专属管辖权；（四）根据原审法院地的法律，未曾出庭的败诉一方当事人未经合法传唤或者虽经合法传唤但未获依法律规定的答辩时间。但原审法院根据其法律或者有关规定公告送达的，不属于上述情形；（五）判决是以欺诈方法取得的；（六）执行地法院就相同诉讼请求作出判决，或者外国、境外地区法院就相同诉讼请求作出判决，或者有关仲裁机构作出仲裁裁决，已经为执行地所认可或者执行的。内地人民法院认为在内地执行香港特别行政区法院判决违反内地社会公共利益，或者香港特别行政区法院认为在香港特别行政区执行内地人民法院判决违反香港特别行政区公共政策的，不予认可和执行”。《安排》的第9条第（3）项对间接管辖权进行了规定，即“根据执行地的法律，执行地法院对该案享有专属管辖权”。这同大陆与澳门特别行政区之间关于间接管辖权的规定是一样。

4. 台湾地区与港澳之间关于间接管辖权的规定

到目前为止，台湾地区、香港特别行政区与澳门特别行政区之间尚不存在区际司法协助协定，因此台湾与港澳三地之间相互承认和执行法院判决只能依据本地区法律的规定进行。如台湾地区1997年颁布实施、2006年重新修订的“香港澳门关系条例”第42条第1款规定：“在香港或澳门作成之民事确定裁判，其效力、管辖及得为强制执行之要件，准用民事诉讼法第四百零二条及强制执行法第四条之一之规定。”台湾“民事诉讼法”第四百零二条的规定为，“外国法院之判决，有下列各款情形之一者，不认其效力：一、依中华民国之法律，外国法院无管辖权者。二、败诉之被告未应诉者。但开始诉讼之通知或命令于已相当之时期在该国合法送达，或依中华民国法律上之协助送达者，不在此限。三、判决之内容或诉讼程序，有背中华民国之公共秩序或善良风俗者。四、无相互之承认者”。台湾“强制执行法”第四条之一的规定为，“强制执行，依左列执行名义为之：一、确定之终局判决”。

按照1997年制定、2000年修订的“香港澳门关系条例施行细则”第35条规定：“本条例第四十二条第一项所称管辖，系指强制执行法第四条之一请求许可执行之诉之管辖。”即香港地区和澳门地区法院作出的判决若要在台湾地区法院得到承认与执行，要根据台湾地区民事诉讼法和强制执行法的规定。另外，“香港澳门关系条例施行细则”第56条规定：“台湾地区与香港货澳门司法之相互协助，得依互惠原则处理。”台湾地区颁布的“香港澳门关系条例”及“香港澳门关系条例施行细则”并没有对台湾与港澳之间的间接管辖权作出规定。

（三）中国参加的条约的规定

在我国与外国签订的双边条约中，就判断原判决国法院有无管辖权问题即间接管辖权问题上作了不同规定。

第一，我国与法国、波兰、蒙古、古巴、罗马尼亚、保加利亚、摩洛哥等国缔结的司法协助条约规定，依被请求国法律判断请求国法院是否具有管辖权。也就是说，中国与这些国家之间对私法性判决要予以承认和执行时，被请求承认和执行国的法院法官要根据本国法律关于管辖权的规定来审查判决作出法院的管辖权适格性问题。如中国与法国《关于民事、商事司法协助的协定》第22条规定，按照被请求一方法律有关管辖权的规则，裁决是由无管辖权的法院作出的，不予承认与执行。

第二，我国与俄罗斯、白俄罗斯、乌克兰、哈萨克斯坦、吉尔吉斯、希腊等国缔结的司法协助条约规定，依被请求国对案件是否具有专属管辖权来判断请求国法院是否有管辖权。如果被请求承认和执行国对外国法院判决所涉及的民商事争议拥有专属管辖权，则被请求承认和执行国可对外国法院所作出的判决不予以承认和执行。《中华人民共和国和俄罗斯联邦关于民事和刑事司法协助的条约》第20条规定，如果根据被请求承认与执行裁决的缔约一方的法律，被请求的缔约一方法院对该案件有专属管辖权，则可拒绝承认与执行对方法院的判决。

第三，我国与意大利、西班牙、阿拉伯、埃及、突尼斯等国缔结的司法协助条约规定了审查外国法院是否享有管辖权的具体标准，只要作出判决的法院符合所列情形之一，即被视为具有管辖权①。根据中意（意大利）司法协助条约第22条、中西（西班牙）司法协助条约第21条、中埃（埃及）司法协助条约第22条、中越（越南）司法协助条约第18条的规定，它们确定了如下管辖权标准：（1）在提起诉讼时，被告在该国境内有住所或居所；（2）被告因其商业活动被提起诉讼时，在该国境内设有代表机构；（3）被告以明示接受该缔约一方法院的管辖；（4）被告就争议的实质性问题进行了答辩，未就管辖权问题提出异议；（5）在合同案件中，合同在作出裁决的缔约一方境内签订，或已经或应当在该缔约一方境内履行，或者诉讼的标的物在该缔约一方境内的；（6）在合同外侵权责任案件中，侵权行为或结果发生在该缔约一方境内；（7）在身份关系诉讼中，在提起诉讼时，诉讼当事人在作出裁判的缔约一方境内有住所或居所；（8）抚（扶）养责任案件中，债权人提起诉讼时在该缔约一方境内有住所或居所；（9）在继承案件中，被继承人死亡时住所地或主要遗产所在地在作出裁判的缔约一方境内；（10）争议的对象是位于作出裁判的缔约一方境内的不动产的物权。但是上述司法协助条约有一般补充规定：本条第1款的规定不应影响双方法律规定的专属管辖权。缔约双方应通过外交途径以书面形式相互通知各自法律中关于专属管辖权的规定。②

在多边条约方面，我国参加的判断原判决国法院有无管辖权即间接管辖权问题的多边国际条约较少。1982年4月我国参加了1969年11月29日订于布鲁塞尔的《国际油污损害民事责任

---

① 李双元总主编，屈广清、欧福永主编：《国际民商事诉讼程序导论》，人民法院出版社2004年版，第513页。

② 李双元主编：《国际私法》，北京大学出版社2012年版，第409页。

公约》，该公约第 10 条规定，应为各缔约国所承认的判决应具备的条件之一是，该判决是由公约第 9 条所规定的管辖权法院作出的。此外，我国还参加了《统一国际航空运输某些规则的公约》和《国际铁路货物运输协定》，这两个条约都就有关的赔偿诉讼的管辖权作了规定，因此我国与其他缔约国之间就有关赔偿诉讼判断原判决国法院有无管辖权时，应以条约的有关规定为标准。

（四）中国立法建议的规定

1. 中国大陆立法建议的规定

观察我国国际民事诉讼中关于间接管辖权的规定，发现对其进行立法完善是势在必行之举。从间接管辖权问题的立法归属看，对间接管辖权的立法完善可以在修改我国民事诉讼法时涉及，也可以在制定国际私法典时进行。这是因为，不宜把国际民事诉讼法当做一个独立于国际私法之外的法律部门对待，而应作为国际私法的一个不可分割的重要组成部分或一个重要分支。① 从国际立法来看，世界上大多数国家的国际私法规定中都包含了管辖权及判决的承认与执行。因此，将间接管辖权问题规定在我国未来的国际私法典中也是恰当合适的。

民法典的制定工作在紧锣密鼓地进行着，国际私法立法问题也随之提上日程。第九届全国人大常委会委员长会议于 2002 年 12 月 17 日提请第九届全国人大常委会审议的《中华人民共和国民法（草案）》（以下简称“民法草案”），其第九编的规定便是“涉外民事关系的法律适用法”。但是在第九编中只规定了国际私法的总则以及法律适用问题，对于管辖权问题与司法协助问题完全没有规定，因此草案遭到了多数学者的批评。此外民事草

① 李双元、谢石松著：《国际民事诉讼法概述》，武汉大学出版社 2001 年版，第一版序第 2 页。

案被学者们诟病的地方还包括民法草案将国际私法置于民法典而不是另行单独规定、总则中存在诸多缺漏以及在章节安排上逻辑混乱等。其实早在1993年，中国国际私法学会就已经开始起草《中华人民共和国国际私法示范法》（以下简称《示范法》），在经过几年的讨论和修改之后，在2000年正式出版了《示范法》（第六稿），并且《示范法》已经有了英文译本、日文译本等翻译文本。《示范法》的影响在国内国外都是极大的，因此我国的立法机关应当认真考虑我国国际私法学者的专业意见，给予《示范法》其应得的关注。

《示范法》在总结中国现有实践的基础上，对外国法院的间接管辖权提出了立法建议。其中有关间接管辖权的规定主要是第四章的第158条和第159条第1款。

第158条就间接管辖权的规定，作出判决的外国法院符合下列情形之一的，即为对案件具有管辖权：（1）在提起诉讼时，被告在外国境内有住所或者惯常居所的；（2）被告因其商业活动引起诉讼时，在该外国境内设有代表机构，或者被告在该外国境内设有分支机构，而诉讼是由其分支机构的商业活动引起的；（3）在涉及合同或财产权益的案件中，被告以书面方式明示接受该外国法院管辖，或者在提起诉讼后，被告自愿出庭应诉，就争议的实质问题进行答辩，且未就管辖提出异议的；（4）在合同案件中，合同是在该外国境内签订，或已经或应当在该外国境内履行的；（5）在涉及有体财产的所有权、占有权或者其他物权权利的诉讼中，作为诉讼标的物或者债的担保的动产或者不动产，在提起诉讼时位于该外国境内的；（6）在合同外的侵权案件中，侵权行为或者侵权结果地在该外国境内的；（7）在继承案件中，被继承人死亡时的住所地或者主要遗产所在地在该外国境内的；（8）在反诉案件中，作出判决的外国法院对本诉有管辖权的。此外，该条还规定，外国法院的管辖权与中国法律关于专属管辖的规定相抵触者，不予承认。

第 159 条第 1 款就间接管辖权规定，外国法院作出的判决，有下列情形之一的，应予以拒绝承认与执行：（1）依据该外国与中华人民共和国共同参加或者缔结的国际条约的规定，或者依据本法前条的规定，该外国法院无管辖权的……

《示范法》对间接管辖权方式的规定，通过列举的方式，考虑了住所和惯常居所、服从等各国普遍采取的判断原则，对一些特别情形如合同案件、侵权案件等规定了明确的判断依据，具有合理性和全面性。

2. 中国区际私法立法规定的建议

区际私法也被称为区际冲突法，其是指用于解决一个主权国家内部具有独特法律制度的不同地区之间的民商事法律冲突的法律适用法。具体到我国的区际私法或区际冲突法就是指解决我国国家内部具有独特法律制度的大陆、台湾地区和港澳地区之间的民商事法律冲突的法律适用法。而区际私法中间接管辖权的研究是随着对区际私法问题的深入研究而产生的一个新的课题。我国区际私法中的关于间接管辖权的问题也随着学者们研究区际私法的深入而得到了一定的解决。

在“一个国家，两种制度”，即“一国两制”的政治构想提出之前，我国有的国际私法学者就开始研究我国的区际私法问题。例如，韩德培先生在 1983 年提出的“随着台湾的回归祖国和香港主权的收回，我国冲突法还将可能有一个解决地区间法律冲突问题的任务。这就是说，解决我们国内不同地区之间的法律冲突的所谓‘区际私法’，也将可能在我国的国际私法中占一席重要的地位”。[①] 1988 年韩德培先生发表了专门讨论我国区域私

① 韩德培：《应该重视对冲突法的研究》，载《武汉大学学报》（社会科学版）1983 年第 6 期，第 59 页。

法问题的《论我国的区际法律冲突问题——我国国际私法研究中的一个新课题》一文，提出了三步走解决我国区际法律冲突的方案：第一步，各地区暂时参照或“准用”各自现有的国际私法规范来解决区际法律冲突；第二步，在条件成熟时制定适用于全国各地区的统一的区际冲突法或区际私法；第三步，在各地社会经济发展更加接近、相互更加理解的基础上，逐渐通过各自采用一些相同或类似的实体法来求得实体法的统一，从而避免和消除区际法律冲突的产生。① 近年来，随着学者们对区际私法研究的深入，学者们就我国的区际私法问题提出了数量可观的解决方案，虽然这些方案并没有直接涉及间接管辖权的问题，但是了解这些方案对以后研究区际私法管辖权还是大有裨益的。

(1) 港澳地区和内地之间的立法建议

香港和澳门都是我国的特别行政区，因而两者与内地在区际私法问题的解决上具有相似性。学者们大多认为可以通过以下几种方式和途径解决现阶段的港澳问题：

第一，准国际私法方式，即港澳地区和内地参考各自的国际私法及有关法律，在互惠基础上进行司法协助。之所以称为准国际私法方式，是因为在采用这种方式解决内地和港澳地区之间的私法问题时，将港澳地区视为“国家”，然后以国家之间解决法律冲突的方法解决一国具有独特法律制度的不同地区的法律冲突问题。

第二，双边司法协助协定方式，即由内地和港澳分别签订双边司法协助协定，但在内地应该有一个统一机关代表内地与港澳谈判、签署协议，这是从内地与港澳地区两个方面进行考虑的。从内地方面看，内地有关机关的统一有利于提高办事效率与精简

① 参见韩德培：《论我国的区际法律冲突问题——我国国际私法研究中的一个新课题》，载《中国法学》1988年第6期，第7~10页。

机构，港澳地区与内地的区际私法问题在大的方面还是类似的，因此由统一的机关去解决相关事务是最优的选择。从港澳方面看，内地机关的统一更代表的是一种一视同仁、平等对待，这对维护内地与港澳地区的和谐发展是具有重要意义的。

第三，多边区际协议方式。在多边区际协议方式中，学者们建议吸收各个法域中的代表人物成立一个区际私法协助委员会，并且在充分协商的基础上和中国国际私法研究会的协助下，制定一部《中国区际私法协助示范法》，由各法域批准实行。实际上学者们对此已经进行了具体的研究行动。如韩德培先生和黄进教授于1991年3月草拟了《大陆地区与台湾、香港、澳门地区民事法律适用示范法》（征求意见稿），并于1991年5月3日公布了定稿第三稿。[①] 虽然《大陆地区与台湾、香港、澳门地区民事法律适用示范法》只涉及了国际私法中的法律适用问题，并没有对区际司法协助协定和间接管辖权进行规定，但是其影响还是较为深远的。

从以上学者们提出的区际私法问题解决法案中可以看出，内地与港澳地区关于间接管辖权问题解决的方案采用的是第二种方式，即双边私法协助协定方式，如从内地与澳门地区之间签订的《内地与澳门特别行政区关于相互认可和执行民商事判决的安排》可以看出，内地和澳门地区之间关于间接管辖权的规定在本质上属于专属管辖排除模式，但应当知道的是这种方式并不是最优的选择。立法机关应该认识到，香港地区和澳门地区回归后，管辖权的国际协调中最为棘手的国家主权问题化为无形，在

---

① 韩德培、黄进：《制定区际冲突法以解决我国大陆与台湾、香港、澳门的区际法律冲突》，载《武汉大学学报》（社会科学版）1993年第4期，第57页。有关该《示范法》的条文参见香港出版的《经济与法律》杂志1991年第4期。

同一主权下的内地与港澳之间，民商事管辖权问题将不涉及主权利益的冲突，并因此降低其敏感性而趋于缓和，解决协调冲突的首选标准不再是维护主权，取而代之的是维护祖国统一和三地人民在根本利益一致基础上的互惠实务。[①] 因此大陆和港澳地区在关于间接管辖权的问题上，可以在区际协定中规定双方认可的间接管辖权以及双方均认为应予排除的间接管辖权根据，对于一时不能确定的管辖根据，可以列入专门的名单之中，由各个地区的立法自主加以决定。香港特别行政区以及澳门特别行政区对于间接管辖权规定的具体内容，可以参考《示范法》的规定。

（2）台湾地区与大陆之间的立法建议

大陆和台湾地区因为会涉及敏感的政治问题，因此台湾地区与大陆的僵局还暂时无法打破。当然，随着台湾问题的逐步解决，台湾地区和大陆之间也应该适用类似于港澳的区际司法协助模式来解决双方的区际间接管辖权问题。

---

① 白红平、王占明：《大陆与香港地区民商事管辖权冲突与协调问题初探》，载《中国国际私法与比较法年刊》（1998 年创年号），法律出版社 1998 年版，第 376~377 页。

附　录

中国有关规定

1. 中华人民共和国民事诉讼法（2012 年修正）

（1991 年 4 月 9 日第七届全国人民代表大会第四次会议通过根据 2007 年 10 月 28 日第十届全国人民代表大会常务委员会第三十次会议《关于修改〈中华人民共和国民事诉讼法〉的决定》第一次修正根据 2012 年 8 月 31 日第十一届全国人民代表大会常务委员会第二十八次会议《关于修改〈中华人民共和国民事诉讼法〉的决定》第二次修正）

第二章　管辖

第一节　级别管辖

第十七条　基层人民法院管辖第一审民事案件，但本法另有规定的除外。

第十八条　中级人民法院管辖下列第一审民事案件：

（一）重大涉外案件；

（二）在本辖区有重大影响的案件；

（三）最高人民法院确定由中级人民法院管辖的案件。

第十九条　高级人民法院管辖在本辖区有重大影响的第一审民事案件。

第二十条　最高人民法院管辖下列第一审民事案件：

（一）在全国有重大影响的案件；

（二）认为应当由本院审理的案件。

第二节　地域管辖

第二十一条　对公民提起的民事诉讼，由被告住所地人民法院管辖；被告住所地与经常居住地不一致的，由经常居住地人民法院管辖。

对法人或者其他组织提起的民事诉讼，由被告住所地人民法院管辖。

同一诉讼的几个被告住所地、经常居住地在两个以上人民法院辖区的，各该人民法院都有管辖权。

第二十二条　下列民事诉讼，由原告住所地人民法院管辖；原告住所地与经常居住地不一致的，由原告经常居住地人民法院管辖：

（一）对不在中华人民共和国领域内居住的人提起的有关身份关系的诉讼；

（二）对下落不明或者宣告失踪的人提起的有关身份关系的诉讼；

（三）对被采取强制性教育措施的人提起的诉讼；

（四）对被监禁的人提起的诉讼。

第二十三条　因合同纠纷提起的诉讼，由被告住所地或者合同履行地人民法院管辖。

第二十四条　因保险合同纠纷提起的诉讼，由被告住所地或者保险标的物所在地人民法院管辖。

第二十五条　因票据纠纷提起的诉讼，由票据支付地或者被告住所地人民法院管辖。

第二十六条　因公司设立、确认股东资格、分配利润、解散等纠纷提起的诉讼，由公司住所地人民法院管辖。

第二十七条　因铁路、公路、水上、航空运输和联合运输合同纠纷提起的诉讼，由运输始发地、目的地或者被告住所地人民法院管辖。

第二十八条 因侵权行为提起的诉讼，由侵权行为地或者被告住所地人民法院管辖。

第二十九条 因铁路、公路、水上和航空事故请求损害赔偿提起的诉讼，由事故发生地或者车辆、船舶最先到达地、航空器最先降落地或者被告住所地人民法院管辖。

第三十条 因船舶碰撞或者其他海事损害事故请求损害赔偿提起的诉讼，由碰撞发生地、碰撞船舶最先到达地、加害船舶被扣留地或者被告住所地人民法院管辖。

第三十一条 因海难救助费用提起的诉讼，由救助地或者被救助船舶最先到达地人民法院管辖。

第三十二条 因共同海损提起的诉讼，由船舶最先到达地、共同海损理算地或者航程终止地的人民法院管辖。

第三十三条 下列案件，由本条规定的人民法院专属管辖：

（一）因不动产纠纷提起的诉讼，由不动产所在地人民法院管辖；

（二）因港口作业中发生纠纷提起的诉讼，由港口所在地人民法院管辖；

（三）因继承遗产纠纷提起的诉讼，由被继承人死亡时住所地或者主要遗产所在地人民法院管辖。

第三十四条 合同或者其他财产权益纠纷的当事人可以书面协议选择被告住所地、合同履行地、合同签订地、原告住所地、标的物所在地等与争议有实际联系的地点的人民法院管辖，但不得违反本法对级别管辖和专属管辖的规定。

第三十五条 两个以上人民法院都有管辖权的诉讼，原告可以向其中一个人民法院起诉；原告向两个以上有管辖权的人民法院起诉的，由最先立案的人民法院管辖。

第三节　移送管辖和指定管辖

第三十六条　人民法院发现受理的案件不属于本院管辖的，应当移送有管辖权的人民法院，受移送的人民法院应当受理。受移送的人民法院认为受移送的案件依照规定不属于本院管辖的，应当报请上级人民法院指定管辖，不得再自行移送。

第三十七条　有管辖权的人民法院由于特殊原因，不能行使管辖权的，由上级人民法院指定管辖。

人民法院之间因管辖权发生争议，由争议双方协商解决；协商解决不了的，报请它们的共同上级人民法院指定管辖。

第三十八条　上级人民法院有权审理下级人民法院管辖的第一审民事案件；确有必要将本院管辖的第一审民事案件交下级人民法院审理的，应当报请其上级人民法院批准。

下级人民法院对它所管辖的第一审民事案件，认为需要由上级人民法院审理的，可以报请上级人民法院审理。

第二编　审判程序

第二节　审理前的准备

第一百二十七条　人民法院受理案件后，当事人对管辖权有异议的，应当在提交答辩状期间提出。人民法院对当事人提出的异议，应当审查。异议成立的，裁定将案件移送有管辖权的人民法院；异议不成立的，裁定驳回。

当事人未提出管辖异议，并应诉答辩的，视为受诉人民法院有管辖权，但违反级别管辖和专属管辖规定的除外。

第四编　涉外民事诉讼程序的特别规定

第二十三章　一般原则

第二百五十九条　在中华人民共和国领域内进行涉外民事诉讼，适用本编规定。本编没有规定的，适用本法其他有关规定。

第二十四章　管辖

第二百六十五条　因合同纠纷或者其他财产权益纠纷，对在中华人民共和国领域内没有住所的被告提起的诉讼，如果合同在中华人民共和国领域内签订或者履行，或者诉讼标的物在中华人民共和国领域内，或者被告在中华人民共和国领域内有可供扣押的财产，或者被告在中华人民共和国领域内设有代表机构，可以由合同签订地、合同履行地、诉讼标的物所在地、可供扣押财产所在地、侵权行为地或者代表机构住所地人民法院管辖。

第二百六十六条　因在中华人民共和国履行中外合资经营企业合同、中外合作经营企业合同、中外合作勘探开发自然资源合同发生纠纷提起的诉讼，由中华人民共和国人民法院管辖。

第二十七章　司法协助

第二百八十条　人民法院作出的发生法律效力的判决、裁定，如果被执行人或者其财产不在中华人民共和国领域内，当事人请求执行的，可以由当事人直接向有管辖权的外国法院申请承认和执行，也可以由人民法院依照中华人民共和国缔结或者参加的国际条约的规定，或者按照互惠原则，请求外国法院承认和执行。

中华人民共和国涉外仲裁机构作出的发生法律效力的仲裁裁

决，当事人请求执行的，如果被执行人或者其财产不在中华人民共和国领域内，应当由当事人直接向有管辖权的外国法院申请承认和执行。

第二百八十一条　外国法院作出的发生法律效力的判决、裁定，需要中华人民共和国人民法院承认和执行的，可以由当事人直接向中华人民共和国有管辖权的中级人民法院申请承认和执行，也可以由外国法院依照该国与中华人民共和国缔结或者参加的国际条约的规定，或者按照互惠原则，请求人民法院承认和执行。

第二百八十二条　人民法院对申请或者请求承认和执行的外国法院作出的发生法律效力的判决、裁定，依照中华人民共和国缔结或者参加的国际条约，或者按照互惠原则进行审查后，认为不违反中华人民共和国法律的基本原则或者国家主权、安全、社会公共利益的，裁定承认其效力，需要执行的，发出执行令，依照本法的有关规定执行。违反中华人民共和国法律的基本原则或者国家主权、安全、社会公共利益的，不予承认和执行。

第二百八十三条　国外仲裁机构的裁决，需要中华人民共和国人民法院承认和执行的，应当由当事人直接向被执行人住所地或者其财产所在地的中级人民法院申请，人民法院应当依照中华人民共和国缔结或者参加的国际条约，或者按照互惠原则办理。

2. 最高人民法院关于适用《中华人民共和国民事诉讼法》的解释（2015. 02. 04）

第一条　民事诉讼法第十八条第一项规定的重大涉外案件，包括争议标的额大的案件、案情复杂的案件，或者一方当事人人数众多等具有重大影响的案件。

第二条　专利纠纷案件由知识产权法院、最高人民法院确定的中级人民法院和基层人民法院管辖。

海事、海商案件由海事法院管辖。

第三条 公民的住所地是指公民的户籍所在地，法人或者其他组织的住所地是指法人或者其他组织的主要办事机构所在地。

法人或者其他组织的主要办事机构所在地不能确定的，法人或者其他组织的注册地或者登记地为住所地。

第四条 公民的经常居住地是指公民离开住所地至起诉时已连续居住一年以上的地方，但公民住院就医的地方除外。

第五条 对没有办事机构的个人合伙、合伙型联营体提起的诉讼，由被告注册登记地人民法院管辖。没有注册登记，几个被告又不在同一辖区的，被告住所地的人民法院都有管辖权。

第六条 被告被注销户籍的，依照民事诉讼法第二十二条规定确定管辖；原告、被告均被注销户籍的，由被告居住地人民法院管辖。

第七条 当事人的户籍迁出后尚未落户，有经常居住地的，由该地人民法院管辖；没有经常居住地的，由其原户籍所在地人民法院管辖。

第八条 双方当事人都被监禁或者被采取强制性教育措施的，由被告原住所地人民法院管辖。被告被监禁或者被采取强制性教育措施一年以上的，由被告被监禁地或者被采取强制性教育措施地人民法院管辖。

第九条 追索赡养费、抚育费、扶养费案件的几个被告住所地不在同一辖区的，可以由原告住所地人民法院管辖。

第十条 不服指定监护或者变更监护关系的案件，可以由被监护人住所地人民法院管辖。

第十一条 双方当事人均为军人或者军队单位的民事案件由军事法院管辖。

第十二条 夫妻一方离开住所地超过一年，另一方起诉离婚的案件，可以由原告住所地人民法院管辖。

夫妻双方离开住所地超过一年，一方起诉离婚的案件，由被告经常居住地人民法院管辖；没有经常居住地的，由原告起诉时被告居住地人民法院管辖。

第十三条　在国内结婚并定居国外的华侨，如定居国法院以离婚诉讼须由婚姻缔结地法院管辖为由不予受理，当事人向人民法院提出离婚诉讼的，由婚姻缔结地或者一方在国内的最后居住地人民法院管辖。

第十四条　在国外结婚并定居国外的华侨，如定居国法院以离婚诉讼须由国籍所属国法院管辖为由不予受理，当事人向人民法院提出离婚诉讼的，由一方原住所地或者在国内的最后居住地人民法院管辖。

第十五条　中国公民一方居住在国外，一方居住在国内，不论哪一方向人民法院提起离婚诉讼，国内一方住所地人民法院都有权管辖。国外一方在居住国法院起诉，国内一方向人民法院起诉的，受诉人民法院有权管辖。

第十六条　中国公民双方在国外但未定居，一方向人民法院起诉离婚的，应由原告或者被告原住所地人民法院管辖。

第十七条　已经离婚的中国公民，双方均定居国外，仅就国内财产分割提起诉讼的，由主要财产所在地人民法院管辖。

第十八条　合同约定履行地点的，以约定的履行地点为合同履行地。

合同对履行地点没有约定或者约定不明确，争议标的为给付货币的，接收货币一方所在地为合同履行地；交付不动产的，不动产所在地为合同履行地；其他标的，履行义务一方所在地为合同履行地。即时结清的合同，交易行为地为合同履行地。

合同没有实际履行，当事人双方住所地都不在合同约定的履行地的，由被告住所地人民法院管辖。

第十九条 财产租赁合同、融资租赁合同以租赁物使用地为合同履行地。合同对履行地有约定的，从其约定。

第二十条 以信息网络方式订立的买卖合同，通过信息网络交付标的的，以买受人住所地为合同履行地；通过其他方式交付标的的，收货地为合同履行地。合同对履行地有约定的，从其约定。

第二十一条 因财产保险合同纠纷提起的诉讼，如果保险标的物是运输工具或者运输中的货物，可以由运输工具登记注册地、运输目的地、保险事故发生地人民法院管辖。

因人身保险合同纠纷提起的诉讼，可以由被保险人住所地人民法院管辖。

第二十二条 因股东名册记载、请求变更公司登记、股东知情权、公司决议、公司合并、公司分立、公司减资、公司增资等纠纷提起的诉讼，依照民事诉讼法第二十六条规定确定管辖。

第二十三条 债权人申请支付令，适用民事诉讼法第二十一条规定，由债务人住所地基层人民法院管辖。

第二十四条 民事诉讼法第二十八条规定的侵权行为地，包括侵权行为实施地、侵权结果发生地。

第二十五条 信息网络侵权行为实施地包括实施被诉侵权行为的计算机等信息设备所在地，侵权结果发生地包括被侵权人住所地。

第二十六条 因产品、服务质量不合格造成他人财产、人身损害提起的诉讼，产品制造地、产品销售地、服务提供地、侵权行为地和被告住所地人民法院都有管辖权。

第二十七条 当事人申请诉前保全后没有在法定期间起诉或者申请仲裁，给被申请人、利害关系人造成损失引起的诉讼，由采取保全措施的人民法院管辖。

当事人申请诉前保全后在法定期间内起诉或者申请仲裁，被申请人、利害关系人因保全受到损失提起的诉讼，由受理起诉的人民法院或者采取保全措施的人民法院管辖。

第二十八条　民事诉讼法第三十三条第一项规定的不动产纠纷是指因不动产的权利确认、分割、相邻关系等引起的物权纠纷。

农村土地承包经营合同纠纷、房屋租赁合同纠纷、建设工程施工合同纠纷、政策性房屋买卖合同纠纷，按照不动产纠纷确定管辖。

不动产已登记的，以不动产登记簿记载的所在地为不动产所在地；不动产未登记的，以不动产实际所在地为不动产所在地。

第二十九条　民事诉讼法第三十四条规定的书面协议，包括书面合同中的协议管辖条款或者诉讼前以书面形式达成的选择管辖的协议。

第三十条　根据管辖协议，起诉时能够确定管辖法院的，从其约定；不能确定的，依照民事诉讼法的相关规定确定管辖。

管辖协议约定两个以上与争议有实际联系的地点的人民法院管辖，原告可以向其中一个人民法院起诉。

第三十一条　经营者使用格式条款与消费者订立管辖协议，未采取合理方式提请消费者注意，消费者主张管辖协议无效的，人民法院应予支持。

第三十二条　管辖协议约定由一方当事人住所地人民法院管辖，协议签订后当事人住所地变更的，由签订管辖协议时的住所地人民法院管辖，但当事人另有约定的除外。

第三十三条　合同转让的，合同的管辖协议对合同受让人有效，但转让时受让人不知道有管辖协议，或者转让协议另有约定且原合同相对人同意的除外。

第三十四条　当事人因同居或者在解除婚姻、收养关系后发生财产争议，约定管辖的，可以适用民事诉讼法第三十四条规定确定管辖。

第三十五条 当事人在答辩期间届满后未应诉答辩，人民法院在一审开庭前，发现案件不属于本院管辖的，应当裁定移送有管辖权的人民法院。

第三十六条 两个以上人民法院都有管辖权的诉讼，先立案的人民法院不得将案件移送给另一个有管辖权的人民法院。人民法院在立案前发现其他有管辖权的人民法院已先立案的，不得重复立案；立案后发现其他有管辖权的人民法院已先立案的，裁定将案件移送给先立案的人民法院。

第三十七条 案件受理后，受诉人民法院的管辖权不受当事人住所地、经常居住地变更的影响。

第三十八条 有管辖权的人民法院受理案件后，不得以行政区域变更为由，将案件移送给变更后有管辖权的人民法院。判决后的上诉案件和依审判监督程序提审的案件，由原审人民法院的上级人民法院进行审判；上级人民法院指令再审、发回重审的案件，由原审人民法院再审或者重审。

第三十九条 人民法院对管辖异议审查后确定有管辖权的，不因当事人提起反诉、增加或者变更诉讼请求等改变管辖，但违反级别管辖、专属管辖规定的除外。

人民法院发回重审或者按第一审程序再审的案件，当事人提出管辖异议的，人民法院不予审查。

第四十条 依照民事诉讼法第三十七条第二款规定，发生管辖权争议的两个人民法院因协商不成报请它们的共同上级人民法院指定管辖时，双方为同属一个地、市辖区的基层人民法院的，由该地、市的中级人民法院及时指定管辖；同属一个省、自治区、直辖市的两个人民法院的，由该省、自治区、直辖市的高级人民法院及时指定管辖；双方为跨省、自治区、直辖市的人民法院，高级人民法院协商不成的，由最高人民法院及时指定管辖。

依照前款规定报请上级人民法院指定管辖时，应当逐级进行。

第四十一条　人民法院依照民事诉讼法第三十七条第二款规定指定管辖的，应当作出裁定。

对报请上级人民法院指定管辖的案件，下级人民法院应当中止审理。指定管辖裁定作出前，下级人民法院对案件作出判决、裁定的，上级人民法院应当在裁定指定管辖的同时，一并撤销下级人民法院的判决、裁定。

第四十二条　下列第一审民事案件，人民法院依照民事诉讼法第三十八条第一款规定，可以在开庭前交下级人民法院审理：

（一）破产程序中有关债务人的诉讼案件；

（二）当事人人数众多且不方便诉讼的案件；

（三）最高人民法院确定的其他类型案件。

人民法院交下级人民法院审理前，应当报请其上级人民法院批准。上级人民法院批准后，人民法院应当裁定将案件交下级人民法院审理。

十、第一审普通程序

第二百一十一条　对本院没有管辖权的案件，告知原告向有管辖权的人民法院起诉；原告坚持起诉的，裁定不予受理；立案后发现本院没有管辖权的，应当将案件移送有管辖权的人民法院。

第二百一十五条　依照民事诉讼法第一百二十四条第二项的规定，当事人在书面合同中订有仲裁条款，或者在发生纠纷后达成书面仲裁协议，一方向人民法院起诉的，人民法院应当告知原告向仲裁机构申请仲裁，其坚持起诉的，裁定不予受理，但仲裁条款或者仲裁协议不成立、无效、失效、内容不明确无法执行的除外。

第二百一十六条 在人民法院首次开庭前，被告以有书面仲裁协议为由对受理民事案件提出异议的，人民法院应当进行审查。

经审查符合下列情形之一的，人民法院应当裁定驳回起诉：

（一）仲裁机构或者人民法院已经确认仲裁协议有效的；

（二）当事人没有在仲裁庭首次开庭前对仲裁协议的效力提出异议的；

（三）仲裁协议符合仲裁法第十六条规定且不具有仲裁法第十七条规定情形的。

第二百一十七条 夫妻一方下落不明，另一方诉至人民法院，只要求离婚，不申请宣告下落不明人失踪或者死亡的案件，人民法院应当受理，对下落不明人公告送达诉讼文书。

第二百一十八条 赡养费、扶养费、抚育费案件，裁判发生法律效力后，因新情况、新理由，一方当事人再行起诉要求增加或者减少费用的，人民法院应作为新案受理。

第二百一十九条 当事人超过诉讼时效期间起诉的，人民法院应予受理。受理后对方当事人提出诉讼时效抗辩，人民法院经审理认为抗辩事由成立的，判决驳回原告的诉讼请求。

第二百二十三条 当事人在提交答辩状期间提出管辖异议，又针对起诉状的内容进行答辩的，人民法院应当依照民事诉讼法第一百二十七条第一款的规定，对管辖异议进行审查。

当事人未提出管辖异议，就案件实体内容进行答辩、陈述或者反诉的，可以认定为民事诉讼法第一百二十七条第二款规定的应诉答辩。

第二百四十七条 当事人就已经提起诉讼的事项在诉讼过程中或者裁判生效后再次起诉，同时符合下列条件的，构成重复起诉：

（一）后诉与前诉的当事人相同；

（二）后诉与前诉的诉讼标的相同；

（三）后诉与前诉的诉讼请求相同，或者后诉的诉讼请求实质上否定前诉裁判结果。

当事人重复起诉的，裁定不予受理；已经受理的，裁定驳回起诉，但法律、司法解释另有规定的除外。

第二百四十八条　裁判发生法律效力后，发生新的事实，当事人再次提起诉讼的，人民法院应当依法受理。

二十二、涉外民事诉讼程序的特别规定

第五百二十二条　有下列情形之一，人民法院可以认定为涉外民事案件：

（一）当事人一方或者双方是外国人、无国籍人、外国企业或者组织的；

（二）当事人一方或者双方的经常居所地在中华人民共和国领域外的；

（三）标的物在中华人民共和国领域外的；

（四）产生、变更或者消灭民事关系的法律事实发生在中华人民共和国领域外的；

（五）可以认定为涉外民事案件的其他情形。

第五百三十一条　涉外合同或者其他财产权益纠纷的当事人，可以书面协议选择被告住所地、合同履行地、合同签订地、原告住所地、标的物所在地、侵权行为地等与争议有实际联系地点的外国法院管辖。

根据民事诉讼法第三十三条和第二百六十六条规定，属于中华人民共和国法院专属管辖的案件，当事人不得协议选择外国法院管辖，但协议选择仲裁的除外。

第五百三十二条　涉外民事案件同时符合下列情形的，人民法院可以裁定驳回原告的起诉，告知其向更方便的外国法院提起

诉讼：

（一）被告提出案件应由更方便外国法院管辖的请求，或者提出管辖异议；

（二）当事人之间不存在选择中华人民共和国法院管辖的协议；

（三）案件不属于中华人民共和国法院专属管辖；

（四）案件不涉及中华人民共和国国家、公民、法人或者其他组织的利益；

（五）案件争议的主要事实不是发生在中华人民共和国境内，且案件不适用中华人民共和国法律，人民法院审理案件在认定事实和适用法律方面存在重大困难；

（六）外国法院对案件享有管辖权，且审理该案件更加方便。

第五百三十三条 中华人民共和国法院和外国法院都有管辖权的案件，一方当事人向外国法院起诉，而另一方当事人向中华人民共和国法院起诉的，人民法院可予受理。判决后，外国法院申请或者当事人请求人民法院承认和执行外国法院对本案作出的判决、裁定的，不予准许；但双方共同缔结或者参加的国际条约另有规定的除外。

外国法院判决、裁定已经被人民法院承认，当事人就同一争议向人民法院起诉的，人民法院不予受理。

第五百四十三条 申请人向人民法院申请承认和执行外国法院作出的发生法律效力的判决、裁定，应当提交申请书，并附外国法院作出的发生法律效力的判决、裁定正本或者经证明无误的副本以及中文译本。外国法院判决、裁定为缺席判决、裁定的，申请人应当同时提交该外国法院已经合法传唤的证明文件，但判决、裁定已经对此予以明确说明的除外。

中华人民共和国缔结或者参加的国际条约对提交文件有规定

的，按照规定办理。

第五百四十四条　当事人向中华人民共和国有管辖权的中级人民法院申请承认和执行外国法院作出的发生法律效力的判决、裁定的，如果该法院所在国与中华人民共和国没有缔结或者共同参加国际条约，也没有互惠关系的，裁定驳回申请，但当事人向人民法院申请承认外国法院作出的发生法律效力的离婚判决的除外。

承认和执行申请被裁定驳回的，当事人可以向人民法院起诉。

第五百四十五条　对临时仲裁庭在中华人民共和国领域外作出的仲裁裁决，一方当事人向人民法院申请承认和执行的，人民法院应当依照民事诉讼法第二百八十三条规定处理。

第五百四十六条　对外国法院作出的发生法律效力的判决、裁定或者外国仲裁裁决，需要中华人民共和国法院执行的，当事人应当先向人民法院申请承认。人民法院经审查，裁定承认后，再根据民事诉讼法第三编的规定予以执行。

当事人仅申请承认而未同时申请执行的，人民法院仅对应否承认进行审查并作出裁定。

第五百四十七条　当事人申请承认和执行外国法院作出的发生法律效力的判决、裁定或者外国仲裁裁决的期间，适用民事诉讼法第二百三十九条的规定。

当事人仅申请承认而未同时申请执行的，申请执行的期间自人民法院对承认申请作出的裁定生效之日起重新计算。

国际条约有关规定

1. 1988 年《关于民商事案件管辖权及判决执行的落迦诺公约》

第五条 在一个缔约国有住所的人得在其他缔约国被诉：

（二）有关扶养案件，在被扶养人住所地或惯常居所地的法院；倘若这一案件从属于有关个人身份的程序，法院依据其本国法，有权适用这一程序，但这一管辖权纯系基于当事人一方的国籍则不在此限；

2. 1961 年海牙《保护未成年人的管辖权和法律适用公约》

第十五条 各缔约国可以保留判决婚姻无效、离婚及分居的机关，有权对未成年人的人身及其财产采取保护措施。

其他缔约国主管机关没有承认此种措施的义务。

3. 1965 年海牙《收养管辖权、法律适用和判决承认公约》

第一条 本公约适用于下述当事人之间的收养：

作为一方的个人具有缔约国之一的国籍并在缔约国之一国内有其惯常居所者，或者作为一方的夫妻均有缔约国之一的国籍而在缔约国之一国内有其惯常居所者，和作为另一方的儿童在申请收养时未满十八周岁，并且尚未结婚，而具有缔约国之一的国籍并在缔约国家之一的国内有其惯常居所者。

第二条　本公约不适用于下列情况：

（一）收养人（夫妻双方）既不具有同一国籍，也不在同一缔约国国内有其惯常居所的；

（二）收养人或收养人夫妻双方和儿童均具有同一国籍，并惯常居住在他们本国境内的；

（三）未经根据第三条规定经具有管辖权的主管机关批准的收养。

第三条　审批收养的管辖权属于：

（一）收养人惯常居所地国家的主管机关；如为夫妻俩共同收养时，则为夫妻俩共同惯常居所地国家的主管机关；

（二）收养人国籍国的主管机关；如为夫妻共同收养时，则为夫妻共同国籍国的主管机关。

上述惯常居所地和国籍这两个条件，必须符合在申请收养和批准收养当时的规定。

第四条　依第三条第一款有管辖权的主管机关，除第五条第一款另有规定外，对于收养的条件应适用其国内法。

但是，因惯常居所而有管辖权的主管机关，应尊重收养人本国法规定的禁止收养条款；如夫妻共同收养时，则应尊重他们共同的本国法规定，如果此种禁止收养条款已在第十三条所指的声明中提出。

第五条　依第三条第一款有管辖权的主管机关，对有关收养的同意和商议，除关于收养人、其家庭或其配偶的同意和商议外，应适用儿童的本国法。

如果按照上述法律，儿童或其家庭成员必须亲自前往审批收养的主管机关，而该关系人并不惯常居住在该主管机关的国内，主管机关遇有必要时应通过司法委托方式进行。

第六条　依第三条第一款规定的主管机关，除非有利于儿童，不得批准其收养，在批准收养前，主管机关应通过适当的当地机关，对收养人或夫妻共同收养人、儿童及其家庭进行详细调查。此种调查应尽量同在国际收养方面合格的公、私组织合作，并取得在收养问题上受过专门训练或富有特殊经验的社会工作者协助。

所有缔约国的各主管机关，对本公约规定的收养，应迅速提供一切必要的协助；各主管机关得为此目的相互直接联系。

各缔约国得指定一个或数个有权依照前款规定进行联系的主管机关。

第七条　本公约规定的收养的废止或撤销的管辖权属于：

（一）申请废止或撤销收养时，被收养人有惯常居所的缔约国主管机关；

（二）申请废止或撤销收养时，收养人有惯常居所的缔约国主管机关；如夫妻共同收养时，则为夫妻双方有惯常居所的缔约国的主管机关；

（三）审批收养的国家主管机关。

有下列各款情况之一者，得废止收养：

（一）根据批准收养的国家国内法所许可的理由；或者

（二）按照批准收养时收养人或夫妻共同收养人的国内法规定，如果申请废止是基于未遵守第四条第二款所适用的禁止收养条款；或者

（三）根据批准收养时，被收养人的国内法规定，如果申请废止是基于未得该法所要求的同意。

收养得按照行使管辖权的主管机关国内法的规定，予以

撤销。

第八条　本公约规定的并依第三条第一款有管辖权的主管机关批准的收养，应在所有缔约国内不需再经其他手续予以承认。

依第七条有管辖权的主管机关批准的废止或撤销收养的决定，应在所有缔约国内不需再经其他手续予以承认。

如果某缔约国因承认此种收养或决定而发生问题，该国的主管机关在考虑批准收养或作出决定的主管机关的管辖权时，应受该主管机关行使管辖权所依据的有关事实的调查结果的约束。

第九条　依第三条第一款有管辖权的主管机关，在批准收养后，如有必要，应将这一事实通知根据该条有权批准收养的其他国家主管机关，以及该儿童及其出生地的缔约国。

依第七条第一款有管辖权的主管机关，在废止或撤销收养后，应将这一事实通知批准收养的国家的主管机关，以及该儿童本国及其出生地的缔约国。

4. 1902 年《海牙离婚及分居法律冲突与管辖冲突公约》

第五条　请求离婚或分居的诉讼，可向下列法院提起：

（一）依夫妻的本国法有管辖权的法院；

（二）夫妻住所地的管辖法院；如依夫妻本国法，夫妻无同一住所时，则以被告的住所地法院为管辖法院；如于离婚或分居的原因发生后而有放弃或变更住所时，得向最后共同住所所在地管辖法院提起。但本国法院就离婚或分居的请求具有专属管辖权时，须保留此管辖权。外国法院仅就在其本国管辖法院不能提出离婚或分居请求时，具有管辖权。

第六条　遇有夫妻在其住所地国不得提出离婚或分居请求时，得以停止共同生活为目的，在住所地国管辖法院请求依该国法律采取临时措施。此种临时措施，如在一年内经其本国管辖法院认可，应予维持；但其存续期间不得长于住所地法许可的期间。

5. 1996 年《关于父母责任和保护儿童措施的管辖权、法律适用、承认、执行和合作公约》

第二章　管辖权

第五条

1. 儿童的惯常居所缔约国的司法或行政部门有权采取保护该儿童人身或财产的措施。

2. 根据第七条，如果儿童的惯常居所转移到另一缔约国，儿童的新惯常居所国的当局拥有管辖权。

第六条

1. 就避难儿童及由于他们的国家发生动乱而在国际范围内流离失所的儿童而言，儿童所在地的缔约国政府具有第五条第一款规定的管辖权。

2. 前一款的规定同样适用于惯常居所尚未确立的儿童。

第七条

1. 如果非法迁移或扣留儿童，被迁移或扣留儿童此前的惯常居所缔约国保留管辖权，直到他在另一缔约国已取得惯常居所，且

a. 有监护权的任何人、机构或其他团体对迁移或扣留已加默认；

b. 有监护权的人、机构或其他团体知道或应该知道儿童的下落后，该儿童已在另一国至少居住一年，该段时间内提出的送还请求已得到答复并且该儿童在他（她）的新环境中已定居

下来；

2. 在以下情况下，迁移或扣留儿童被认为是非法的：

a. 根据儿童在被迁移或扣留前的惯常居所地国法律，这种做法侵犯了某人、某机构或任何其他团体拥有的共同的或单独的监护权，以及

b. 在迁移或扣留时，这些权利实际上已得到了共同或单独的行使，或要不是由于移交或扣留，这些权利已被行使；a 项所提到的监护权，可能特别是由于法律的实施或由于司法或行政决定而产生，或由于根据该国法律具有法律效力的协议而产生。

3. 只要第一款中首先提到的机关保留管辖权，该儿童被迁移或扣留的缔约国机关只能采取根据第十一条为保护儿童的人身或财产而必须采取的紧急措施。

第八条

1. 在例外情况下，根据第五条和第六条具有管辖权的缔约国机关，只要它认为另一缔约国在个案当中能更好地评估儿童的最佳利益，它可以：

——要求该另一缔约国机关直接或在该国中央机关的协助下接受管辖权以采取它认为所必需的保护措施，或

——中止考虑该案件并邀请当事方向另一国机关介绍此种请求。

2. 在上一款中所规定的有可能向该国机关提出请求的缔约国为：

a. 该儿童的国籍国；

b. 该儿童的财产所在地国；

c. 儿童的父母向该国机关提出离婚或分居申请或解除婚姻申请的国家；

d. 与该儿童有实质性联系的国家；

3. 有关当局得着手交换意见。

4. 第一款中所提到的被请求国如果认为这符合儿童的最佳利益，可以接受管辖权以取代根据第五条或第六条享有管辖权的当局。

第九条

1. 如果第八条第二款中所提到的某一缔约国机关认为在个案中，他们能更好地评估该儿童的最佳利益，他们可以：

——要求直接或在另一国中央机关的协助下，由儿童的惯常居所缔约国的主管当局授权他们行使管辖权以便采取他们认为所必需的保护措施，或者

——邀请当事人在儿童的惯常居所缔约国的当局前介绍此种请求。

2. 有关当局可着手交换意见。

3. 只有在儿童的惯常居所缔约国的当局已接受请求的情况下，发出请求的当局才可替代前者行使管辖权。

第十条

1. 在无损于第五条和第九条的情况下，有权对在另一缔约国惯常居住的儿童的父母的离婚或分居申请或解除婚姻的申请作出决定的缔约国机关，只要其国家的法律支持，可以直接针对该儿童的人身或财产采取措施保护。如果：

a. 在启动诉讼程序的时候，他或她的父母中之一惯常居住在该国，并且其中之一对该儿童具有父母职责；以及

b. 具有采取此种措施的管辖权已被父母及对该儿童负有父母职责的任何其他人接受，并且，这符合该儿童的最佳利益；

2. 一旦对允许或拒绝离婚、分居或解除婚姻的申请作出最终决定，或由于其他原因而结束诉讼程序，就不再拥有第一款所规定的采取措施保护该儿童的管辖权。

第十一条

1. 在所有紧急情况下，该儿童或儿童财产所在地的缔约国

机关有权采取必要的保护措施。

2. 根据第五条至第十条具有管辖权的当局已采取情势所需的措施，则根据前一款对在一缔约国有惯常居所的儿童采取的措施即行失效。

3. 如情势所需，且由另一国当局采取的措施在该缔约国得到承认，根据第一款对在非缔约国有惯常居所的儿童采取的措施将会在每一个缔约国失效。

第十二条

1. 根据第七条，儿童或儿童财产所在地的缔约国机关为保护该儿童人身或财产有权采取只在其领域内有效的临时性措施，只要此种措施与依据第五条至第十条具有管辖权的当局所采取的措施并无不协调之处。

2. 根据第五条至第十条有管辖权的当局就情势所需的保护措施作出了决定，则根据前一款对在缔约国有惯常居所的儿童所采取的措施即行失效。

3. 情势所需且由另一国当局采取的措施在该缔约国得到承认，则根据第一款对在非缔约国有惯常居所的儿童所采取的措施即在前述缔约国内失效。

第十三条

1. 根据第五条至第十条，对儿童的人身与财产采取措施享有管辖权的缔约国当局得继续其此种管辖，只要在启动这种程序时，已应根据第五条至第十条享有管辖权的另一缔约国当局请求采取相应措施，且于请求之时一直在作如此考虑。

2. 如果有关措施的请求已被最早向其介绍的当局拒绝管辖，则不得适用前一款的规定。

第十四条 即使由于环境的改变，管辖权赖以建立的基础已经消灭，根据第五条至第十条所采取的措施在其期限内继续有效，只要根据公约具有管辖权的当局没有改变、替换或终此此种措施。

司法协助条约

我国对外缔结司法协助及引渡条约情况 — 中华人民共和国外交部 http：//www. fmprc. gov. cn/web/ziliao _ 674904/tytj _ 674911/wgdwdjdsfhzty_ 674917/t1215630. shtml。

截至 2016 年 1 月，我国已与 67 个国家缔结司法协助条约、引渡条约和打击“三股势力”协定共 121 项（105 项生效）。具体如下：

一、民刑事司法协助条约 19 项（全部生效）

二、刑事司法协助条约 35 项（31 项生效）

三、民商事司法协助条约 19 项（17 项生效）

四、引渡条约 41 项（32 项生效）

五、打击“三股势力”协定 7 项（6 项生效）

2012 年《中华人民共和国和波斯尼亚和黑塞哥维那关于民事和商事司法协助的条约》

第二十四条 管辖权

一、为本条约的目的，符合下列情况之一的，作出裁决一方的法院即被视为有管辖权：

（一）在提起诉讼时，被告在该方境内有住所或者居所；

（二）诉讼因被告在该方境内设立的分支机构的商业活动而产生；

（三）被告已经明示接受该方法院的管辖；

（四）被告就争议的实质问题进行了答辩，未对管辖权提出异议；

（五）在合同案件中，合同在该方境内签订，或者已经或者应当在该方境内履行，或者诉讼标的物在该方境内；

（六）在非合同性质的侵权案件中，侵权行为或者结果发生在该方境内；

（七）在扶养义务案件中，债权人在提起诉讼时在该方境内有住所或者居所；

（八）作为诉讼标的物的不动产位于该方境内；

（九）在继承案件中，被继承人死亡时的住所地或者居所地或者主要遗产所在地位于该方境内；

（十）在身份案件中，在提起诉讼时，诉讼当事人在该方境内有住所或者居所。

二、本条第一款不应影响双方法律关于专属管辖权的规定。为此目的，双方应当在本条约生效后，及时通过本条约第四条规定的途径，以书面形式相互通知本国法律关于专属管辖权的规定。

2010 年《中华人民共和国和阿尔及利亚民主人民共和国关于民事和商事司法协助的条约》

第二十二条　承认和执行的拒绝

除本条约第八条的规定外，对于本条约第二十一条第一款所述的裁判文书，在下列情况下也可以拒绝承认和执行：

……

（二）根据被请求方的法律，作出裁判文书的法院无管辖权……

2009年《中华人民共和国和巴西联邦共和国关于民事和商事司法协助的条约》

第二十三条 承认和执行的拒绝

对于本条约第二十条第一款列举的裁判，除根据本条约第七条的规定可以拒绝承认与执行外，有下列情形之一的，也可以拒绝承认与执行：

……

（二）根据被请求方国内法规定，作出裁判的法院无管辖权……

2009年《中华人民共和国和秘鲁共和国关于民事和商事司法协助的条约》

第二十五条 管辖权

一、为本条约的目的，符合下列情况之一的，作出裁判文书一方的法院即被视为有管辖权：

（一）在提起诉讼时，被告在该方境内有住所或者居所；

（二）因被告在该方境内设立的分支机构的商业活动产生的诉讼；

（三）被告已经明示接受该方法院的管辖；

（四）被告就争议的实质问题进行了答辩，未对管辖权提出异议；

（五）在合同案件中，合同在该方境内签订，或者已经或者应当在该方境内履行，或者诉讼标的物在该方境内；

（六）非合同性质的侵权行为或者其结果发生在该方境内；

（七）在扶养义务案件中，债权人在提起诉讼时在该方境内有住所或者居所；

（八）作为诉讼标的物的不动产位于该方境内；

（九）在身份案件中，诉讼当事人在该方境内有住所。

二、本条第一款不应影响双方法律关于专属管辖权的规定。

2007年《中华人民共和国和科威特国关于民事和商事司法协助的协定》

第十九条

一、对于不动产以外的诉讼，一方的法院在下列情形下具有管辖权：

（一）提起诉讼时，被告在其境内有住所或居所；

（二）提起诉讼时，被告在其境内有工商业经营场所或分支机构，或从事赢利活动，且诉讼与上述活动有关；

（三）根据原告和被告间明示或默示的协议，引起诉讼的合同义务应当或已经在该方境内履行；

（四）在非合同责任中，侵权行为系在该方境内发生；

（五）被告已经明示或默示接受该方法院的管辖权；

（六）如果一方法院根据本协定对主要争议有管辖权，则其对采取临时措施的申请也具有管辖权。

二、前款规定不应影响缔约双方法律规定的专属管辖权。

2004年《中华人民共和国和阿拉伯联合酋长国关于民事和商事司法协助的协定》

第十八条 不动产所在地法院有权确定与该不动产有关的

权利。

第十九条 对于不动产以外的诉讼，一方的法院在下列情形下具有管辖权：

（一）提起诉讼时，被告在其境内有住所或居所；

（二）提起诉讼时，被告在其境内有工商业经营场所或分支机构，或从事赢利活动，且诉讼与上述活动有关；

（三）根据原告和被告间明示或默示的协议，引起诉讼的合同义务应当或已经在该方境内履行；

（四）在非合同责任中，侵权行为系在该方境内发生；

（五）被告已经明示或默示接受该方法院的管辖权；

（六）如果一方法院根据本协定对主要争议有管辖权，则其对采取临时措施的申请也具有管辖权。

第二十条 被请求承认和执行裁决的一方法院根据本协定审查另一方法院的管辖权时，应当受裁决中说明的据以确立管辖权的事实的约束，除非裁决系缺席作出。

2003 年《中华人民共和国和朝鲜民主主义人民共和国关于民事和刑事司法协助的条约》

第二十一条 裁决承认与执行的拒绝法院裁决除可以根据本条约第九条的规定拒绝承认与执行外，有下列情形之一的，也可以拒绝承认与执行：

……

（二）根据被请求的缔约一方的法律，裁决是由无管辖权的法院作出的……

2003 年《中华人民共和国和大韩民国关于民事和商事司法协助的条约》

第二十五条　仲裁裁决的承认与执行

双方应当根据一九五八年六月十日在纽约签订的《承认及执行外国仲裁裁决公约》，相互承认和执行在对方境内作出的仲裁裁决。本条约与前述公约不符的规定，不应当适用于仲裁裁决的承认与执行。

2001 年《中华人民共和国和阿根廷共和国关于民事和商事司法协助的条约》

第十八条　承认与执行的拒绝

除根据本条约第七条的规定可以拒绝承认与执行法院裁决外，有下列情形之一的，也可以拒绝承认与执行：

……

（二）根据被请求方的法律，作出裁决的法院不具有管辖权……

2000 年《中华人民共和国和立陶宛共和国关于民事和刑事司法协助的条约》

第十八条　承认与执行的拒绝

对于本条约第十六条列举的裁决，除可根据本条约第九条拒绝承认与执行外，有下列情形之一的，亦可拒绝承认与执行：

……

（二）根据被请求书法律，裁决是由无管辖权的法院作出的……

1999年《中华人民共和国和突尼斯共和国关于民事和商事司法协助的条约》

第二十三条　管辖权

一、为适用本条约的目的，符合下列情况之一的，作出裁决的缔约一方的法院即被视为有管辖权：

（一）在提起诉讼时，被告在该缔约一方境内有住所或居所；

（二）被告如果是商业机构并在该缔约一方境内设有代表机构，因其商业活动引起的纠纷而被提起诉讼；

（三）被告已明示接受该缔约一方法院的管辖；

（四）被告就争议的实质问题进行了答辩，未对管辖权提出异议；

（五）在合同案件中，合同在作出裁决的缔约一方境内签订，或者已经或应当在该缔约一方境内履行，或者诉讼标的物在该缔约一方境内；

（六）在非合同性质的侵权责任案件中，侵权行为或结果发生在该缔约一方境内；

（七）在扶养责任案件中，债权人在提起诉讼时在该缔约一方境内有住所或居所；

（八）作为诉讼标的物的不动产位于该缔约一方境内。

二、（一）本条第一款不应影响缔约双方法律关于专属管辖权的规定。

（二）缔约双方应在本条约生效后，迅速通过本条约第四条规定的途径，以书面形式相互通知各自本国法律关于专属管辖权的规定。

1999年《中华人民共和国和老挝人民民主共和国关于民事和刑事司法协助的条约》

第二十二条　法院的管辖权

一、就本条约而言，有下列情况之一的，作出裁决的缔约方法院应被认为对案件具有管辖权：

（一）在提起诉讼时，被告在该方境内有住所或居所；

（二）被告因其商业活动被提起诉讼时，在该方境内设有代表机构；

（三）被告已书面明示接受该方法院的管辖；

（四）被告就争议的实质事项进行了答辩，且未对法院的管辖权提出异议；

（五）在合同争议中，合同在该方境内签订，或者已经或应该在该方境内履行，或者诉讼标的物位于该方境内；

（六）合同外案件中的侵权行为或其结果发生在该方境内；

（七）在身份关系案件中，诉讼当事人在该方境内有住所或居所；

（八）在扶养义务案件中，被扶养人在该方境内有住所或居所；

（九）在继承案件中，被继承人死亡时其住所或者主要遗产在该方境内；

（十）作为诉讼标的物的不动产位于该方境内。

二、第一款的规定不应影响缔约双方法律关于专属管辖权的规定。

1999年《中华人民共和国和越南社会主义共和国关于民事和刑事司法协助的条约》

第十八条　管辖权

一、为本条约的目的，有下列情况之一的，作出裁决的缔约一方法院应被认为依照本条约对案件具有管辖权：

（一）在提起诉讼时，被告在该方境内有住所或居所；

（二）在提起诉讼时，被告在该方境内设有代表机构；

（三）被告已书面明示接受该方法院的管辖；

（四）被告就争议的实质进行了答辩，并未就管辖权问题提出异议；

（五）在合同争议中，合同在该方境内签订，或者已经或应该在该方境内履行，或者诉讼标的物在该方境内；

（六）在合同外侵权案件中，侵权行为或结果发生在该方境内；

（七）在身份关系案件中，诉讼当事人在该方境内有住所或居所；

（八）在扶养义务案件中，债务人在该方境内有住所或居所；

（九）在继承案件中，被继承人死亡时其住所或者主要遗产在该方境内；

（十）诉讼标的物是位于该方境内的不动产。

二、本条第一款的规定不应影响双方法律规定的专属管辖权。缔约双方应通过外交途径以书面形式相互通知各自法律中关于专属管辖权的规定。

1997年《中华人民共和国和乌兹别克斯坦共和国关于民事和刑事司法协助的条约》

第二十一条　拒绝承认与执行

有下列情形之一的法院裁决，不予承认与执行：

……

（二）根据被请求承认与执行一方的法律，被请求方法院对案件有专属管辖权……

1997年《中华人民共和国和新加坡共和国关于民事和商事司法协助的条约》

第二十条　仲裁裁决的承认与执行

缔约双方应根据一九五八年六月十日在纽约签订的《承认与执行外国仲裁裁决的公约》，相互承认与执行在对方境内作出的仲裁裁决。

1996年《中华人民共和国和塔吉克斯坦共和国关于民事和刑事司法协助的条约》

第二十条　拒绝承认与执行

有下列情形之一的法院裁决，不予承认与执行：

……

（二）根据被请求承认与执行裁决的缔约一方的法律，被请求的缔约一方法院对案件有专属管辖权……

1996 年《中华人民共和国和吉尔吉斯共和国关于民事和刑事司法协助的条约》

第二十条　拒绝承认与执行

有下列情形之一的法院裁决，不予承认与执行：

……

（二）根据被请求承认与执行裁决的缔约一方的法律，被请求的缔约一方法院对该案件有专属管辖权……

1996 年《中华人民共和国和摩洛哥王国关于民事和商事司法协助的协定》

第二十条　承认与执行的拒绝

对于本协定第十六条列举的裁决，除可以根据本协定第八条的规定拒绝承认与执行外，有下列情形之一的，也可以拒绝承认与执行：

……

（二）根据被请求的缔约一方的法律，裁决是由无管辖权的法院作出的……

1995 年《中华人民共和国和匈牙利共和国关于民事和商事司法协助的条约》

第十七条　承认与执行的条件

本条约第十六条规定的裁决在下列条件下应予承认与执行：

……

（二）按照被请求在其境内承认与执行裁决的缔约一方的法

律，作出裁决的缔约一方的法院具有管辖权……

1995年《中华人民共和国和塞浦路斯共和国关于民事、商事和刑事司法协助的条约》

第二十五条　承认与执行的条件

一、第二十四条所指的裁决在下列条件下应被承认与执行：

……

（二）据以作出裁决的案件不属于被请求的缔约一方法院的专属管辖……

（十）根据第二十六条的规定，裁决不是由无管辖权的法院作出的。

第二十六条　管辖权

一、就本条约而言，作出裁决的缔约一方法院在下列情况下应被认为对案件具有管辖权：

（一）在提起诉讼时，被告在该方境内有住所或居所；或者

（二）被告因其商业活动被提起诉讼时，在该方境内设有代表机构；或者

（三）被告已书面明示接受该方法院的管辖；或者

（四）被告就争议的实质进行了答辩，且未对法院的管辖权提出异议；或者

（五）在合同争议中，合同在该方境内签订，或者已经或应该在该方境内履行，或者诉讼标的物在该方境内；或者

（六）在合同外侵权案件中，侵权行为或其结果发生在该方境内；或者

（七）在身份关系案件中，诉讼当事人在该方境内有住所或居所；或者

（八）在抚养义务案件中，债权人在该方境内有住所或居

所；或者

（九）在继承案件中，被继承人死亡时其住所或者主要遗产在该方境内；或者

（十）诉讼标的物是位于该方境内的不动产。

二、第一款的规定不应影响缔约双方法律中有关专属管辖权的规定。

1994年《中华人民共和国和希腊共和国关于民事和刑事司法协助的协定》

第二十三条 拒绝承认与执行

在下列情形下，被请求的缔约一方法院可以拒绝承认与执行裁决：

（一）如果根据被请求的缔约一方法律，该方法院对该案享有专属管辖权……

1994年《中华人民共和国和阿拉伯埃及共和国关于民事、商事和刑事司法协助的协定》

第二十一条 承认与执行的拒绝

对于本协定第二十条列举的裁决，除可根据本协定第九条拒绝承认与执行外，有下列情形之一的，亦可拒绝承认与执行：

……

（二）根据第二十二条的规定，裁决是由无管辖权的法院作出的……

第二十二条 管辖权

一、作出裁决的缔约一方法院遇有下列情况之一的，应被认为依照本协定对案件具有管辖权：

（一）在提起诉讼时，被告在该方境内有住所或居所；

（二）被告因其商业活动被提起诉讼时，在该方境内设有代表机构；

（三）被告已书面明示接受该方法院的管辖；

（四）被告就争议的实质进行了答辩，未就管辖权问题提出异议；

（五）在合同争议中，合同在该方境内签订，或者已经或应该在该方境内履行，或者诉讼标的物在该方境内；

（六）在合同外侵权案件中，侵权行为或结果发生在该方境内；

（七）在身份关系案件中，诉讼当事人在该方境内有住所或居所；

（八）在扶养义务案件中，债务人在该方境内有住所或居所；

（九）在继承案件中，被继承人死亡时其住所或者主要遗产在该方境内；

（十）诉讼标的是位于该方境内的不动产。

二、（一）第一款的规定不应影响缔约双方法律规定的专属管辖权。

（二）缔约双方应通过外交途径以书面形式相互通知各自法律中关于专属管辖权的规定。

1994年《中华人民共和国和泰王国关于民商事司法协助和仲裁合作的协定》

第二十条　仲裁裁决的承认与执行

缔约一方应根据一九五八年六月十日在纽约缔结的承认与执行外国仲裁裁决公约承认与执行在缔约另一方领土上作出的仲裁

裁决。

1993 年《中华人民共和国和保加利亚共和国关于民事司法协助的决定》

第二十一条 拒绝承认与执行

有下列情形之一的裁决，被请求法院不予承认与执行：

（一）根据被请求的缔约一方法律，作出该裁决的法院对该案无管辖权……

1993 年《中华人民共和国和哈萨克斯坦共和国关于民事和刑事司法协助的条约》

第二十一条 拒绝承认与执行

有下列情形之一的法院裁决，不予承认与执行：

……

（二）根据被请求承认与执行裁决的缔约一方的法律，被请求的缔约一方法院对该案件有专属管辖权……

1993 年《中华人民共和国和白俄罗斯共和国关于民事和刑事司法协助的条约》

第二十一条 拒绝承认与执行

有下列情形之一的法院裁决，不予承认与执行：

……

（二）根据被请求承认与执行裁决的缔约一方的法律，被请求的缔约一方法院对该案件有专属管辖权……

1992 年《中华人民共和国和古巴共和国关于民事和刑事司法协助的协定》

第二十五条　拒绝承认与执行

一、除本协定第十三条的规定外，如有下列情况，缔约一方亦可拒绝承认与执行缔约另一方的法院裁决：

……

（二）根据被请求的缔约一方的法律，提出请求的缔约一方法院对该案件无管辖权……

1992 年《中华人民共和国和乌克兰关于民事和刑事司法协助的条约》

第二十一条　拒绝承认与执行

有下列情形之一的法院裁决，不予承认与执行：

……

（二）根据被请求承认与执行裁决的缔约一方的法律，被请求的缔约一方法院对该案件有专属管辖权……

1992 年《中华人民共和国和土耳其共和国关于民事、商事和刑事司法协助的协定》

第二十三条　拒绝承认与执行

在下列情况下，被请求法院对于第二十一条所列的裁决不予承认与执行：

……

（二）根据被请求的缔约一方的法律，提出请求的缔约一方的司法机关对该案无管辖权……

1992年《中华人民共和国和俄罗斯联邦关于民事和刑事司法协助的条约》

第二十条 拒绝承认与执行

有下列情形之一的法院裁决，不予承认与执行：

……

（二）根据被请求承认与执行裁决的缔约一方的法律，被请求的缔约一方法院对该案件有专属管辖权……

1992年《中华人民共和国和西班牙王国关于民事、商事司法协助的条约》

第二十一条 管辖

一、为实施本条约，符合下列情况之一的，作出裁决的法院即被视为对案件有管辖权；

（一）在提起诉讼时，被告在该缔约一方境内有住所或居所；

（二）被告因其商业性活动引起的纠纷而被提起诉讼时，该缔约一方境内设有代表机构；

（三）被告已书面明示接受该缔约一方法院的管辖；

（四）被告就争议的实质进行了答辩，未就管辖权问题提出异议；

（五）在合同案件中，合同在作出裁决的缔约一方境内签订，或者已经或应当在该缔约一方境内履行，或诉讼的直接标的物在该缔约一方境内；

（六）在合同外侵权责任案件中，侵权行为或结果发生在该缔约一方境内；

（七）在身份关系诉讼中，在提起诉讼时，身份关系人在作出裁决的缔约一方境内有住所或居所，可不适用本款第（一）项的规定；

（八）在扶养责任案件中，债权人在提起诉讼时在该缔约一方境内有住所或居所，可不适用本款第（一）项的规定；

（九）在继承案件中，被继承人死亡时住所地或主要遗产所在地在作出裁决的缔约一方境内；

（十）诉讼的对象是位于作出裁决的缔约一方境内的不动产的物权。

二、（一）尽管有第一款的规定，缔约双方法律中关于专属管辖权的规定仍然适用。

（二）缔约双方应当通过外交途径以书面方式将各自法律中关于专属管辖权的规定通知对方。

第二十二条　拒绝承认与执行

对有下列情形之一的裁决，不予承认与执行：

（一）根据本条约第二十一条的规定，作出裁决的法院无管辖权……

1991 年《中华人民共和国和意大利共和国关于民事司法协助的条约》

第二十一条　拒绝承认与执行

除下列情形外，裁决应予承认并被宣告可予执行：

（一）根据本条约第二十二条的规定，作出裁决的法院无管辖权……

第二十二条　管辖

一、为实施本条约，符合下列情况之一的，作出裁决的法院即被视为对案件有管辖权：

（一）在提起诉讼时，被告在该缔约一方境内有住所或居所；

（二）被告因其商业性活动引起的纠纷而被提起诉讼时，在该缔约一方境内设有代表机构；

（三）被告已明示接受该缔约一方法院的管辖；

（四）被告就争议的实质问题进行了答辩，未就管辖权问题提出异议；

（五）在合同案件中，合同在作出裁决的缔约一方境内签订，或者已经或应当在该缔约一方境内履行，或者诉讼的直接标的物在该缔约一方境内；

（六）在合同外侵权责任案件中，侵权行为或结果发生在该缔约一方境内；

（七）在身份关系诉讼中，在提起诉讼时，身份关系人在作出裁决的缔约一方境内有住所或居所；

（八）在扶养责任案件中，债权人在提起诉讼时在该缔约一方境内有住所或居所；

（九）在继承案件中，被继承人死亡时住所地或主要遗产所在地在作出裁决的缔约一方境内；

（十）争议的对象是位于作出裁决的缔约一方境内的不动产的物权。

二、被请求的缔约一方法律中有关专属管辖权的规定仍然适用。

1991 年《中华人民共和国和罗马尼亚关于民事和刑事司法协助的条约》

第二十二条 拒绝承认与执行

一、对本条约第二十一条列举的裁决，除可按本条约第十四条的规定拒绝承认与执行外，有下列情况之一的，在被请求一方境内不予承认或执行：

……

（二）根据被请求一方法律，作出裁决的一方法院或其他主管机关对该案件无管辖权……

1989 年《中华人民共和国和蒙古人民共和国关于民事和刑事司法协助的条约》

第十八条　承认与执行的拒绝

对本条约第十七条列举的裁决，除可按本条约第九条的规定拒绝承认与执行外，有下列情形之一的，也可拒绝承认与执行：

……

（二）根据被请求的缔约一方的法律，作出裁决的缔约一方法院对该案件无管辖权……

1987 年《中华人民共和国和比利时王国关于民事司法协助的协定》

第三章　承认与执行仲裁裁决

第十三条　1958 年 6 月 10 日纽约公约的适用

缔约双方应根据 1958 年 6 月 10 日纽约关于承认和执行外国仲裁裁决的公约相互承认与执行在对方境内作出的仲裁裁决，但缔约各方声明或保留的条款除外。

1987年《中华人民共和国和波兰人民共和国关于民事和刑事司法协助的协定》

第二十条 拒绝承认与执行

对本协定第十六条列举的裁决，有下列情形之一的，不予承认或执行：

（一）按照将承认或执行裁决的缔约一方的法律，裁决是由无管辖权的法院作出的……

1987年《中华人民共和国和法兰西共和国关于民事、商事司法协助的协定》

第二十二条 拒绝承认和执行

对有下列情形之一的裁决，不予承认和执行：

（一）按照被请求一方法律有关管辖权的原则，裁决是由无管辖权的法院作出的……